中國學術思想 研究輯刊

四 編
林 慶 彰 主編

第 3 冊
《誠齋易傳》研究
簡 世 和 著

花木蘭文化出版社

國家圖書館出版品預行編目資料

《誠齋易傳》研究／簡世和 著 — 初版 — 台北縣永和市：花木
蘭文化出版社，2009〔民98〕

目 4+252 面：19×26 公分

（中國學術思想研究輯刊 四編：第 3 冊）

ISBN：978-986-6449-02-4（精裝）

1.易經　2.注釋　3.研究考訂

121.17　　　　　　　　　　　　　　　　98001815

中國學術思想研究輯刊

四 編 第三 冊　　　　　　ISBN：978-986-6449-02-4

《誠齋易傳》研究

作　　者　簡世和
主　　編　林慶彰
總 編 輯　杜潔祥
出　　版　花木蘭文化出版社
發 行 所　花木蘭文化出版社
發 行 人　高小娟
聯絡地址　台北縣永和市中正路五九五號七樓之三
　　　　　電話：02-2923-1455／傳眞：02-2923-1452
網　　址　http://www.huamulan.tw 信箱 sut81518@ms59.hinet.net
印　　刷　普羅文化出版廣告事業
封面設計　劉開工作室
初　　版　2009 年 3 月
定　　價　四編 28 冊（精裝）新台幣 46,000 元　　　　版權所有·請勿翻印

《誠齋易傳》研究

簡世和　著

作者簡介

簡世和 1979 年生，台灣省台南縣人

2002 年私立東海大學中國文學系取得學士學位畢業

2005 年 6 月畢業於國立中興大學中國文學系中國文學研究所

並於同年獲得碩士學位

志趣在中國哲學、美學思想探討

易學及宋明理學曾多得於林文彬教授及劉錦賢教授指導

研究所時期曾發表過〈《易程傳》中君子觀之研究〉、〈王船山《莊子解·齊物論》思想初探〉

等單篇學術思想論文

以及辨析程、楊易傳思想而後所著的〈《誠齋易傳》研究〉

近年來則多埋首於宋代義理派易學思想源流演變的相關研究

提　　要

本論文以楊萬里誠齋易傳的義理思想為主，分十章節作主題式探討。

第一章：不侷限以歷史觀立場來詮釋誠齋易學。

第二章：以儒家思想之承繼和道家思想之影響來提出誠齋與先秦思想的關係。

第三章：體例與特質介紹楊萬里以史解易與其他解易特色。

第四章：守正與存誠先以講君臣觀，後以「自誠成物」之成己成物工夫來解析誠齋內聖外王思想。

第五章到第八章主要介紹誠齋修身與處事的哲學，環環相扣。

第九章：宇宙與人生是以宇宙本體論與天人關係作探討。

第十章：結論闡明誠齋易學之特出處，另外主要也提挈出《誠齋易傳》與《易程傳》之主要差異處。

誌　謝　辭

　　總覺得唸書的時光過得快，而做研究，讓時間過得更快。在中興這幾年，上課的日子加上私底下唸書的時間，佔了生活的大部分，而悠閒的時光少了，自然無法兼顧到太多其他事物了。找資料、做彙整，分析要研究的原典、資料，和參考許許多多書籍、新書、期刊，常讓連續天的光陰就這樣流逝了，而功課若拋在腦後，出門總覺得責任未了，於是相較之下生活雖然變得充實了，但交遊的活動力卻貧乏了。另一方面，也發現：一年級時家有電視、網路、攝影器材、閒書。二年級時還有電視、網路。三年級後，竟發現，連電視、網路都沒了耶！後來想想，這真是有點妙，因為，這是從來沒生活過的方式。

　　雖然在這麼忙碌的生活中，壓力著實不小，回憶起一二年級時，常雄心壯志地希望多發表些單篇論文，但卻因屢屢評論人而延宕了時機，所以常自嘲常評論比發表多了許多，簡直「述而不作」（光評述他作而不自己著作）。不過也因此，而開拓一些視野，評過佛學思想，也評過宋代書院與經學的發展，這兩門領域都不是我的專長，而在發表會前也往往是戰戰兢兢，總抱著就算不能針砭問題，也要提出不錯的建議或補充，因我總認為：良好的建議比痛批還要有效果，良善態度的補充，應更能讓人接受。

　　雖然日子過的忙碌，但每當看到學校教授認真又風趣地講授課程內容，同學間切磋琢磨、談笑風生，便覺得上課是件有趣的事，較大學時親切許多，也變得比較常與老師們請益，讓作研究的過程中，枯燥性減少許多。由於興趣在於義理與古典詩詞，故而在中興這段時間，所修的課程以思想這領域的為多，有關宋明思想、道家思想、佛家、經典詮釋學的確讓我收獲良多。一方面吸收老師們上課的內容，另一方面也感受著研究思想的老師們的涵養與氣質，因而，讓人有著充實且豐富的生活體驗。

當然，將近兩百三十頁的碩論的內容，無論在蒐集資料、對於原文的解釋、義理的分析、思想脈絡的釐清，都非短短八九十頁的篇富可以概括或全面發揮的，對我而言，這是個挑戰，撰寫過程中也常疲憊不堪，例如對於《周易》經傳原典在楊萬里有何不同解讀，對於楊萬里生平有關義理著作的旁註，以及每備史實中事件、人物的來源及發展，都需要不厭其煩地查證原典，才能瞭解其何以要如此詮釋。另外，先秦儒家與道家的思想內容是楊萬里所飽參的，宋初理學中的二程及周敦頤、張橫渠更對起了莫大的影響。另外，誠齋詩作中也有關於其彝倫關的觀點，這都是而對理解其主體思想有幫助的。因此，都不能偏廢而得踏實去完成，從當初的蒐集資料、閱讀文本、查證史實、辨析經典、源流考察、義理闡發、參考書籍、期刊的工夫，都耗掉了相當廢大的精力、時間，也因篇幅甚大，內容為一般碩論兩三倍之因，最後修改章節、內容、錯別字，也往往要花費比別人多倍時間才能完成，這其間的辛勞也真苦不堪言，但也藉此體認到著作的可貴。

　　而撰寫碩論這段時間，指導教授劉師錦賢的細心檢閱，對於文章字字句句的檢視，內容的修正，付出相當多的心力，平常時也慷慨贈書，使我受益不少，另外像林文彬老師也對這本碩論提供了許多獨到而寶貴的意見，補充了相當許多重要的內容，而延伸出許多以後還可發表的主題，而口考時，莊耀郎老師也針對了文章的語法、字句及內容提出了不少確切的改正，都讓人感覺老師們的用心及專業，這不是三言兩語就可以盡述對他們的感激的，在此特別提出，以表達誠摯感謝之意。

目

次

第一章 緒 論

第一節 研究目的與方式

一、研究動機

　　本論文以《誠齋易傳》研究爲題，用十個篇章來解析並論述楊萬里的易傳內容，主要以其義理思想爲主。因歷來學者多半將重心放在楊萬里的詩作，所以鮮少學者對其易學有整體探究，關於誠齋易學的論文研究，國內外研究者可謂甚少，而且幾乎將著力點放在「引史解易」的特色或從「政治」思想來書寫。雖然，從誠齋的易學內容來看，這種以「援史證易」的行文敘述，可以說是用了《春秋》的正名分觀點作出發，藉以發抒己見，但這畢竟只是誠齋行文論述的一項風格。易傳自從王輔嗣以義理解析易以來，義理易早已成爲重要的論述方式，《誠齋易傳》中更可見義理思想充溢其中。所以，若認爲誠齋僅以「援史證易」來全面涵蓋整個易傳，這樣的觀點是相當偏頗的，而若只以「引史解易」或「政治」觀點來書寫，也只能窺知誠齋易學中一部分。因誠齋的易學思想，所包含的儒家思想承繼，道家思想吸收，都相當的豐富。且觀近年來的有關於誠齋之易學的期刊論文也大多從歷史觀或彝倫觀的角度來敘述，是不能全然體見誠齋爲易傳闡述之原意精神的，而誠齋的易學，實際上應直接回歸到「義理」的基本面來析論，以其直接承繼於《易傳》及《中庸》和《論語》、《孟子》的思想論述，才能眞正凸顯其作的眞實之精義，故而這是本文力圖以二十餘萬字的大篇幅，來全面解述和探究之所在。

二、研究範圍

　　《誠齋易傳》爲南宋時宋詩四大家之一的楊萬里所著，雖楊萬里以詩聞名於世，然而從其文集中可以發現，他的文論與義理都相當有透徹性與深度可以發人深省，而研究《誠齋易傳》必須就其文集也一並覽閱，從《誠齋集》中的《庸言》，與包括《易論》、《禮論》、《樂論》、《書論》、《詩論》、《春秋論》的《六經論》，或其《聖徒論》中有《顏子論》、《曾子論》、《子思論》、《孟子論》、《韓子論》可以具體地窺見其處世原則，從其所上之《千慮策》可非常清晰地瞭解其政治思想，另外從其《天問天對解》可以略見其宇宙論及氣論，而在誠齋的詩中可以瞭解其行文之所以浩蕩流暢之因。然而，就《誠齋易傳》一書，可以全然地包括其理學思想、政治思想、用世思想，而上述所列諸書在清人所編的《誠齋集》中皆可見正是本文主要的研究範圍。

三、研究方法

　　本論文的研究內容著重於誠齋在義理思想的闡發，進而加以分析辯證其對於易傳的發揮爲主，而主要的方式有下列幾點，第一、從誠齋「以史解易」中，所引歷史之事件、人物歸納出其所受的史書或史論影響主要在那些方面，而以二十五史內的原文來佐證並說明。第二、從經部的典籍來詮釋其義理思想內容，以《中庸》《大學》《論語》《孟子》爲主，《周禮》《禮記》《詩經》爲輔，將身爲儒者的楊誠齋所思所慮之學養加以論述，第三、從誠齋所受到老、莊、《淮南子》等先秦諸子之思想的影響來作補充。第四、從同時代的前輩理學家如周濂溪、張載、程明道、程伊川、朱熹或後來像王陽明、王船山的思想，作參照以辨析出誠齋的思想主軸脈絡，藉此可發現其宇宙本體論、氣論、體用論的獨特處。第五、從誠齋文集、所上之書與《誠齋易傳》中歸納出其政治觀、君臣觀、處世哲學。第六、從其與師長、朋友的來往贈答來看其涵養之基本原則。第六、以清人（如李道平）及近代對於《周易》注解或義理的解述爲佐論方式之一。

四、研究目的

　　《誠齋易傳》此書在刊行於世之時，是與北宋程頤的《周易程傳》並行於世的，號爲《程楊易傳》。然而後來像新安陳櫟等人因門戶之見，或因其以歷史

人事詮解《周易》之經傳，認為恐不服於窮經皓首的經儒，以此來質難此書。
雖後來全祖望全力替楊萬里辯護，認為此不足以病萬里。然而，研經究典本就
是為了可以明白義理，更何況誠齋作此書的主要核心以《中庸》的誠正之學來
貫串全文，所以這樣的質詰問題可謂支離浮表之刁難，而這也是筆者於本論文
中將處理的問題之一。另外，此書完成之時，曾贈予朱熹以資論答，然朱熹何
以閱後並未表示認同？且從之後與朱晦庵贈答書信中來看，也沒有關於此作的
論述下文了。因此，是否因思路不同所致？可以此作為一引發的質疑點。其三、
《誠齋易傳》與程頤《周易程傳》中的解易方式，在歷史事件人物的評判立場
上雖有相同之處，然而在關於處世哲學或天人觀、本體論思考脈絡的方向問題，
確實有明顯的差異，必須再加以釐清。其四、「引史解易」是否僅僅拘限於義理
易派才有，而於象數易中全然不見蹤影？其五、何以在宋代「援史證易」的風
氣如此盛行，但卻公認誠齋為此派的大宗，這其中必有其令人嘆服之處，實值
得學者去深究。所以，上述這些問題，正是此文研究的動機和判別的目的。

第二節　成書背景

一、時代背景

　　天道因人事物而顯，楊萬里所著的《誠齋易傳》相當重人事，即使是程
頤在其《易程傳》裡也是尤重人事。所以楊誠齋解易先用歷史事件舉證，再
發論於後。於是，一個儒者是否能對於國家社會有深切的關懷，及用心的程
度可以從他的對於經典的歷史見解，和核心的思想觀點抒發來深究。而以史
事和義理詮解易之經傳，更可以讓人充分地深入明白其整體思想。楊萬里，
字廷秀，號誠齋。生於宋徽宗宣和六年，卒于宋寧宗開禧二年。吉州吉水縣
人，也就是現今江西吉安縣。先就楊誠齋身處的時代來看，那時候不但有金
兵入侵和偏安王朝的腐敗，民眾生活在深重的災難中。面對如此艱難的時局，
身為著名文人的他，滿懷儒者勇往直前、憂國憂民的精神，希望可以報國救
民，拯民脫離苦痛，誠齋一生詩文作品甚多，以詩聞名於世，為南宋宋詩四
大家之一，因其出身社會底層，所以往往將民眾的苦痛發而為文，而諷刺出
官吏的不顧人民死活，硬要徵賦稅的嘴臉，顯露出貪婪和自私。二者形成極
大的對比，讓所讀之人，對農民生活倍感同情，像楊萬里「生平不在簫韶裏，

只在諸村打稻聲」，與東坡「吾君勤儉倡優拙，自是豐年歌笑聲。」〔註1〕有相同的鄉野情懷。當然，楊萬里之所以能夠如此洞察官吏的腐敗昏庸與體恤民情，最重要的是在於其人對國家社稷有深刻的忠誠，其愛護、關懷百姓的文章顯示出了他的情深意厚、與民同心，其廣博精闢、洞達獨到的《誠齋易傳》表現出了其思慮周密、積極懇切、切中時弊的深刻見解。但可惜的是，由於誠齋秉性剛直，直言不諱、遇事敢言，得罪了孝宗皇帝，像孝宗嘗曰：「楊萬里直不中律。」，光宗也謂：「楊萬里也有性氣」所以後來並沒有得到重用，未能抒展其才智，晚年又遇到權佞奸臣當道，因而無法大展身手。〔註2〕然而，誠齋學問卻是非常廣博的。他於紹興二十四年，中進士，從此開始了他的政治生涯，一直到宋光宗紹熙四年辭官回家，總共經歷了四十年的仕宦日子。誠齋踏入仕途後，初授贛州司產，繼調永州零陵丞。在永州時，他非常敬仰力主抗金的宿臣名將張浚，而當時正值張浚謫居永州，因而其「杜門謝客」，〔註3〕而誠齋三往不得見，「以書力請，始見之」，浚勉以正心誠意之學，〔註4〕這些事在《宋史》或《宋元學案》中有所記載，張浚勉之，對他說：「元符貴人，腰金紆紫者何限，惟鄒志完、陳瑩中姓名與日月爭光。」，〔註5〕誠齋得此語而終身力行清直之操。這是對楊萬里以名節持身，有較大的影響。楊萬里於是將其讀書之室命名曰「誠齋」，並終身奉浚爲師，自號「誠齋」，也就是因張浚曾勉以「正心誠意」之意而取的。

二、思想背景

綜觀誠齋關於思想義理類的作品，最主要的，有卷數最多、篇幅最大的易學著作《誠齋易傳》，及關於儒家思想的《庸言》，與包括《易論》、《禮論》、

〔註1〕《古典文學研究資料彙編‧庶齋老學叢談卷中之下》，楊萬里范成大卷，頁52。

〔註2〕晚年退休，悵然曰：「吾平生志在批麟請劍，以忠鯁難遷，幸遇時平主聖，老矣，不或遂所遇矣。」立朝時論議挺挺，如乞用張浚配享，言朱熹不當與唐仲友同罷，論儲君監國，皆天下大事。《古典文學研究資料彙編‧鶴林玉露》，楊萬里、范成大卷五，頁28。

〔註3〕《宋元學案》第二冊〈卷四十四‧趙張諸儒學案〉，清黃宗羲原著、全祖望補修，陳金生、梁運華點校，中華書局，精裝本，頁1426。

〔註4〕新校本《宋史》〈卷四百三十三‧列傳第一百九十二‧儒林三‧楊萬里傳〉楊家駱主編，鼎文書局印行，民國65年10月初版，頁12863。

〔註5〕《古典文學研究資料彙編》《楊萬里范成大卷》，湛之編，中華書局，2004年1月第四次印刷，頁27。

《樂論》、《書論》、《詩論》、《春秋論》的《六經論》，另外其《聖徒論》中有《顏子論》、《曾子論》、《子思論》、《孟子論》、《韓子論》。這些對於先哲聖賢的思想的論述中以又以《誠齋易傳》最爲詳盡，但若就他主要的哲學思想來看，在他耗時 17 年的《誠齋易傳》一書中，所述最爲完備，也最能全盤表現誠齋的思想及涵養，誠齋以詩作聞名於世，其詩作的光芒往往讓人忽略了哲理思想部分，他也是一位思想深邃的哲學家，其具有延伸《伊川易傳》所未闡釋之處的《誠齋易傳》，是相當值得學者去深究的。其實，就楊萬里這個名字，從才高學富來看，是以文采兼義理而聞名於世。至於《誠齋易傳》這個楊萬里畢生心血的哲學著作，〔註6〕是在楊萬里出知筠州後，於淳熙十五年八月期間開始著述的，雖然在《誠齋集》中也可看見一些爲數甚少的易學思想（像《易論》），然而這單獨印行的《誠齋易傳》，顯然篇幅最大、思考脈絡最豐富、系統最清楚，以史發論處最詳盡，可以說廣博而悉備地展現了其所有思想。而誠齋此書將歷代以來許多重要事件的君臣關係，做了總結和引述，並且至加以評論，從其中不難看出其諫君之誠、懇切之意溢乎其行文之中，但歷來關切此書之學者清一色將重點擺在其代表性的「引史證經」，而忽略了其真正承繼的關鍵，即在於他對於《周易》經傳思想的義理詮釋。而誠齋的易傳闡述中，其核心思想又以「誠」學爲其最本源的特質，這將會在有關誠正的章節中作完整的析論。另外，筆者所用《誠齋易傳》版本乃中華書局所印行叢書集成 1985 年之新一版，因此，若引用到《誠齋易傳》原文時，除了少數幾例（爲求行文順暢）在附註有所標明外，其它全部在卦爻傳之原文後直接標明卦爻以及頁數，以求篇幅精簡。

〔註6〕　《善本書室藏書志》卷一【誠齋先生易傳三十卷】：宋寶謨閣學士楊萬里廷秀著。前有宋臣僚請鈔錄《易傳》狀，又楊承議申送《易傳》狀中云：前權道州軍州兼管內勸農營田事楊長儒准本州公文，備准省箚照對先負生前所著《易傳》。蓋自淳熙戊申八月下筆，至嘉泰甲子四月脫稿，閱十有七年而後成書。《善本書室藏書志》卷一【誠齋先生易傳三十卷】《古典文學研究資料彙編》《楊萬里范成大卷》，湛之編，中華書局，2004 年 1 月第四次印刷，頁 95。另外，潘雨廷謂：凡十七年而成，一生之學術萃焉。《讀易提要》2003 年 3 月第 1 次印刷上海古籍出版社，頁 213。

第二章　思想淵源

　　此章將分兩節，第一節以儒家思想之承繼論述，先就士人所最關心的「位」之觀念來作一個先發引述，來說明所處之位的爲所應爲，而主要歸納出誠齋「不在其位，不謀其政」、「不患無位，患所以立」、「位高益謙」這三個論點，另一個重點放在禮的「化、塑、動、行」，誠齋在此處就與孔孟立場有不同之處，此差異點在於將「禮法並重」用於治民上，這當然有其所處的時代背景，因而有此觀點的，其本意是先禮後法。他另有存理守法、善則守成的想法。最後，以「閑邪存誠」的原理來連結起這閑邪、克己、致敬、中孚之誠的通貫進程，以顯示出誠齋成就「至誠無僞」的工夫方式。另外，本節裡將闡述有關於誠齋豁達而又悲天憫人的「不以退喜」胸懷，最後以「友朋相益、以友輔仁」的觀點，以相互交流、互換心得，呈現其「爲學日益」，樂於交友問學的日常涵養。第二節就誠齋所受到道家思想的影響處解析，以誠齋在易傳中所透露出來的道家思想爲主。從論述中可知在易傳的闡述中，誠齋雖是以儒家爲主，但在整個時代的學風所及，也融攝不少道家關於老莊之言，尤其是《莊子》的語言與思想內容，不但從其詩作中可窺見一二，在誠齋此易傳的行文間，更常見不少引用《莊子》之譬喻的例子。而此節最主要可以分爲四個部分來論述，先以誠齋所處的時代動亂不斷、時而戰禍、時而穩定來表述出事物禍福更迭、消長的循環現象。其次，以誠齋自歸隱鄉野生活後，心目中所一直嚮往的功成身退、安於恬淡自然，來說明不熱衷功名、自恃己功的重要概念，也舉史實上的例子來作爲最好的殷鑑，第三段落最主要也是呼應到上一段落，而精要地將何以能功成身退之因，歸結於明白「生而不有、爲而不恃」的與天同德之理則，即因此可以「順天應人」，進而「通達人己」。

而最後一段落以老子《道德經》裡所云「聖人不仁，以百姓爲芻狗」的概念出發，將誠齋心目中理想的聖君賢臣的政治表達出來，認爲在位者可以與眾民一體的共同感，最主要的原因是與眾互融，因而能與民同體時艱，而讓彼此都能「勞而忘勞」，甚而能同舟共濟、共同奮鬥，衝破僵局。

第一節 儒家思想之承繼

一、處位之應

（一）不在其位、不謀其政

儒家一向非常重視內聖外王的功夫，尤其對於匡亂時局，濟弱扶傾不遺餘力，入世的精神是非常積極的。於是，以天下爲己任的態度非常的明確而強烈，這從古往今來、難以數記的儒者所奉行不悖、勇往直前的修齊治平工夫，便可知到這樣的己立立人、己達達人的正向動力所及了。然而並非所有有機會出仕爲政的儒者，都有機會獲得最恰當的安排或妥善的境遇的，常常可以看到歷代文士雖然滿懷抱負一心爲國爲民，希望有一朝青雲得志，則廣施德政、被澤於民，能修己以安民，以一展長才。然而往往因爲眾多的因素之造成，無法讓個人可以如願以償，最常看到的便是因貶放流落他鄉而憂苦身心、滿懷惆悵，於是怨天尤人的有之；放浪形骸、逃避現實的也大有人在，得意盡歡，或空金樽以對月的已算豪邁不羈了。然而對於如何身處困窮，誠齋是有其見解的。這可以從其對於周易〈乾·初九爻〉「潛龍勿用」引述來看

> 程子謂舜之側微，是也。或曰舜窮而在下，未嘗欲自用，孔子窮而在下，未嘗欲勿用，何也？曰：「治則聖體其常，亂則聖通其變，舜、孔子易地皆然。（〈乾·初九〉，頁2）

大舜能夠安於平凡而躬耕的生活，且安然自適，其所以能甘於平淡，正是其樸實純誠之性所致，至於孔夫子更是所謂聖之時者，因其能體認到當時的時勢是否可以有爲，進而處順以待。當時局混亂的時候，能權衡得失以對應其變化。所以就以這樣得處世態度來看，即使是換了不同的時代，或不同的空間，都可以適應通達於所處的境況。以上乃就素其位而行言之。

（二）不患無位、患所以立

然而，如果有機會出仕，那應該要秉持著怎樣的態度呢？在以往君主專

制時代，一般士子鯉躍龍門後，能固守正位，不趨炎附勢就難能可貴了，想要馬上能夠一展長才的機會並不多，要在短時間內施展抱負，往往要等位居執政核心後，才有辦法把滿腔濟世匡民的理想付諸實現，雖然有少部分平步青雲、位居要津，但是總偏向蠅營狗苟。因而尸位素餐之輩往往為數甚多。而具有施澤於民之志向的，在南宋那個內憂外患的時代，雖也為數不少，但往往因彼此的理念、目標不相同而彼此傾軋、互相鬥爭、結黨營私，然後互相攻訐。所以也可見的便是黨爭事件層出不窮，因而成為南宋政局的一大憂患。雖說如此，在此外圍兵馬倥傯、內部口誅筆伐、聲討不斷的多事之秋，還是有許多愛國的仁人志士，挺身而出、大聲疾呼，以國家安危的大業為己任，其精神往往令人為之動容，其才幹往往令人敬佩不已，楊誠齋便是其中的佼佼者。因而，從他所歷任的官職來看，雖非位居一品，但其賢能與才幹早已受當時人所肯定，可謂名重當時，所以他也有自己獨特的看法。這可以從其釋周易〈震・六三〉「震蘇蘇，震行无眚。象曰：震蘇蘇，位不當也。」看出：

> 不患无位，有位患也，非患位也，才儉於位之患也。……鮑叔遜夷吾，子皮遜子產，去无才得有才，豈為无災眚乎，國之福，身之福也。（〈震・六三〉，頁 188）

誠齋從「才能」的觀點來做衡量，認為那些處心積慮想要謀求官職，以圖一己之私利，光想著位居顯赫、以炫於世，卻不知該用心思索己身是否有足夠的才幹足以集思廣益、統領群倫，進而做出最正確得判斷，或較妥切、饒益於民的施政，他舉了春秋時期的子產為例，子產的賢德才幹事跡於《左傳》中，可謂不少，就像在公元前五四二年，大臣子皮欲推派尹何作為家邑之宰，子產以愛之適足以害之，大政不應交由經驗尚淺之才來擔任，這樣容易置民眾於危疑之地，來說明子產和子皮的見解層次，從這件事便可以看出子產所考慮得比較周延、謹慎，也比較深遠，見解因此比子皮更高超了。誠齋再舉鮑叔強力薦舉的管仲這一事來說明，才幹能力的重要性，畢竟治世能臣世所罕見，茲引《呂氏春秋・贊能》：

> 管子束縛在魯。桓公欲相鮑叔。鮑叔曰：吾君欲霸王，則管夷吾在彼，臣弗若也。〔註1〕

〔註1〕《呂氏春秋注疏》，王利器著，巴蜀書社，2002 年 1 月第一次印刷，頁 2884～2885。

齊桓公本來因管仲乃舊夙敵對而對其有所嫌隙,更遑論說信任他。而鮑叔牙深知管仲之才足以興盛家邦、安定社稷,所以能毫無私心地舉賢。而實際看來,若無此等賢才,被髮左衽之事並非不可能發生的。於是乎,這就說明了重視才能高低的重要性了,因為若是不足以身當大任之人,卻空佔其位,無大作為的話,整個國家社稷的發展一定會是遲緩,甚至會有所衰退的。國力要是不強盛,那處境便岌岌可危,要是漸趨衰頹,那邊患夷狄一來,便可能招架不住,淪喪為異族統治了。這時就不只是一臣之死所可承擔,而將會是賠上整個家國萬民的性命的。因此,誠齋認為唯有賢才在位,才是國之所福,也更能保己之身之福,此是瞭解到覆巢之下無完卵的憂患意識,故而有感而發的觀點,最後,將其關連到整個國家的盛衰與否,就此而言,個人與國家的關係就可說是相當密切了。

(三)位高益謙

對於在位,尤其是身居高位,應可說是歷來所有仕宦者的最大冀望,可是就同樣處於高位來看,王佐之才和權奸之輩的執政表現是不一樣的,尤其綜觀歷來邪奸佞臣,初入仕時,因對整個周遭環境或許還生澀,所以外在往往表現得中規中矩、畢恭畢敬、安分守法,還不置於有所逾矩。但是一旦等到深謀老練久了,善於揣測上意、下賊上情,就會媚以邀寵,以迎合於主上,而若當時君王昏昧不察,便很容易深陷其詭詐邪媚之中,對其寵愛有加。但是如此一來,可想而知的便是,當這些邪辟之輩有機會飛黃騰達、位居顯赫之位的時候,便是其放肆乖張、胡作非為的時候了。因為對這些邪辟之輩來說,爬到這麼高的位置時,往往已經累積了相當大的朝廷惡勢力,所以,當此之時,其權勢之大,便足夠他表現出權傾一時、囂張跋扈、不可一世的嘴臉,明朝時的王陽明便提到這種驕扈的態度,這可以從《傳習錄・黃以方錄》來看。

> 先生曰:「人生大病,只是一個傲字。為子而傲必不孝,為臣而傲必
> 不忠,為父而傲必不慈,為友而傲必不信。」〔註2〕

由此可以想見,那些表面上雖然對於君王,處處思慮迎合、諂媚獻忠,骨子裡卻往往想的是如何排除異己,滿腦子裡裝的是如何陰謀算計,以獲得更多的權勢地位,幾乎可以說是諂上欺下、邪傲無恥了。如果再加上特殊的機會,讓其肆無忌憚地為所欲為,朝政只將會每下愈況,更勢必會做出許多禍國殃

〔註2〕 《王陽明傳習錄詳注集評》,陳榮捷撰,台灣學生書局,1998 年 2 月修訂版三刷,頁 383。

民的勾當。但對於位處高位之時，遍讀聖賢之書，努力修身的儒者可就大不
相同了，他迥異於那些貪圖享受、操縱把持朝政、聚斂民膏民脂的貪佞權奸。
誠齋對於賢才的看法可以從其對於周易〈歸妹‧六五〉「帝乙歸妹，其君之袂，
不如其娣之袂良，月幾望，吉。象曰：帝乙歸妹，不如其娣之袂良也，其位
在中，以貴行也。」的衍述觀之：

> 六五以帝乙之賢，居至尊之位，體中正謙柔之德，而九二之賢女爲
> 之妹，以是兄歸是妹，豈不光華焜耀于國而家哉？……不以己爲過
> 之，而自以爲不如，位高而志益卑，身貴而行愈謙，此帝妹所以愈
> 賢與。（〈歸妹‧六五〉，頁 201）

飽讀聖賢詩書的翰林儒者，往往內求諸己，而非外求諸人，一個在誠齋認爲
作爲標準的士大夫，所思所慮的便是省察自己，是否有虧欠不足的地方？是
否有未盡圓滿之處？是否將事情、案件處理得妥善無瑕？是否將所轄區域的
內政做得盡善盡美？往往不自覺已經案牘勞形、心形俱疲，卻是常常懷著辦
公會不會不力、目標成效到何程度？加上哀憐百姓疾苦的積極態度。何以能
有如此能耐呢？誠齋在對於周易〈謙‧九三〉「勞謙，君子有終，吉。象曰：
勞謙君子，萬民服也」分析提到：

> 勞而不謙，其勞必奪；謙而不誠，其盈必廢，所以有中則吉也。萬
> 民服者，非服其勞也，服其勞而謙，謙而終也，大哉謙乎！大哉謙
> 之有終乎。周公公孫碩膚，上也；子儀功蓋天下，而主不疑，其庶
> 乎。（〈謙‧九三〉，頁 64）

這裡舉周公爲事例，用意在於說明周公自讓其大美，而不居善爲己的謙遜精
神，握髮吐哺的周公勞而不怨，誠可謂「懷謙輔周」，再舉唐代大將郭子儀的
扶唐功業爲例，來說明雖然名震天下、權重一時、功高勞重卻仍能不攬功爲
己，更加忠心耿耿，令主信賴而不猜疑。的確，能夠在案牘勞形中，處理許
多混亂事件而不擾亂心情，這種勞而不怨，且又以謙德服人的態度，實在和
前述那些卑劣貪鄙的權奸有著天壤之別。

　　上述這些是僅就外在處理事務上說，若從內在所蘊藉的質性來看，一個
身居高位而能夠謙卑自處、不恃才傲物、頤指氣使其部屬和禮賢下士的人，
真可以說是甚得儒家禮教的薰陶了。因爲這種願無伐善、無施勞的謙仰態度，
也只有全智全賢之仁者才能有這樣的胸懷，而這點正是儒家所最標榜而爲世
所稱道的。

二、存理守法與善則守成

在誠齋危亂之世處理的觀念中，能否因治理的方式得當，會有不同程度的呈現，是有其層遞性的，因治所不能及，然後教；教所不能化，然後禮；禮所不能服，然後政；政所不能正，然後刑，若刑尚不能得用，則就會有事了，有事即是亂。而對於「禮」與「法」，這點誠齋在易傳中也表達其立場，這可從其對於周易〈賁·九三〉「賁如濡如，永貞吉。象曰：永貞之吉，終莫之陵也。」來看：

> 洪荒之世，其理具，其法隱；伏羲之世，其法立，其文麤；堯舜成
> 周之世，其法備，其文著。既備矣，既著矣，又何加焉？曰守之。(〈賁·
> 九三〉，頁 88)

誠齋舉伏羲、堯舜成周之世的先聖所立之法爲例，來說明先王立法的準則，有其因應時代推移，而更加完備的程序，然若究其實，這點是以「理」爲基本內涵來去架構、體現的，也因此，所以立的法，效果可以彰顯出來，可以推廣而行，而且既因具備可以符合時代需求的禮法，所以就可要因其完備而篤守，而不輕率擅改。

其次，就整個社會的全體共同關係來看，誠齋是相當認同傳統儒家「有恥且格」的道德教化力的，因爲他認爲如果只有用國家制訂的法令去規範一般民眾，等到犯法了再用刑罰去處置，並不可能真正的遏止人民犯罪。所以，必須也重視道德的作用性。在禮法的輕重權衡方面，誠齋顯然與傳統孔孟觀點有所不同，因爲不論是孔子或是孟子都是重視禮義甚大於刑法的，孔子或孟子之觀念是認爲若專重外在刑罰與法令的制約或束縛，民眾或許會因爲畏懼而儘量不去做犯法的勾當，可是這種消極的方式並不妥善，因爲民眾並不會因此而認知到作奸犯科是可恥的，這只能是消極的制約，甚至可以說是治標不治本的形式對治。所以，如果就傳統儒家來看，不論是孔子抑或是孟子，是站在理想的道德教化立場，來啟發這種由內而外的自發性良知的。

然而誠齋在此處與孔孟立場不同點在於：他認爲並不是所有的人民都可以這麼容易被教化，而輕易感動而鼓發的，不可能所有的人都可以常保良知自覺的，所以若從此點出發，誠齋認爲禮義教化是必要的，刑罰法治也是必要的，所以他認爲禮法均重，他是站在整體社會的共同公義價值來客觀而論的，因爲在那個兵荒馬亂的時代，賊寇四起，外患內亂不斷，如果單單只有宣揚道德，對於整個社稷的秩序維護不但影響力不足，而且沒有適當的約束，

是稱不上是因時制宜的，因此這點又可推溯到他的思想內容，在這「禮法均重」方面卻也不同於荀子，這可以引用同樣是禮法並用的荀子之言來看。例如《荀子‧天論》所言：

> 禮義不加於國家，則功名不白。故人之命在天，國之命在禮，君人者，隆禮尊賢而王，重法愛民而霸。〔註3〕

如果就原則和整體脈絡而言，因荀子曾以儒家的「禮義」和黃老道家的的道法思想結合，〔註4〕而建構出其禮法系統，所以在「禮法並重」這點方面，誠齋和荀子思考脈絡還是不相同的。誠齋雖贊成先明瞭禮義，再加之以法，禮法均重、兩者並用。但這是不加入黃老思想而純以儒家之禮為主的，所以在此有所區別。另外也引伸出了在上位者面對禮義所定之法的因應時事性，該持何種態度？若是在傳統時代，創法定制出自於執政者，而修治百王由禮義所創制的法度，可以游刃有餘地適應當時的世局變化、應變不窮的話，那就表示符合時代需求，而不會有民何措手足之困。

然而就一般士大夫而言，若可以實踐禮法，志意非常堅定，不因為私欲而迷亂了所熟習的禮法之言，已經可以算得上是堅強的士人，所以從這點來看，誠齋也不過度強調法的堅定固守特質的，而認為禮的外塑性，作用在攝禮歸仁。他重視人的自由自主，欣然樂於禮的陶冶中，這可從其〈樂論〉中瞭解

> 其初易之道無所倚，而聖人申之以禮之可踐，宜亦可以少足矣。雖然，禮之道可以踐之者，未必決然也，豈非欣然者未動而勉焉者獨行歟！……人之情安於倨，而禮勞之以恭，人之情速於得而禮緩之以遜。渴也而百拜乃得引，飢也而日晏未得食。夫雍容文雅之化，固天下之所不能廢，而周旋委曲之節無，乃天下亦有所不盡安者耶。夫使天下之情有所不盡安，則聖人之道其行，豈得而遠也。道行於

〔註3〕《荀子集釋》，李滌生著，台灣學生書局，2000年3月初版八刷，頁377。

〔註4〕在稷下三為祭酒的荀子吸納了黃老道家的道法思想，又與儒家的禮義結合，從而創立了「禮法」概念，使道法的含意更為豐富和深化，也更為適應封建統治需要。漢人常說，「孔子為漢立法」，實際上為漢立法的是荀子。荀子不僅為漢初黃老之學得盛行鋪墊了進路，而且為嗣後實行「霸王道雜之」的漢家制度提供了理論根據。韓嬰正是接續著荀子以推重禮法之治的。……禮法並重是荀學的特色，但荀子所隆之禮，已不同於孔、孟的登降揖讓之禮。《道家文化研究》第十二輯《韓詩外傳中的黃老思想及其易說》篇，生活‧讀書‧新知三聯書店，1998年1月北京第1版第1次印刷，頁214。

－13－

暫而不行於遠，是未得天下欣然之機也。得其欣然之機而道可遠矣。
〔註5〕

儒家傳統雖然重視禮義教化，但是對於人性活潑潑的安然之樂，更是極爲推崇樂道的，畢竟人性喜好趣樂、厭憚拘檢，所以禮法是一種提供變化氣質的方式，而不是把人性綑綁，而加以束縛住的枷鎖。也就是說儒家的禮法，不是建立在強制約束的原則，與既定不朽的法條上的，君不見舞雩詠歸的舒暢曠達情懷嗎？所以這種藉由禮以育民是聖人教化的目標，也是方式之一，這可是使人樂在其中、行道不倦的。

三、克己復禮

上段在於將誠齋「禮法並重」、「先禮後法」的觀念完整地作一個論述和釐清，重點是放在法制根源於禮，而禮不離仁的關係，也將「禮」不在其強制逼迫、禁錮困頓「仁」中之「仁樂之趣」宗旨歸槖，引述出來了。但這就牽涉到誠齋對於禮的活動性的看法詮解。從其對於《周易・履卦辭》「履虎尾，不咥人，亨」的引述來看：

> 物畜而後有禮，履者，禮也，又履，不處也，不處者，行之謂也，
> 行天下而不禦者莫若禮。（〈履・卦辭〉，頁 43）

誠齋就履卦的實踐行動性，來表達並呈現出禮的生動活潑特質，尤其在提到「履，不處也」，可以說禮不是硬梆梆地高懸一處，定守在一位置，而是遍行無阻、動而無礙的，所以又說「行天下而不禦者莫若禮」，在在地顯示出了其流動發用之性。當然，其所含蓄、所蘊藏、所行之有本的地方也就是周易〈履卦・序卦傳〉所言的「物畜而後有禮」的「物畜」。然而，所蓄爲何物？筆者暫且不論，將在修身涵養章的善學篇中作全面的論述。所以誠齋提到了用「禮」爲基本動力，發而爲陶冶、外塑情感的一體共行連貫脈絡。

> 彖象言禮之可行，爻辭言行而不處，其復於禮一也。（〈履・初九〉，
> 頁 44）

所以將「禮」踐履在所處的事事物物，而又層層收返於一，而誠齋所謂的「一」是指何呢？

> 君子將有以節天下，必始於節一家，必始於節一身，顏子之節，非

〔註5〕《誠齋集》卷第八十四〈樂論〉四部叢刊，上海書店，1989 年，頁 6～7。

求之外也，節性而已。（〈節・初九〉，頁 226）

舉了誠齋對於節卦的初九之爻，所加以引述的是這樣返一的工夫，既「由外而內」，又「從內發出」的來回之道，這樣的「內外合一」、「表裡相通」的歷程，誠齋舉顏回之例來說明，更點出了顏子之「節」，不是向外去求，不是東取一點、西取一點的搜集式修養，是「聞一知十」、「即知即能」，而「復歸一性」〔註6〕的工夫。

前面已將「克己復禮」中「禮」的存有及作用層面，作了誠齋的在禮方面的基本工夫論述了，而克己方面也可稍提一番，但在第四章存誠盡性篇中，將會有更詳盡的敘述。

此所謂損不善以益其善也，觀兌之說，君子得之以懲其忿；觀艮之止，君子得之以窒其欲。人之一性，如山之靜，如澤之清，其忿也，或觸之；其欲也，或誘之，豈其性哉？深戒其觸之之端，逆閉其誘之之隙。損之又損，則忿欲銷，而一性復矣。（〈損・象傳〉，頁 149）

損卦的〈大象傳〉中的「君子以懲忿窒欲」，已經言簡意賅地點出了君子為對治己身之忿欲的命題，而誠齋進一步地發揮，認為人的心性原本就是清靜明智的，而不善的忿欲就是該損之處，如此損不善以益其善，當是「格正」之功夫，那些偏邪之情緒，在誠齋看來，並不是心性之所發，所以他說：「其忿也，或觸之；其欲也，或誘之，豈其性哉？」。這就是要明瞭，所當克服、損去的是不是心性之所發。也的確，一般人或有氣稟強弱、厚薄、昏明之分，再加上物欲，或者外在形勢所觸發，被蒙蔽心性的習慣所影響，而外在表現出來的情，便不可能「如其所中」了，這就變成一味的壅蔽，而執其一端。然若常常偏執一端，便無法與時相偕、與物相應。

若就聖人境界來看，其所發之情、所會之意、所言之義是發而皆中節的，這也可以從誠齋在損卦的卦辭傳引述來說明：

聖人之言豈一端而已哉，然聖人之所謂損，不出於聖人之意，而出於聖人之時，聖人何容心焉？國奢，示之以儉；國儉，示之以禮。

（〈損・卦辭〉，頁 149）

〔註6〕 牟宗三先生云：所謂復性，即恢復我們之本體性。欲恢復作為本體之性，即須克服或轉化我們之氣質之不善不正者。我們說性是真正之主體或真正之本體，此一主體或本體是遍在於任何人的。「非獨賢者有是心也」，人人皆有之。「賢者能勿喪耳」（孟子語）。此主體亦係我們之真正的我……《中國哲學的特質》第十講，復性的工夫。牟宗三著，台灣學生書局，1998 年 5 月再版九刷，頁 97。

就聖人而言，以一國的利欲得正為大目標，而以禮來示現。發而中節以時，一直是聖人心所希望的，這樣則是「克己」到「立國」的內聖外王進程了。而這裡提到的克己，節制欲情以復心性的整個工夫流程，就是佔誠齋思想比例中最重的「誠正」核心。

四、敬以移懼

誠齋對於禮的化、塑、動、行工夫，在前幾段也已經提到了，這是對於履卦的卦辭所領會而發的。而誠齋對於履卦卦辭的闡解，最後可以達致「行天下而不禦者莫若禮」，這其中的「不禦」又是要有何作為其憑藉，才能貞定不被移奪、而不被戕賊呢？這可以從誠齋對於《周易·震·彖》「震亨，震來虩虩，恐致福也」的引述來看：

> 一敬之外无餘念，一愕之外无餘知，當是之時，白刃前臨，猛虎後
> 迫，皆莫之覺，故震雷驚百里，亦莫之聞。敬有所甚，懼有所忘也，
> 能如是，天下可懼之事，孰能驚之者？（〈震·彖傳〉，頁187）

也就是說，用「敬」來持守是其基本原則，而伊川的《易程傳》云：「震自有亨之義，非由卦才，震來而能恐懼自修自慎，則可反致福吉也」，〔註7〕在「自修自慎」處，伊川和誠齋所見相同的，伊川的所及在於「致福吉」，而誠齋藉此自修自慎的觀念而提出他的詮解更進一步，因為誠齋的重點不只是放在「自修自慎」來說而已，最主要是在引發出「敬有所甚，懼有所忘」的核心，也就是說，同樣對於震卦象傳的解釋來看，伊川認為要敬，而福吉自然由外而來的，而誠齋不同於伊川的觀點地方在於「敬有所甚，懼有所忘也，能如是，天下可懼之事，孰能驚之者？」既能將天下之事通融返其理，也能因此將其貞定而隨物安然自處的實踐層面體現出來。

五、閑邪存誠

前段將誠齋藉由〈震·彖傳〉發展出其「極致其敬」的工夫而消解其懼，來說明其所以能申如自處之道，也提到修身方面會面臨到「一敬之外无餘念，一愕之外无餘知」這個「餘念」和「餘知」的問題。然而在《誠齋易傳》中對於這種「餘念」和「餘知」，誠齋則認為是可以去除的，從其對於《周易·

〔註7〕程頤：《易程傳〈震·象傳〉》，民國79年10月二刷，文津出版社，頁459。

中孚・初九》「虞吉，有它不燕。」的引述解析來看。

> 邪不閑，不可與言存誠；僞不去，不可與言著誠。是故中孚之誠，
> 不可不防其有它也，……一貞之外无非妄，一誠之外无非僞，妄與
> 僞，皆所謂有它者也。如遇寇賊，如避風雨，察吾心一毫有它，則
> 惕然而不安，則防之周矣。不忠、不信、不習，當如曾子所省者三；
> 勿視、勿聽、勿言、勿動，當如顏子所克者四，其庶矣乎。（〈中孚・
> 初九〉，頁 230）

誠齋對於〈中孚・初九〉的這卦中的「不可不防其有它也」的「它」，應可和
程傳〈中孚・初九〉「若有它，則不得其燕安矣。燕安、裕也，有它，志不定
也……」相提並論，而若究其實，這個伊川所謂的「它」，和誠齋所謂的「它
者」，就是上段在〈震・象傳〉誠齋所言的餘知或餘念。當然，這個餘知、餘
念是偏邪不正的，有可能因爲陷溺或窒礙；滯泥或蒙昧而失其中孚之誠，但
這也就是誠齋何以要閑邪去僞的地方。

其次，這是和伊川這個「閑邪存誠」的觀念有相當關連的，因爲誠齋認
爲這些偏念邪知是不可累積，更不可常存，因爲這些妄與僞就是「它者」，就
是世人之心所以惕然不安的地方。所以誠齋所謂當要知的便是「所省所克」
而「所省所克」的著力乃在於去除妄僞，這也呼應到前面所提的「克己復禮」
的工夫，而這工夫是要成就「至誠無僞」的，所以，誠齋也提出基本方針，
就是須剔除不忠、不信、不習的曾子所省之處，和顏子所實踐克己復禮的成
德工夫。如此一來，就可知道這由閑邪、克己、致敬、中孚之誠的通貫進程
了。至於至誠無僞的部分，即是之後佔誠齋思想中份量最大的誠正篇章所論
的存誠盡性。

六、不以退喜

宋代是個禮遇文士、標榜氣節、重視人品的時代，理學高度地開發了儒
學的要義，所以拓展出宏大壯闊的氣象，以天下爲己任的有志之士輩出，個
個在那樣的環境下，讜言正論盡出、勇於犯顏直諫而不疲。但並不是所有用
世激切的儒者，都有仕途得意的好前景的，就如上段所述的，最常見的便是
屢遭困阨、賦閑度日。當然，也有少數境遇較佳的，或可承蒙主寵，一朝而
位極人臣，但也難得看到歷久不衰的例子，高低起伏的人生歷程總是常見的，
對於這樣的遭遇誠齋認爲：

> 吾讀易至遯，而嘆曰：其見聖人之心乎，聖心焉在？曰：在天下而
> 不在一身。故曰：遯亨，遯而亨也，遯而亨者，窮於進而通於退。
> 雖然，聖人之退，聖人之通，天下之窮也，聖人豈悻悻然決於退哉？
> （〈遯・卦辭〉，頁123）

這可以說是誠齋為此《誠齋易傳》之書作傳以來，最有感而嘆的一卦了，誠齋由此卦卦辭的意象，領會到聖人所思所慮皆在社稷家邦、所悲所喜卻又以天下蒼生的命運為考量。文王即是這種情況：

> 文王遭羑里之禍而演易，不以己之憂思忘天下後世之憂患，乃推己
> 之憂患，慮天下後世之憂患，其於憂患，可謂親履而備嘗之矣。其
> 心危，故其辭亦危，此無它，以吾身之危，欲使後世之危者平，以
> 吾心之不慢易，恐後世之易者傾，其慮患之道甚大，故其取喻以物
> 也甚詳。……以危辭求安平，懼之於始，懼之於終，則其要歸於吉，
> 而無答矣，然則文王以易之道免一己之憂患，未聖也。以義之道免
> 天下後世之憂患，斯聖矣。（《誠齋易傳・繫辭》，頁295）

文王遭羑里之禍的事見於《史記・周本紀》：「崇侯虎譖西伯於殷紂，紂乃囚西伯於羑里。」但文王能把己身的遭遇困頓置之度外，尤其當其志不得之時，不但不以己身的困阨而溺陷其中，反而藉著困頓之時，推演變化無常之道，以示後人，使後世均受其惠，不同於常人酩酊大醉於抑鬱頓挫之時，或轉換心情以逍遙快活於遊宴之樂，取而代之的是——「聖人從不以退為喜」，反而因此憂慮，這也就是聖人之所以為聖人的原因。而這是誠齋有所感而發的地方，誠齋對於這個以退為憂的認同立場，也可以從友朋對於其人的修為來看：

> 時論紛紛，未有底止，契丈清德雅望，朝野屬心，切冀眠時之間，
> 以時自重，更能不以樂天知命之樂，而忘與人同憂之憂。無過於優
> 游，無決於遁思，則區區者猶有望於斯事也。[註8]

從〈朱熹答楊廷秀〉萬里書信中可瞭解，誠齋為人也是服膺「不以退喜」的民胞物與精神的，如此一來，其人實有令人感佩之處。

七、友朋相益與以友輔仁

　　古往今來，士人彼此之間相互酬唱、相互往來，並非只有通聲氣以宴餘

[註8] 《朱文公集》卷九《古典文學研究資料彙編・楊萬里范成大卷》，湛之編，中華書局，2004年1月第四次印刷，頁10。

暇，常有以討論文章、暢談家國大業、娓敘己身近境和所觀所得，來切磋琢磨彼此學問涵養的，而彼此講明、辨異、論及道學，藉以彼此儆切醇正、收攝身心，以達相得益彰的輔仁之效。

> 天下之可說者，莫小於聲色臭味，莫大於義理；天下之求益者，莫狹於晝思夜度，而莫廣於朋友講習，不觀兌之象乎，兩澤相麗，則水泉相益而不涸；二友相講，則義理相益而不窮。（〈兌・象傳〉，頁216）

誠齋從兌的象傳，思及悅樂之處，而認為樂在其中、廢寢忘食的「為學日益」是精益求精之法，而若單單僅就關起門來「閉門造車」浸溺於其所惑所迷之地，將是枯寂乾涸，而會窒礙不通的，這時候就須與友相互交流，互換心得，之所以要如此作，才可延伸到其廣闊度，而這觀念的構成，相當近似〈論語・顏淵下〉裡曾子所曰：「君子以文會友，以友輔仁」，[註9]所以誠齋就兩澤相麗之象，來闡述其生生不息的講明義理之精義。而的確這樣的相互講論學習，是促進並加速彼此所學之功的良好方式，因為獨學而無友則孤陋寡聞。而誠齋藉由這樣的兩泉相益之象，來引發出和悅往來像兩澤相連互相滋潤，相輔相成之效又而進德日益，這可說是天下一大樂事了。

當然，這樣聚集友朋，互相砥礪、增進彼此見聞，也不能僅僅只是表面上的討論切磋、純就知識上研討，因為若是雙方有固執己見或剛愎自用的一方，那可就會言不盡興。

> 燕兄弟、燕朋友、燕群臣嘉賓，推孚誠以待下，以與天下樂其樂而已，故曰有孚於飲酒无咎，然治亂同門，憂樂同根，天之道也。（〈未濟・上九〉，頁243）

也就是說，若是只有固守己見，或是表面上的屈意奉承等情狀，在誠齋看來，都無法讓相會宴遊的樂趣充分發揮出來，而認為如果可以「以誠相待」的話，那無話不說、無處不佳、無時不樂了。

於是，誠齋在這裡也也附加地提到了「治亂同門」、「憂樂同根」的看法，這種「禍中福藏、福中禍伏」的往復不已觀念，即是下一節說明《誠齋易傳》有老莊思想之處。

〔註 9〕新編諸子集成《論語集釋》，程樹德撰，程俊英、蔣建元點校，中華書局，1997年10月第四次印刷，頁878。

第二節　道家思想之影響

一、消長往復

　　誠齋所身處的朝代，使他對於世事的推移，和治亂的消長，有相當大的感觸，也有不已的憂患。面臨這樣的問題，雖有時社稷可因和議而暫時安穩，可是對其中暗潮洶湧，誠齋是非常憂心感慨的，這危機意識可以從其對於周易〈泰‧九三爻〉「无平不陂，无往不復，艱貞无咎，勿恤其孚，於時有福。象曰：无往不復，天地之際也」的引述來看。

> 平與陂相推，往與復相移，居泰之世者，勿謂時平，其險將萌；勿
> 謂陰往，其復反掌。（〈泰‧九三〉，頁 49）

所謂的陰暗險微之困局，通常是在太平盛世了一段時期後開始潛伏萌發的，所以誠齋警惕道不要以爲時勢已可高枕無憂，卻應該反過來思考這種一時的歌舞昇平，雖不能說是假象，卻應該不能掉以輕心，而是應該留意危險之機所暗處叢生的時候。而這牽涉到循環與起源的問題，可以再從誠齋對於周易〈損‧六三〉「三人行，則損一人」的衍生引述來看：

> 此六三損下益上之事，聖人慰存六三以損中之益之辭也。天下之理，
> 消與長聚門，損與益同根。（〈損‧六三〉，頁 150）

這是誠齋從損卦的六三之爻裡關於「損」而有所感發，而以天底下的事物，其中的興衰變化，抑或者是生死存亡，都在時時刻刻的消失與萌長，都在漸漸的損滅或者是緩緩地增益，這觀念同於《莊子‧秋水》「道無終始，物有死生，不待其成；一虛一滿，不位乎其形。……消息盈虛，終則有始。」〔註10〕而在這世上的禍福消長、功業成敗其中都已隱含了形成與敗壞，增加與淘汰，所以這可以瞭解誠齋的循環觀點。而當然這些事物的變化損益中也可窺見天道之行，因就誠齋的宇宙本體論來說，除了說明「道在物中」，也解述了「即物」也可「即道」的，可知這觀點的闡述，是其立基在天理與事物的「不離」與「相即」的關係上的。

二、功成身退

〔註10〕《莊子集解、莊子集解內篇補正》，〔清〕王先謙撰、郭武撰，沈嘯寰點校，
　　　　1987 年 10 月第 1 版，2004 年 2 月第三次印刷，頁 144。

　　而誠齋在歸隱鄉野之後，雖仍然相當關切時弊朝政，但對於以往所爲的政績，如「賦不擾而足，縣以大治。」〔註11〕或「盜沈師犯南粵，帥師往平之。」〔註12〕等功業，並不會自恃或引以爲自得，而認爲這些都是理所應行，而當功成身退的，這可以從其對於周易〈履・上九〉「視履考祥，其旋元吉。象曰：元吉在上，大有慶也。」的解述來看：

> 上九居履之極，當履之成，行而不止，其行必跌；成而不去，其成必缺，盍視其行而不明，成其福而不毀，功成身退，而復反其素履幽眞之初，慶孰大焉？故伊尹相湯之功，不高於告歸之節；子房興漢之策，不警於棄事之智，皆反其初之義也，旋、反；考、成也；履，主於行者也……上反其初則慶。(〈履・上九〉，頁 46)

以誠齋所舉之例來說，子房即張良，關於其助漢高祖的興漢之策可就當初劉邦剛進入咸陽之時說起，當劉邦還欣喜攸敵在豪華的宮殿、把玩炫惑於珍奇國寶，迷樂在後宮佳麗中，許多部下勸劉邦都無法起效時；幸虧張良勇於進言，要劉邦認知到尚有強大的項羽需要對付，認爲目前情勢不可輕忽，劉邦因而及時醒悟，還軍壩上，而果不負張良所推，項羽一到關中後，擺下鴻門宴，欲殺劉邦。張良藉項伯之助而請其解救，劉邦因而有驚無險地逃脫出去，此是一策，而後劉邦被封漢王，封在漢中、巴蜀，張良舉議燒燬棧道，不再東還以去項羽戒心。這些相當高明關鍵性的決策，可以從《史記》中窺知其見解：

> 漢王賜良金百溢，珠二斗，良具以獻項伯，漢王亦因令良厚遺項伯，使請漢中地，項王乃許之，遂得漢中地。漢王之國，良送至褒中，遣良歸韓，良因說漢王曰：王何不燒絕所過棧道，示天下無還心，以固項王意，乃使良還，行燒絕棧道。〔註13〕

但等鴻溝界約簽訂後，張良又勸劉邦把握時機，擊潰強敵。此又一策，最後經過垓下一戰，打敗項羽，統一全國，建立漢朝。這些都是較爲重要的謀策，故資舉一二以明誠齋所說張良之策，另外，其可貴之處即在於劉邦即位後，

〔註11〕新校本《宋史》〈卷四百三十三・列傳第一百九十二・儒林三・楊萬里傳〉楊家駱主編，鼎文書局印行，民國 65 年 10 月初版，頁 12863。

〔註12〕新校本《宋史》〈卷四百三十三・列傳第一百九十二・儒林三・楊萬里傳〉楊家駱主編，鼎文書局印行，民國 65 年 10 月初版，頁 12864。

〔註13〕《史記會注考證》卷五十五〈留侯世家第二十五〉，〔日〕瀧川龜太郎著，民國 91 年 1 月初版 3 刷，萬卷樓圖書有限公司，頁 805。

天下剛定時的情況：

> 漢五年，既殺項羽，定天下，論功行封，群臣爭功，歲餘功不決。
> 〔註14〕

像這種大封功臣之際，一大群文相武將邀功攬業，而張良卻毅然決然推辭，僅領留侯的頭銜，堅決不受三萬戶食祿，雖居功偉厥，但卻不戀過往之功業，而退隱恬淡，子房這種功成名遂而身退的品節，著實令人佩服。這就是誠齋所云：「功成身退，而復反其素履幽眞之初」，不像也同樣是一代開國元老的軍事奇才的韓信，下場卻比如誠齋在〈履·上九〉中所說「行而不止，其行必跌；成而不去，其成必缺」還不如，因爲韓信是遭滅族之禍，連「所成有缺」都可望不可及的了。誠齋藉張良的功成不居之例，用以說明功成身退的觀念。另外，再資引太史公對韓信的評語：

> 太史公曰：吾如淮陰，淮陰人爲余言，韓信雖爲布衣時，其志與眾異其母死，貧無以葬，然乃行營高敞地，令其可置萬家，余視其母冢，良然假令韓信學道、謙讓、不伐己功，不矜其能，則庶幾哉，於漢家勳可以比周、召、太公之徒，後世血食矣，不務出此，而天下已集，乃謀畔逆，夷滅宗族，不亦宜乎？〔註15〕

這說明了像同樣「功成」的韓信，到後來劉邦和呂后還不是暗使丞相蕭何巧設詭計，而且用密友身份親自誘捕韓信入長樂宮內，以謀反罪名，經呂后之令處死。韓信的下場，可就反面的示證出其不知明哲保身之道，眷戀權名，終遭殺身，由此可知對於韓信沒有「功成身應退」的評論，誠齋應是承繼自《史記》無疑，也受到司馬遷的史學思想所影響。

藉由上述的觀念可以得出：若是自恃其功、逞能自重，會先招致功高震主之忌諱，而若再加上一個條件——「貪迷不捨」，就會爲自己惹來殺身之禍了。所以從誠齋所舉此卦中之例，可見這後果的危險性。而上述的史例引證是從誠齋對於逞能恃功，且不功成身退所得出的結果性推斷，但若是可以用相反的角度來面對，則將會有另番進境。這可以從誠齋對於周易〈晉·六三〉「眾允，悔亡，象曰：眾允之志，上行也。」的引述來看：

〔註14〕《史記會注考證》卷五十三〈蕭相國世家第二十三〉〔日〕瀧川龜太郎著，民國91年1月初版3刷，萬卷樓圖書有限公司，頁795。

〔註15〕《史記會注考證》卷九十二〈淮陰侯列傳第三十二〉，〔日〕瀧川龜太郎著，民國91年1月初版3刷，萬卷樓圖書有限公司，頁805。

> 蓋身退而德進，位卑而望高者興，故其志上進。（〈晉‧六三〉，頁
> 130）

從此晉卦六三爻的衍生析述可見，能曉「功成」而「身退」，這其中必得有「德」作爲內在根據，而這德作爲內容的存在，並非僅是「只退不進」、「靡然無功」的消極心態。因若如此，則可知連「功」都無以得成了。所以，身之所以要退，其重要的樞紐必須已具備成就功業之能力，而卻「無肯專爲」，〔註16〕而不專務權勢名位之物，所以如此才可以免乎其累，能與時偕行，因以進德。當然這觀念可以在誠齋對於周易〈漸‧上九〉「鴻漸於陸，其羽可用爲儀，吉，象曰：其羽可用爲儀吉，不可亂也。」中片段引發論述來看：

> 上九以剛陽之德，秉謙巽之極，名居一卦之上，實出一卦之外，其位
> 彌高，其心彌下，其進彌徐，其退彌速，此其羽翼翔集，截然而不可
> 亂，豈不足以高出一世，而爲天下之儀表乎。（〈漸‧上九〉，頁 198）

從此漸卦的上九爻之佐證引述，可以連結起誠齋這整個思考脈絡，即位高而不動搖其志節，而此志節乃源自於德之能進，而德之所進，乃原自於「心之毅然」，因「心之毅然」則截然而不亂，所以可安然自適，進退自如，當然這樣的品格德行，足可以鶴立雞群、高風亮節，而爲世典範、爲人稱道了。而即便境界高明如此，但就誠齋來看，這是「自然而然」或「理所當然」之事，而因此能不以爲意，這可以從誠齋對於周易〈夬‧象傳〉「澤上於天，夬，君子以施祿及下，居德則忌」的闡述來看。

> 君子觀其決而及物之象，故不專利於己，而必施之以及下，觀其高
> 而必潰之象，故不敢居其聖，而必戒之以爲忌，忌如道家所忌之忌。
> （〈夬‧象傳〉，頁 157）

此夬卦的象傳除了說明將道家善於與人和與物爲一體的哲學表述外，誠齋言

〔註16〕莊子行於山中，見大木，枝葉盛茂，伐木者止其旁而不取也。問其故。曰：「无所可用」莊子曰：「此木不材得終其天年。」夫子出於山，舍於故人之家。故人喜，命豎子殺雁而亨之。豎子請曰：「其一能鳴，請奚殺？」主人曰：「殺不能鳴者」明日，弟子問於莊子曰：「昨日山中之木，以不材得終其天年；今主之雁，以不材死。先生何處？」莊子笑曰：周將處乎材與不材之間。材與不材之間，似之而非也，故未免乎累。若夫乘道德而浮游則不然。無譽無訾，一龍一蛇，與時俱化，而無肯專爲；一上一下，以和爲量，浮游乎萬物之祖；物物而不物於物，則胡可得而累邪！新編諸子集成《莊子集解》《莊子集解內篇補正》卷五，山木第二十，〔清〕王先謙撰、郭武撰沈嘯寰點校，中華書局，2004 年 2 月第三次印刷，頁 167。

道家所忌諱之處在於「物極必反」。若就誠齋的論述方式，可分兩方面來說，其一，就所居位置來看，因在仕宦途上，若所處在極為高峰之地，便當思及險峻之處，因往往容易被奸邪野心之輩所覬覦而妒忌，甚為成為其眼中釘、芒背刺，成為此輩欲去之而後快的對象，因而不可不防備。其二，正當位極人臣、居萬人之上時，應該思考德行才幹是否兼備，能不能勝任，若是缺乏其一，應無法統御得當、使政親人和，因而若才弱於位，又已高不可越時，將也有高極則危的險象。因而也不可心存戀棧，以免顛潰之時，不勝負荷。這「弗居高聖」、「不獨其功」的觀點可從《莊子‧山木》篇裡來參照：

> 昔吾聞之大成之人曰：「自伐者无功，功成者墮，名成者虧。」孰能去功與名而還與眾人！道流而不明居，居得行而不明處；純純常常，乃比於狂；削迹捐勢，不為功名，是故无責於人，人亦无責焉。〔註17〕

另外，誠齋此處還有一關鍵點放在「博施濟眾」上面，而這是從觀「高」卻「孤」來反述的。這可以從誠齋對於周易〈損‧六五〉「或益之十朋之龜，弗克違，元吉。象曰：六五元吉，自上佑也。」的引述來看。

> 此聖人贊六五之損己從人，有損中之益之聖德也，六五以山嶽配天之德，宅大中至正之位，為損卦之君，而其中空洞寬廣，謙柔柔把以從在下之群賢，天下友善者，所以皆說而願增益其高大也。（〈損‧六五〉，頁151）

從此卦的六五爻對於誠齋在前面夬卦象傳「不專利於己」之本源，以及之所以能藉此「博施濟眾」的原因作了推論，其歸結之處便在於「虛己待人」，這樣的工夫除了可以廣包含納群賢之志，重要的地方在於這是由內而外開展邁拓出來的。不只如此，從「天下友善者，所以皆說而願增益其高大」可以因而覽見其「開攏闔閉」、「既放且收」的整體過程是體用一如的。當然，這工夫在此爻的論述尚未較清楚，可以從誠齋對於周易〈益‧象傳〉「益，損上益下，民說無疆，自上下下，其道大光，利有攸往，中正有慶，利涉大川，木道乃行，益動而巽，日進無疆，天施地生，其益無方，凡益之道，與時偕行。」的解述來看：

> 易之為道，以損人者施諸己，則約而豐；以益己者施諸人，則散而

〔註17〕《莊子集釋》卷七，山木第二十，新編諸子集成（第一輯）清郭慶藩撰、王孝魚點校，中華書局，1997年10月第八次印刷，頁681。

聚，民說无疆，不曰豐且聚乎；以卑人者施諸己，則卑而不可踰，
以尊己者施諸人，則謙而尊其道大光，不曰不可踰而尊乎？得此道
者，是惟无動，動罔不利矣，是故天下无事，則下令如流水，事焉
往而不行？（〈益・象傳〉，頁 152）

誠齋這收放自如的工夫歷程，其流動之行乃是以從一己開始行之於人的關係，
所以若能以人損如同己損，以人益如同己益的話，則這「約」、「施」、「返」、「行」
的往來將無往而不利，若能將此內在工夫顯現，表現在於外，可以「無往而不
利」。這如同《莊子・外物篇》「唯至人乃能遊於世而不僻，順人而不失己。」
〔註18〕一般，也即是可以達到人順己順，人同己同的共同進向了。

三、生而不有與聖人不仁

　　上面段落將「順人如己」的互通彼此觀點解述出來，而這樣的「通順」
於事物，其來有自，這可以從誠齋對於周易〈坤・文言傳〉「坤，至柔而動也
剛，至靜而德方，後得主而有常，含萬物而化光，坤道其順乎，承天而時行。」
以見：

物收而包含之量幽，物散而造化之功著，坤之道其大如此，何也？
承天之施，而不自生，行天之時，而不自用，一本乎順而已。（〈坤・
文言〉，頁 16）

這就已呼應前面之所以能「通達人己」的原因，最主要乃在於「一本乎順」，
而再加上「承天奉時」因此可以「生」、「化」、「運」、「用」的天之所施，而
行天之理，於是可見其「順合」人情之因，所來之源，得從「天」而來，才
能夠「順天應人」了。

　　另外，若是不專利於己，則可以「博施濟眾」，而所以要廣納眾民之因，
其目的當然是要同舟共濟，共同奮鬥，而誠齋為官多年，也深知民間疾苦，
但社稷家邦的命脈乃在於一起努力經營，要是人民都懈怠而荒廢正業，則將
是一大禍患，這可以從誠齋對於周易〈兌・象傳〉「兌，說也，剛中而柔外，
說以利貞，是以順乎天而應乎人，說以先民，民忘其勞，說以犯難，民忘其
死，說之大，民勸矣哉。」來看其成效：

剛中以正己，柔外以說民……有事則與民趨之，則勞而忘勞，是惟

〔註18〕新編諸子集成《莊子集解、莊子集解內篇補正》卷五，外物第二十六，〔清〕
　　　　王先謙撰、郭武撰，沈嘯寰點校，中華書局，2004 年 2 月第三次印刷，頁 242。

无難，有難與民犯之，則死而忘死。好逸惡勞，好生惡死，人之情
也，勞而忘勞，死而忘死，非人之情也。非人之情而忘之者，說而
不自知其勞且死也，曷爲而說也，知聖人勞我以逸我，死我以生我
也，是以說而自勸也，夫勸民與民自勸，相去遠矣，是以聖人大之
曰，說之大，民勸矣哉，勞而忘勞，禹之治水也。（〈兌・象傳〉，頁
215）

藉由對於兌卦象傳的的分析論述，可以明瞭這從「剛中正己」到「柔外說民」
就是前些段落所強調的「順己應人」的工夫，當然這與眾民一體的共同感，
最主要是由於與眾互融的原因，所以也因此能與民同體時艱，而讓彼此都能
「勞而忘勞」，這也就是前面誠齋對於益卦的象傳中所說的「得此道者，是惟
无動，動罔不利矣，是故天下无事，則下令如流水，事焉往而不行？」可見
這能令人樂在其中、樂此不疲的原因，乃在於使民通曉且認同聖人之意，而
無所阻閡，因而達到「自勸勸民」之功效。

　　由此可知，從《誠齋易傳》中，不難發現許多受道家的觀念影響者，雖
然此著作的形成，最主要的思想核心以儒家爲主，但是常在其行文之中發現
諸多引用老莊思想的部分和王輔嗣註解的地方，或像莊子的語言、譬喻思想，
可茲舉誠齋對於周易〈困・九二〉「困於酒食，朱紱方來，利用享祀，征凶，
无咎，象曰：困於酒食，中有慶也。」的解述來看：

小人之困君子，何仇於君子哉，不過如雞鶩之爭食，鴟鳶之嚇鼠爾。
小人所茹，君子所吐。九二陽剛之君子，爲初六、六三二小人所擠，
九二吐而去之。（〈困・九二〉，頁172）

從這「鴟鳶嚇鼠」〔註19〕的生動活潑又辛辣揶揄的形象比喻，可以讓人對於
君子並無所圖，而小人卻荒謬可笑地認爲他人將對己有所不利，這兩者間互
相對比後的印象更加深刻，另外像在對於《周易・繫辭》傳的「精義入神，
以致用也」引述出「精於庖者，其刀入神，精於射者，其矢入神。苟入神矣，
其致用於庖與射也何有？」的觀點，此如莊子的譬例在誠齋之易傳中時而可

〔註19〕惠子相梁，莊子往見之。或謂惠子曰：「莊子來，欲代子相。」於是惠子恐，
　　　　搜於國中三日三夜。莊子往見之，曰：「南方有鳥，其名爲鵷鶵，子知之乎？
　　　　夫鵷鶵，發於南海而飛於北海，非梧桐不止，非練實不食，非醴泉不飲。於
　　　　是鴟得腐鼠，鵷鶵過之，仰而視之曰『嚇！』今子欲以子之梁國而嚇我邪？」
　　　　《莊子集釋》卷六下，秋水第十七，新編諸子集成（第一輯）清郭慶藩撰、
　　　　王孝魚點校，1997年10月第8次印刷，頁605。

見。甚至在其七絕中，如其在〈有歎〉裡「飽喜飢嗔笑殺儂，鳳凰未可笑狙公，僅逃暮四朝三外，猶在桐花竹實中！」〔註 20〕也可見一斑。可知誠齋受莊子之風影響不少。所以綜觀誠齋在易傳的闡述中，對於所用的史實，或典故，抑或是內容思想，都有其確切且令人即刻聯想而意會的地方，這也可以說誠齋對老莊的道家思想有充分足的見解與吸收，方能有此旁徵博引且都能運用得宜之處。

〔註20〕《楊萬里選集》，周汝昌選注，上海古籍出版社，1979 年 5 月第一次印刷，頁
　　　 215。

第三章　體例與特質

　　本章將從誠齋解易的基本體例與特質來論述，先初步瞭解誠齋詮釋易理所使用的方式原則。最後在其著述特質的部分，將會先就其援史闡易的特點，而以史與易之關係與「引史證經」的源流，來歸納出這樣解易的特質及原因何在，而以象數易、圖書易以及義理易受時代風氣影響的層面來分析。其二、就誠齋論述易傳之時，不拘餖飣的手筆來覽觀其與何者風格相似。其三、這樣文氣浩蕩卻富懇切溢表的情感究竟所求為何？也是值得書寫之處，而結尾將以誠齋雖延展程學，但卻有以自己論說之獨特處，以此作一個主題思考。

第一節　《誠齋易傳》體例特色

一、象象爻一體發展

　　在誠齋對於《周易》經傳的闡述裡，誠齋往往以卦的大象傳、象傳為主，進而推論敘述一卦六爻間的發展關係。可茲舉《誠齋易傳》中數例來呈現其主要的風貌：

> 以坎之險，遇乾之健訟之所自起也，剛來得中者，九二自外而來，興訟之主也，中正者，九五聽訟之主也。（〈訟・彖〉，頁30）
>
> 曰能以眾正，以之言用也，以此王天下，孰能禦之。雖然，有九二剛中之將，而不逢六五之君，則其上无應。（〈師・彖〉，頁33）
>
> 正女以男，正男以父、以身，正身以言行，前之二正在象，後之二正在大象與上九。（〈家人・彖〉，頁136）
>
> 然象言利見大人，往有功也，而五爻中無濟難之功，上六利見大人，

矣亦無濟難之功，何也？大人，上下之達稱，如言行不必信果，如
能正己而物正……上六利見大人，謂九五也。（〈蹇‧上六〉，頁145）

漸而進者，誰也？初六、六二、九三、六四、上九也。獲乎上者，
孰爲上也？九五也。（〈漸‧彖〉，頁195）

上六之窮未爲終窮也，說者乃以上六之爻象之辭，比而同之，使其
一意而申言，則易贅矣。夫象卦之辭，聖人不以苦節繩天下也；上
六之辭，君子以苦節繩一身也。以苦節繩天下，不可；以苦節繩一
身，又不可。（〈節‧上六〉，頁228）

利貞者，必守以貞正之道，無逸以終之，所以持萃之所終而不敢恃
也。順，坤也，說，兌也，剛中而應，九五與六二也。（〈萃‧彖傳〉，
頁165）

上所茲舉的，若以誠齋對於節卦上六爻以及萃卦的象傳的引述來講，這樣重
視首尾前後的發展方式，相當有助於整個卦、爻、象的整體脈絡之內容連結，
而也可想見其對於全體經傳的熟悉掌握度。

二、卦爻對照另卦爻

對於六十四卦中的的乾與坤、泰與否、益與損、既濟與未濟等，凡有可
以相對以比照特性的，誠齋在其行文間往往加以信手拈來，加以互相比對、
釐清，而歸納出其個人之見解，例如：

象與六三，以一卦言也，爻不與六三，以一爻言也。上三陽者，虎
也，九四虎尾，六三履之，易以在下爲尾，故遯之初六，既濟之初
九，未濟之初六，皆爲尾，而履以九四爲尾。（〈履‧六三〉，頁45）

上六以陰邪之小人，乘一卦之上，居升進之極，猶冥然冒昧求升而
不已，宜其消亡而不富也。……咸之上六，有滕口之規，而孟子好
辯以明道。晉之初未可以速進，故貴於摧如之退，然顏子最少，而
進未止。益之上，不可以過益，故忌於或擊之傷，然大舜已老而謙
得益。故曰：神而明之，存乎其人，若夫陰邪而在上，在上而冥升，
終消亡而不富，非紂其孰當之。（〈升‧上六〉，頁160）

泰，天地之明交也，既濟，水火之明交，而天地之互交也，故泰者
既濟之純，既濟者泰之雜，自泰之外，孰有如既濟之吉亨者。（〈既

濟・大象〉，頁 237）

> 既濟之初九，濡其尾則無咎，未濟之初六，濡其尾則吝。何也？初
> 九強於才者也，已濟而濡其尾，賀其濟而後濡也，故無咎。初六弱
> 於才者也，幾濟而濡其尾，憂其濡而不濟也，故吝。（〈未濟・初六〉，
> 頁 241）

> 既濟之初九，曰曳其輪，濡其尾，則乘者人，曳者馬也。未濟之九
> 二止曰曳其輪而已，則一人而乘且曳也。（〈未濟・九二〉，頁 241）

這些例子在誠齋易傳中也時而可見，例如像《誠齋易傳》中對於升卦的上六爻之闡述，即是舉同樣是居最上的爻，而咸卦與升卦的情形卻不一，進而分析出其原因，再歸納出最終結論，這樣的例子雖不是其主要解經傳方式，然即便如著名的《易程傳》中，也不見此種方式，故也可說，此誠為誠齋個人獨特的解易方式之一。

三、同卦內爻的相應參照

誠齋對同卦之內的各爻差異性，其對照角度往往以爻之陰陽，與其相應關係來論，而佐以史實上許許多多重要的人物、事件來穿針引線。可茲舉誠齋對於周易闡釋各個卦爻的片段來看。

> 九四之與九三，位若同而異，情若異而同。九三居下之上而方尊，
> 九四居上之下而已逼，故位若同而異。九三之惕，則懼於進，九四
> 之躍，則向於進，其情固異於三之惕也，然聖人未敢輕許之也，故
> 曰或焉。（〈乾・九四〉，頁 3）

> 初六出師而嚴其律，九二帥師而得其人，戒六三之輿尸，而一其令，
> 審六四之左次，而重其進。（〈師・上六〉，頁 35）

> 上六以無首而凶矣，六三與之相應而相比，非其人也，能無傷已乎。
> （〈比・六三〉，頁 37）

> 六二、六三，皆非已之應也，而遠也，故六四皆不與之相比，既不
> 下從而內比，則將誰親，外比於上而已。九五賢而在上，故六四比
> 之。（〈比・六四〉，頁 38）

> 初九，大有之寒士；九二，大有之大臣；九三，大有之諸侯；九四，
> 逼臣也。（〈大有・九四〉，頁 59）

以六二視三四，則六三小子九四丈夫，六二居大臣之位，偏係於六三，則必失九四，非九四不我即也。(〈隨‧六二〉，頁 70)

九二、九四同之，所以異者，九二中正，九四媚說也。(〈夬‧九四〉，頁 159)

故初九升聞之君子，九二得位之君子，六四好賢之近臣，六五任賢之大君，上六厚德樂善之長者，小人在位者，六三而已……〈臨‧六三〉，頁 79)

從此來看，像臨卦的六三爻以小人，鄰近六五爻為君，六四爻為近臣，最後可以歸納出整個爻位吉凶悔吝。就上舉兩卦之爻來說，可瞭解誠齋對於經傳闡述的分析判斷是相當貼切的，而這此種分析方式，也是在此書中最常使用的解述方式。

四、「爻變」與其它

在爻變的體例部分，誠齋解易裡，即對於每爻從最初，而向上發展到極點，其過程是否吉利、凶危，抑或無咎，都是誠齋研判的重點所在。這可以茲舉《誠齋易傳》中諸例來說。

初六發蒙，九二包蒙，上九擊蒙，蒙至於擊，則繼之以怒矣，教其未裕乎！(〈蒙‧上九〉，頁 26)

然初尚素履，二尚幽貞，勇於行而三凶，懼於行而四吉，五決於行則厲，上反其初則慶。(〈履‧上九〉，頁 46)

小人銳於初，壯於二，窮於三。(〈否‧六三〉，頁 53)

九二之少妹，在二則幽貞而不變，至三則需禮而不輕，四則愆期而未行，然則何時而歸於人乎？待六五之命而後行。(〈歸妹‧六五〉，頁 201)

從誠齋對於歸妹卦六五爻的引述，以及其對於二、三、四爻的分別，和最終作一個關鍵性的決定來看，其變化、時機，端賴於六五爻的位置而判斷，也可見誠齋對於每爻的發展其相關性、細微處，以及這樣不同的吉凶原因間，所導致的主因，有相當的衡量考慮，這是其思慮周密的解經方式使然。

另外，誠齋有時解經或解釋小象傳時，也依循前代學者所用說卦傳的意象內容來幫助思考，以及詮解，茲舉誠齋對於中孚卦的上九之爻部分引述來看。

巽爲雞，故曰翰音。（〈中孚·上九〉，頁 232）

誠齋在此書之第十九卷裡才略將整個說卦傳作一番解釋，然爲數並不多，可說並未著力於此，然亦會有穿鑿引用之處，所以可說重要性並不大。

　　這是就大體上誠齋所用的解經形式、結果推論、各爻與全體發展的情況來作一個具體的歸納，或而仍有其他的類型，可是大部分屬於誠齋較不常用的，所以便不再加以引述了。

第二節　著述特質

一、援史闡易

（一）史與易之關係

　　先秦兩漢的易學和歷史的關係，主要是由天人之際的交流互動，給予文史哲學者作爲探討融入的重心。而到了後來的魏晉玄學時期，易、老、莊所代表的學術主流，也讓當時的文人名士受到不少影響，成爲當時品評人物的一種看法。而唐宋時期的內亂以及外患，則讓士人可以將古往今來的朝代更迭、興衰遞嬗作一個天理與人事的歸納分析、與警惕感發，這是從易的常理、變異中來將「歷歷在目」的發展規律加以論述。另外，《四庫全書總目》提出易的兩派六宗裡，《左傳》與《周易》的關係是「故易之爲書，推天道以明人事也，左傳所記諸占，蓋猶太卜之遺法也」，〔註 1〕這說明的是「易寓於史」的經史互融。可見在先秦的史籍中，這以易之經傳來鑲嵌，讓敘述及析論的史實增色不少。而因此從對《周易》和史學的關係交集引論，可以更整體的掌握思考想法的脈絡，和全部的內容意蘊。而《周易》對於史書中的旁徵博引作用，可以從下列所引的資料來看：

　　　　南蒯之將叛也，其鄉人或知之，過之而嘆，且言曰：「恓恓乎，揪乎
　　　　攸乎！深思而淺謀，邇身而遠志，家臣而君圖，有人矣哉！」南蒯
　　　　枚筮之，遇坤䷁之比䷇，曰：「黃裳元吉。」，以爲大吉也。示子服
　　　　惠伯，曰：「即欲有事，何如？」惠伯曰：吾嘗學此矣，忠信之事則
　　　　可，不然，必敗。外彊內溫，忠也；和以率眞，信也，故曰黃裳元

〔註 1〕《四庫全書提要·卷三·經部三·易類三》，〔清〕紀昀總纂，江西巡撫采進本，河北人民出版社，2000 年 3 月第一次印刷，頁 85。

吉。〔註2〕

陳厲公，蔡出也，故蔡人殺五父而立之。生敬仲。其少也，周史有以周易見陳侯者，陳侯使筮之，遇觀䷓之否䷋，曰：是謂觀國之光，利用賓于王。此其代陳有國乎？不在此，其在異國；非此其身，在其子孫。〔註3〕

穆姜薨于東宮。始往而筮之，遇艮之八，史曰：「是謂艮之隨。隨，其出也。君必速出！姜曰：亡。是於周易曰：『隨，元亨利貞，無咎。』元，體之長。亨，嘉之會也。利，義之和也。貞，事之幹也。體仁足以長人，嘉德足以合禮，利物足以合義，貞固足以幹事。然故不可誣也，是以雖隨無咎。今我婦人而與於亂，固在下位而有不仁，不可謂元。不靖國家，不可謂亨。作而害身，不可謂利。棄位而姣，不可謂貞。有四德者，隨而無咎，我皆無之，豈隨也哉？我則取惡，能無咎乎？必死於此，弗得出矣。」〔註4〕

子餘曰：「君稱所以佐天子匡王國者以命重耳，重耳敢有惰心，敢不從德？」公子親筮之，曰：「尚有晉國。」得貞屯䷗悔豫䷏，皆八也。筮史占之，皆曰：「不吉。閉而不通，爻無為也。」司空季子曰：「吉。是在周易，皆利建侯。不有晉國，以輔王室，安能建侯？我命筮曰『尚有晉國』，筮告我曰『利建侯』，得國之務也，吉孰大焉！震，車也。坎，水也。坤，土也。屯，厚也。豫，樂也。車班外內，順以訓之，泉原以資之，土厚而樂其實。不有晉國，何以當之？震，雷也，車也。坎，勞也，水也，眾也。主雷與車，而尚水與眾。車有震，武也。眾而順，文也。文武具，厚之至也，故曰屯。其繇曰：『元，亨，利貞，勿用，有攸往，利建侯。』主震雷，長也，故曰元。眾而順，嘉也，故曰亨。內有震雷，故曰利貞。車上水下，必伯。小事不濟，壅也。故曰『勿用，有攸往』一夫之行也，眾順而有武威，故曰『利建侯』。坤，母也。震，長男也。母老子強，故曰豫。其繇曰：『利建侯行師』

〔註2〕 昭公十二年，《春秋左傳注》，楊伯峻編著，洪葉文化事業有限公司，1993 年 5 月初版一刷，頁 1337。

〔註3〕 莊公二十二年，《春秋左傳注》，洪葉文化事業有限公司，1993 年 5 月初版一刷，楊伯峻編著，頁 222～223。

〔註4〕 襄公九年，十三經清人注疏《春秋左傳詁》，中華書局，2004 年 2 月第三次印刷，清洪亮吉撰，李解民點校，頁 511。

居樂出威之謂也。是二者，得國之卦也。」〔註5〕

襄公有疾，召頃公而告知，曰：「……成公之歸也，吾聞晉之筮之也，遇乾之否，曰：『配而不終，君三出焉。』一既往矣，後之不知，其次必此。」〔註6〕

從這些史料上所舉的某卦可發現許多與《周易》經傳不同之處，〔註7〕像筮辭不見於《周易》的類型在《左傳・僖公十五年》「晉饑，秦輸之粟；秦饑，晉閉之糴，故秦伯伐晉。卜徒父筮之，吉：『涉河，侯車敗。』詰之。對曰：『乃大吉也。三敗，必獲晉君』。其卦遇蠱䷑，曰：『千乘三去，三去之餘，獲其雄狐。』」，〔註8〕或《左傳・成公十六年》「苗賁皇言於晉侯曰：「楚之良，在其中君王族而已。請分良以擊其左右，而三君萃於王卒，必大敗之。公筮之。史曰：『吉。其卦遇復䷗，曰：南國蹙，射其元王，中厥目。』國蹙、王傷，不敗，何待？」〔註9〕都可以發現這種普遍的事跡，且可知在先秦戰國時期便已經有大量使用易之經傳來詮釋史實，引發論點的情況，甚至從這些對話的內容和立場的抒發，可以瞭解對於《周易》的探究程度，可以決定所要判斷的策略、所要進行的計畫的。這也是用易學中的思想內容，來探究出人事的變化，與理解因應後，所做的抉擇。而無論是《左傳》抑或是《國語》的例子，都可以發現，所引《周易》之經傳的地方，可謂不少，這不但凸顯春秋戰國時，相當重視從人事、天理與史實的連結關係，更可以想見這樣由史料加上易之經傳的「調劑」，可以讓現實的世界與歷來曾發生過的常理規律，產生有原則條理的連結，這也是從人事窺明天理的一個方式。由此可知用歷史事件作義理的析論，並不是「危言聳聽」之說，而是「微言大義」之行了。

〔註5〕《國語・晉語》《國語集解》，中華書局，2002 年 6 月第 1 次印刷，徐元誥撰，王樹民、沈長雲點校，頁 340～342。

〔註6〕《國語・周語》《國語集解》，中華書局，2002 年 6 月第 1 次印刷，徐元誥撰，王樹民、沈長雲點校，頁 90。

〔註7〕周易古經，初時殆無爻題，爻題似晚周人所加。國語凡祭筮事，皆云遇某卦之某卦，所謂遇某卦之某卦者，乃筮得本卦而爻變（陽爻變為陰爻，或陰爻變成陽爻），因而轉為別一卦也。以筮法言之，主要在觀本卦之變爻，然則可云遇某卦爻，而左、國絕不云遇某卦某爻，其所以如此，蓋彼時尚無爻題也。《周易古經今注》，高亨著，中華書局，1989 年 2 月北京第 3 次印刷。

〔註8〕僖公十五年，《春秋左傳注》，洪葉文化事業有限公司，1993 年 5 月初版一刷，楊伯峻，頁 353。

〔註9〕成公十六年，《春秋左傳注》，洪葉文化事業有限公司，1993 年 5 月初版一刷，楊伯峻，頁 885。

而這是僅僅就一般常見的《左傳》以及《國語》中所引以爲明證的,還可以從其他史書上的文獻例如象《史記》、《漢書》等得到相類似的資料來佐證。但因篇幅所限,所以就不再資舉了。

(二)引史證經源流

《周易》本身對於卦爻中筮辭就有記錄事件而藉以明意的作用,像採用古代舊史實中既濟卦的九三爻「高宗伐鬼方,三年克之。」或未濟卦九四爻中「震用伐鬼方,三年有賞于大國。」講得便是殷高宗伐鬼方,三年而後凱旋而歸之事。或又像泰卦六五爻裡「帝乙歸妹,以祉,元吉。」與歸妹卦六五爻裡「帝乙歸妹,其君之袂不如其娣之袂良。」也在說明殷商之君帝乙嫁其妹於周文王之事。另外從晉卦裡「康侯用錫馬蕃庶,晝日三接。」將周時康叔封戰勝敵人,而獻上馬匹給周王的事例也都有提到。另外,有些雖然不具全名顯示,但也可以推斷,像升卦六四爻「王用亨於岐山,吉,无咎。」,程頤在其《易程傳》中也認爲:「昔者文王居岐山之下,上順天子,而欲致之有道,下順天下之賢,而使之升進,己則柔順謙恭,不出其位,至德如此,周之王業,用是而亨也。」〔註10〕可見在《周易》中,雖所佔篇幅或份量並不多,但其重要的地方在於顯示發展之意義,讓人有直接的聯想,利於理解。

而到了後來以歷史變動解說易學理論,像歐陽修所寫的〈易童子問〉,用義理解易,來對於變動的歷史往來興衰提出見解;司馬光的《溫公易說》體現了其歷史觀的特點。歷來易傳的義理闡述中最爲人所知的《易程傳》裡,也提到不少歷史人物與些許歷史事件,這顯示出程頤相當重視理論與實際的兼容,思想中以史實來引證的效果性。而另外,後來像宋代的李光也是以史證易的代表。當然誠齋在此方面可說是大規模的名家了。又如明末清初的王船山在易學上有特別重要的地位,也常可以從其《讀通鑑論》、《宋論》透露出其易學思維。清人章學誠在《文史通義》中的開始篇章便是〈易教上〉、〈易教中〉與〈易教下〉,他的易學觀點,成爲評論史學的理論基礎。因此,也可以看出易學與史學的交相引用配合,可以達到相輔相成、相得益彰的成效。

的確,「引史證經」這是誠齋最有特色的注易體例,〔註11〕所以此處也略

〔註10〕程頤,《易程傳〈升·六四〉》,民國 79 年 10 月二刷,文津出版社,頁 415。

〔註11〕潘雨廷云:夫楊氏精於史,此書之特點即每以史事證經。蓋經者常道也,史者事迹也,周易者,陰陽之道備矣。故史事之留芳遺臭可歌可泣者,猶易義之吉凶悔吝,合而明之,感人也深,垂鑒也切,然史事之臧否,宜本春秋之

將以往以史解經、引經證史的相關部分作大略的介紹。而以與誠齋較有關連、或類似性的著作為主，舉當時重要人物二三例以明之。

1. 兩漢時期

關於引用歷史事件，作為說明的內容方面，在漢焦延壽的《焦氏易林》十六卷就已可透露出些微味道了，例其乾之損「姬姜祥淑，二人偶時，論人議福，以安王室」〔註12〕及師之井「范子妙材，戮辱傷膚，然後相國，封為應侯」〔註13〕或比之履「驪姬讒喜，與二嬖謀，譖沙其子，賊害忠孝，申生以縊，重耳奔逃。」〔註14〕或而兌之恆「范公陶夷，巧賈貨資，東之營秋，易字子皮，抱珠戴金，多得利歸。」，〔註15〕此書焦延壽所作之時，引證史實以證易之處處可見，〔註16〕篇章文氣橫溢，但也從其中見出諸多先秦與春秋戰國的著名事件、戰役、人物。焦延壽喜舉桀、跖、商紂、文、武、周、孔、重耳、姬姜、陶朱為例，或秦晉殽之戰、吳楚相爭等事件來明易之理。

其次像當世名儒鄭玄所作《鄭氏易注》三卷，也常以殷商與周朝文武之事件引證。例如對《周易》否卦的上六之爻釋曰：「猶紂囚文王於羑里之獄，

筆法：卦爻義之吉凶，宜本四時六位之得失。春秋者由顯而微，周易者由微而顯，易與春秋互為表裡，彰往察來而顯微闡幽，亦固宜兼及史事者也。觀文王繫辭而及高宗、箕子，孔子繫辭而湯、武，非明證乎？焦贛以劉邦、項羽當隨之得失，鄭玄以爻末年當乾上，可見漢時本有用此法以解經者。晉干寶承用之，惜純以周室事當之，反覺隘矣。程傳、漢上易傳、讀易詳說等用史事之處，亦屢見不鮮，然皆未若此書以史事為主也。且此書取材精細，配合恰當，反復引證，曲然有致…《讀易提要》卷五，潘雨廷著、張文江整理，上海古籍出版社，2003年3月第1版，頁213。

〔註12〕叢書集成初編，《焦氏易林》十六卷，焦延壽，中華書局出版發行，1985年北京新一版，頁4。

〔註13〕叢書集成初編，《焦氏易林》十六卷，焦延壽，中華書局出版發行，1985年北京新一版，頁32。

〔註14〕叢書集成初編，《焦氏易林》十六卷，焦延壽，中華書局出版發行，1985年北京新一版，頁34。

〔註15〕叢書集成初編，《焦氏易林》十六卷，焦延壽，中華書局出版發行，1985年北京新一版，頁272。

〔註16〕潘雨廷謂「或謂焦氏此書無與于《易》，則非知言。蓋凡所繫之辭，莫不淵源于易，且以詩書左傳及史跡等以實其象，可謂善于文矣。如乾之賁曰：「室如懸磬，既危且殆，早見之士，依山處谷」即本賁五「賁于丘園」之義。且引《左傳》之「室如懸磬」蓋取雖危殆而君子則不恐，是由賁三《小象》之「終莫之陵也」。」《讀易提要》卷五，潘雨廷著、張文江整理，上海古籍出版社，2003年3月第1版，頁3。

四臣獻珍異之物，而終免於難，繫於苞桑之謂。」，〔註17〕及對於《周易》隨卦初九「出門交有功」釋曰：「震爲大塗，又爲日門，當春分陰陽之所交也。是臣出君門，與四方賢人交，有成功之象也。昔舜愼徽五典，五典克從，內于百揆，百揆，時序，賓於四門，四門穆穆，是其義也。」〔註18〕或對遯卦卦辭「亨，小利貞」釋曰：「居小官，幹小事，其進以漸，則遠妒忌之害，陳敬仲奔齊辭卿是也。」〔註19〕等皆是。可見其對於歷史人事在註解經文的引證，在即象明理處有甚多切合妥當之處。〔註20〕

2. 三國兩晉

以孝聞名於三國時期的陸績，從其《陸氏周易述》裡，也可看到引用史實來解易之處，像陸績在師卦卦辭「師貞，丈人吉」釋曰：「丈人者，聖人也，帥師未必聖人，若漢高祖，光五武應此義也。」，〔註21〕或對繫辭「易者使傾」釋曰：「易，平易也，紂安其位，自謂平易，而反傾覆，故易爻辭易者使傾，以象其事。」，〔註22〕都可以看見些微歷史事件穿插其中的痕跡，但其缺點便是所舉之例甚少，屈指可數，僅兩三爻和繫辭中略有而已。

其二，在魏晉時期有干寶所著《周易注》三卷，其後有所佚失，後來明姚士麟輯之，稱爲《干常侍易解》，算是較具規模之引史證義的，然其書中缺

〔註17〕叢書集成初編，《鄭氏周易注》，鄭玄，中華書局出版發行，1985年北京新一版，頁10。

〔註18〕叢書集成初編，《鄭氏周易注》，鄭玄，中華書局出版發行，1985年北京新一版，頁14。

〔註19〕叢書集成初編，《鄭氏周易注》，鄭玄，中華書局出版發行，1985年北京新一版，頁27。

〔註20〕潘雨廷認爲：他如明六畫互體之象，六爻三才之位，剝復消息之理，人倫之大義等，皆系《易》之精義，而鄭氏詳焉。唯未及六爻之變化，則未合「爻者，言乎變者也」之義。或以變化屬諸天象，及爻辰不變而所屬之星象可變，是亦變化之道焉。且所存者未及三分之一，其明爻變者或皆佚焉，亦未可知。……況鄭氏之學，兼通諸經，且使之互明，于經學之功尤大。如《易注》中明理者甚多，張惠言已輯成《禮象》一卷，凡究鄭氏易者，殊可參考云。若鄭氏以堯之末年當乾上，舜使天子、周公攝政當坤五，又坤五猶大有，大有亦曰：「若周公攝政，朝諸侯于明堂也。」更以舜歷試諸艱，當隨初之「出門交有功」，武王之繼文王以當離二等，皆以史明經，莫不切合于易象也。《讀易提要》，潘雨廷著，張文江整理，上海古籍出版社，2003年3月第1版，頁21。

〔註21〕叢書集成初編，《陸氏周易述》，陸績著，中華書局出版發行，1985年北京新一版，頁4。

〔註22〕叢書集成初編，《陸氏周易述》，陸績著，中華書局出版發行，1985年北京新一版，頁28。

甚多卦，或某卦中缺某爻。不過，大致看來，幾乎書中出現之卦，雖非每爻中都引史來解釋，但出現頻率甚高，就此來看，已算是有相當的規模。像在對於乾卦九四爻「或躍在淵，無咎」釋之曰：「龍之所由外也，或之者，疑之也，此武王舉兵孟津，觀釁而退之爻也。」〔註23〕對於比卦六三小象傳「比之匪人，不亦傷乎。」釋曰：「六三乙卯，坤之鬼吏，在比之家，有土之君也。周為木德，卯為木辰，同姓之國也。爻失其位，辰體陰賊，管蔡之象也。比建萬國，唯去此人，故曰比之匪人，不亦傷王政乎！」〔註24〕或對於益卦六三爻小象傳「固有之也」釋之曰：「固有，如桓文之徒也，罪近篡弒，功實濟世，六三失位而體奸邪，處震之動，懷巽之權，是矯命之士，爭奪之臣，桓文之爻也。」〔註25〕以及對於革卦上六之爻的「君子豹變，其文蔚也」釋曰：「君子，大賢，次聖之人，謂若太公周召之徒也。豹，虎之屬，蔚，炳之次也。」〔註26〕甚而對於震卦六二爻「億喪貝」釋曰：「貝，寶貨也，產乎東方，行乎大塗也，此以喻紂拘文王，閎夭之徒乃於江淮之埔，求盈箱之貝而以賂紂也，故曰億喪貝。」〔註27〕都可見干寶喜以歷史事件來佐證易理，而於其中雖或有自己主觀聯想曲解之處，然大致能夠因象取其大致之義，〔註28〕

〔註23〕叢書集成初編，《干常侍易解》，干寶著、明姚士麟輯，中華書局出版發行，1985年北京新一版，頁2。

〔註24〕叢書集成初編，《干常侍易解》，干寶著、明姚士麟輯，中華書局出版發行，1985年北京新一版，頁9。

〔註25〕叢書集成初編，《干常侍易解》，干寶著、明姚士麟輯，中華書局出版發行，1985年北京新一版，頁14。

〔註26〕叢書集成初編，《干常侍易解》，干寶著、明姚士麟輯，中華書局出版發行，1985年北京新一版，頁17～18。

〔註27〕叢書集成初編，《干常侍易解》，干寶著、明姚士麟輯，中華書局出版發行，1985年北京新一版，頁18。

〔註28〕潘雨廷認為：故此書以卜筮尚占為本，然能取象以明義，不惑於王氏之掃象，殊多足取。於漸上曰：「外漸高位，斷斷之進，順艮之吉，僅巽之全，履坎之通，據離之耀，婦德既終，母教又明，有德而可愛，有儀而可象，故曰：其與可用為儀，不可亂也」……於《文言》「利貞者，性情也」，注曰：「以施化利萬物之性，以純一正萬物之情。」……亦通於各正性命之義。釋序卦曰：「天地之先，聖人弗之論也。」又曰：「後世浮華之學，強支離道義之門，求入虛誕之域，以傷政害民，豈非讒說殄行，大舜之所疾者乎。」足砭晉風清談之弊，不入流俗，首出以歸乎正，干氏之可貴也。於雜卦曰：「夏政尚忠，忠之弊野，故殷自野以教敬；敬之弊鬼，故周自鬼以教文；文之弊薄，故春秋閱諸三代而損益之，顏回問為邦。子曰：行夏之時，乘殷之輅，服周之冕。……是以聖人之於天下也，同不是，異不非，百世以俟聖人而不惑，

而楊萬里在《誠齋易傳》中也曾引干寶所示之義，此可就其對於《周易》乾卦的初九爻片段引述來看。

> 故日勿用，勿云者，止之也，干寶謂文王在羑里之爻也。（〈乾‧初九〉，頁 2）

這也可見其對於誠齋是有一定的影響力的，所以在魏晉時期，最大宗的引史解易者，應該算是干寶了。

3. 宋　代

在宋朝以前的南北朝與唐代引史解易的風氣不盛，雖釋義理易者仍有其人，然引史證易者，實在少之又少，〔註 29〕因此時代的佛、道、儒三家思想兼容並蓄，文化璀璨發達，而也因為這樣的多元，造成學術的多樣化發展，因而不以傳統的經學，或像兩漢盛行儒學為主。且漢末唐初以來玄理不衰，《易》、《老》並稱，江南地域為其盛行之所，而此時期對於《周易》此一經典的註解以李鼎祚《周易集解》與孔穎達《周易正義》為大宗，然此二書不引史證易，這是整個時代風氣的影響所然。

然而像宋代便恰好與南北朝以及唐代解易的潮流走勢完全相反了，引用史實來旁顯其義，在宋代可說大行其道了。像在宋初時與胡瑗同時在朝的阮逸，其《易詮》即以每爻附一歷史事件來佐義，然其書未傳至今，而其所代表的便是開啟宋初援史解易風氣的代表。近代有學者認為阮逸有承先啟後之功。

> 阮逸，字天隱，仁宗天聖進士，官太常丞。皇祐中與胡安定同典樂事，著有《易詮》。《易詮》者，凡三百八十四詮，即每一爻各以一古事繫之，惜其書未傳，實上承干寶，下啟李光、楊萬里等，以史證易也。若詮次《關氏易傳》，或略有參雜己意以失，然表彰先賢，

一以貫之矣。」亦深得於〈序卦〉〈雜卦〉之經義。至若引證史事，雖繼古法，如焦氏、鄭氏等皆曾援引，然大有發揮，乃開後世以史證經一派，非干氏之功乎。乾益三 "凶事" 以 "桓文之徒，最近篡刑，功實濟世" 當之，可備一說。孟子日 "今之諸侯，五霸之罪人也。" 干氏或亦有感於斯言而云然乎？唯多及周室事迹，故張惠言譏其 "《易》為周家記事之書，文武所以自勝其伐也"，實為大疵。且由卜筮而成讖數之言，穿鑿瑣細，皆宜棄捐者也。《讀易提要》卷二，潘雨廷著、張文江整理，上海古籍出版社，2003 年 3 月第 1 版，頁 58～59。

〔註 29〕據《周易口訣義序》：「唐人易義存於今者，孔氏正義、李氏集解之外，惟史徵周易口訣義及郭京周易舉正二書，後人因周易舉正不見於新唐書藝文志……」叢書集成初編《周易口訣義》，史徵撰，中華書局，1985 年新一版，頁 1。

功亦未可沒。〔註30〕

當然《關氏易傳》作僞之嫌昭然若揭，可不予置喙。這時代引史解易的文士儒生，相當旺盛，而代表的人物，就其有鮮明特色來提，像宋初就令人先聯想到司馬光，而司馬光於文史皆能，其奉敕編纂史書，對其解經當然也起了影響，而也因史實掌握恰切，所以與易理相合。另外像圖書易此派中的邵雍，在其《觀物外篇》中，也常以史事來穿繫其中，可見這時代的引史證易之風氣。若就宋代引史證易的份量來分。主要可分爲三派如下。

（1）**精略型與獨特型**

作爲誠齋用史事來解易的藍圖參考的，屬程頤的《周易程傳》。像程頤在《周易》隨卦的九四之爻即釋曰：「古之人有行之者，伊尹、周公、孔明是也，皆德及於民，而民隨之。其得民之隨，所以成其君之功，致其國之安，其至誠存乎中，是有孚也。」〔註31〕即引賢相伊、周及諸葛爲例。另外像伊川對於《周易》蹇卦九五之爻「大蹇，朋來。」的解述是「自古聖王濟天下之蹇，未有不由賢聖之臣爲之助者，湯武得伊呂是也。中常之君，得剛明之臣，而能濟大難者，則有矣。劉禪之孔明，唐肅宗之郭子儀，德宗之李晟是也。雖賢明之君，苟無其臣，則不能濟於難也。」〔註32〕九五小象傳云：「自古守節秉義，而才不足以濟者豈少乎？漢李固、王允，晉周顗、王導之徒是也。」，〔註33〕另外像對於《周易》未濟卦九二爻的「曳其輪，貞吉」即云：「唐之郭子儀、李晟當艱危未濟之時，能極其恭順，所以爲得正而能保其終吉也。」〔註34〕在在都可以顯示出其對於歷史人物與所指稱的事件上的連結。這是義理與史實結合的良好示範，因而對於誠齋援史證易的影響功不可沒。〔註35〕綜觀伊川《周易程傳》裡，常可見引史以明理、佐證易

〔註30〕《讀易提要》卷三，潘雨廷著，張文江整理，上海古籍出版社，2003年3月第1版，頁64。
〔註31〕《易程傳・隨・九四》卷六，宋程頤注，文津出版社印行，民國79年10月二刷，頁159。
〔註32〕《易程傳・蹇・九五》卷四，宋程頤注，文津出版社印行，民國79年10月二刷，頁349。
〔註33〕《易程傳・蹇・九五》卷四，宋程頤注，文津出版社印行，民國79年10月二刷，頁349。
〔註34〕《易程傳・未濟・九四》卷六，宋程頤注，文津出版社印行，民國79年10月二刷，頁565。
〔註35〕潘雨廷認爲：夫經史之相合，猶數學中之函數，一數既定，他數可知。楊氏之書，首定經義於程傳，然後錄史事以證之，若程傳之是否恰當，不顧也。……

之關鍵脈絡的地方，而雖非每象、象、爻之後皆鑿引，隨處翻閱也大抵可見。而伊川本理學大家，所言義理博文廣納，見解往往符合、貼近易之理則，所以將「史」、「理」、「易」串連起來解述，這也是其成為眾所推崇而稱許之故。

　　另外，解易之經傳引些許史實，而重在以精短語句以概括經傳之義的，卻不全面引用的，北宋仁宗時張根所著《吳國周易解》即是如此。像對於《周易》賁卦九三爻「賁如濡如，永貞吉，象曰：永貞之吉，終莫之陵也」只僅釋「嚴光之事。」〔註36〕四字，或對於剝卦六五爻「貫魚以宮人寵，無不利。象曰：以宮人寵，終无尤也」僅釋：「桓靈失是矣。」〔註37〕對於復卦初九小象傳「不遠之復，以修身也。」即釋曰：「顏子所以為好學，為修身。」，〔註38〕而對於大壯一卦的引史解易方式就更妙了，從初九爻至上六爻分別為「勝、廣之事」、「吳芮之事」、「項籍之士」、「漢祖之事」、「子嬰之事」、「田橫之事」，〔註39〕也就是說，以這短短精要、去蕪存菁的 24 字所代表的六件事，來把這六爻之經傳全包括了，誠可謂壯舉。

　　其三，如南宋時的《紫巖易傳》，即誠齋所尊敬的抗金前輩張浚所撰，而此作較朱震《漢上易》成書早約 20 年以上，其內容兼象數以及明理，可謂佳作，但是在解易之經傳部分，則顯然重於析理以證，但也有引用史實之處，像在訟卦上九爻「或錫之鞶帶」即引史事而釋曰：「或者錫之也，若齊威、晉文在春秋時，而天子錫以命服弓矢車馬。……」，〔註40〕對於否卦六二爻小象傳「大人否亨，不亂群也。」即釋「狄仁傑用於唐，二得中於否，曰大人，大人以道為任，而識其大者不肯規規然自異於群陰中，招怨取疑以害道也。」〔註41〕或對於坎

原楊氏之獨宗程氏，不可謂無見，證以史實，亦有益於經義，固優於孔穎達之疏王注也。《讀易提要》卷五，潘雨廷著，張文江整理，上海古籍出版社，2003 年 3 月第 1 版，頁 216。

〔註36〕叢書集成初編，《吳園周易解》，北宋張根撰，中華書局出版發行，1985 年北京新一版，頁 56。

〔註37〕叢書集成初編，《吳園周易解》，北宋張根撰，中華書局出版發行，1985 年北京新一版，頁 58。

〔註38〕叢書集成初編，《吳園周易解》，北宋張根撰，中華書局出版發行，1985 年北京新一版，頁 60。

〔註39〕叢書集成初編，《吳園周易解》，北宋張根撰，中華書局出版發行，1985 年北京新一版，頁 82～83。

〔註40〕中國古代易學叢書卷四，《紫巖易傳》，宋張浚撰，中國書店出版，1992 年 12 月第一次印刷，頁 149。

〔註41〕中國古代易學叢書卷四，《紫巖易傳》，宋張浚撰，1992 年 12 月第一次印刷，

卦六四爻「納約自牖，終无咎。」即釋之曰「曰約，雖然，約之用大矣，傅說告高宗曰學于古訓有獲，曰后從諫則聖，納約之大者，若漢留侯因險難以導君之明，在坎一時事耳。」〔註42〕

　　雖然所引用史例以解釋《周易》經傳部分，並非到觸目即是之地步，然也有可觀之處。而張浚這以古史之事例，詮解經傳之義，最主要也在於將其胸臆中報國的政治理想抒發，所以在《紫巖易傳》中對於君臣之道，賢與不肖之分的分判意味相當濃厚，可說藉以批判奸佞權邪，因而見其氣勢。

　　另外像李石的《方舟易學》（卷一中有《周易十例略》、《周易互體例》卷二中是《左氏卦例》），在左氏卦例篇中以《左傳》所載卦例而定互卦的方式，這既不同漢易，也不同於程朱，也迥異於《漢上易傳》，在宋易中也別樹一幟。左氏卦例中，引《左傳》言《易》之十七例，未錄原文，僅只先述其事，再加以析論其象。這是種非常特別的解經方式。例如其明夷之謙即先陳述出「叔孫莊叔生，穆子自筮得之，補楚邱告之以其卦之詞也。初，穆子辟僑如之難，奔齊，私客婦而生子曰牛，又取齊之國氏，生孟丙、仲壬。穆子夢天壓己，弗勝，此先筮而得之也，夢與筮皆天之定。」再解述出「又明夷之謙，明夷之初九，內卦變爲謙，明夷者，明之傷也，謙者減也，兩卦貞悔通筮矣，……以豹爲卿，在三之位，則知穆子當爲莊叔祀也，其傷則謙，謙則傷減，以離日爲鳥方，故曰：明夷于飛，君子于行，三日不食，則餒矣。」，〔註43〕或其坤之比，先陳敘「南蒯謀以費叛，枚筮，以示子服惠伯之卦，子服告之以其事也。蒯，遺之子也，遺逐叔之孫子仲，以立昭子，蒯亦立季平子，幾于再世禍魯也。」再引述出「……蒯乃枚筮，誤指其吉，而逆圖之乎？黃裳元吉者，黃者中色也，地有主也；裳者下飾，上有衣也；元者善長，常有君也。皆非逆圖也。」〔註44〕的分析，這通篇皆是以《左傳》來作引發而以一己之說解釋的方式，可說相當有其獨特的地方，然李石這樣的「經史互解」卻沒將其所應詮釋的理論、思想多加以分析、評述，也可說太過於精短，而於廣闊度和見解力不足。

　　中國書店出版，頁167。
〔註42〕中國古代易學叢書卷四，《紫巖易傳》，宋張浚撰，1992年12月第一次印刷，中國書店出版，頁218。
〔註43〕叢書集成初編，《方舟經說》，宋李石撰，頁32，中華書局出版發行，1985年北京新一版。
〔註44〕中國古代易學叢書卷十四，《周易詳解》，宋李石撰，1992年12月第一次印刷，中國書店出版，頁34。

（2）大規模型

其次，如著《周易詳解》的李杞，字子才，自號謙齋居士，於「引經證易」和「引史證易」方面可說做的很多。幾乎也算是以史證易的代表人物之一。像對於《周易》賁卦六五爻之「賁于丘園」即引史例而論曰：「而光武之安車玄纁，亦屢往反於嚴光之室，賁于丘園，其謂是耶。」，〔註45〕對於剝卦「剝之无咎」即云：「東漢呂強雖在宦者之列，而清忠奉上，數有危言正論，謂曹節等佞邪徼寵兒，欲罷其封，撥之无咎，其斯人歟？」，〔註46〕或對於震卦大象傳「洊雷震，君子以恐懼脩省」即有引到「畏天之威于時保之，是天威不可不畏也，此洊雷之君子所以恐懼而致其修省之學也。成王以雷電之變爲天之動威，而宣王亦遇災而懼，因其恐懼，而自修自省之學愈增易，其所未至此，君子所以爲畏天命也。」，〔註47〕或如對於兌卦「九五爻孚于剝，有厲」即引「漢元帝之信恭顯，唐明皇之信李林甫，德宗之信盧杞，皆不免乎危是孚于剝者也。」，〔註48〕以此顯現出其政治觀與經義的結合，再佐以自己之見，這也是其將史實與人事並論於解經的方式，可謂將空談玄理、義命的不足處彌補上來了。而此書與誠齋在許多史例的引用和詮釋，均相當的雷同，喜用伊尹、文、武、周、孔、漢武帝、唐文宗、及許多《春秋左傳》之史例，在這個援用方面上，非常明顯地與誠齋所使用的資料相同，立場一致，可以從此顯示出時代的學風，〔註49〕但就整體而言，誠齋則較爲廣博且精細，且

〔註45〕中國古代易學叢書卷十四，《周易詳解》，宋李石撰，1992年12月第一次印刷，中國書店出版，頁72。

〔註46〕中國古代易學叢書卷十四，《周易詳解》，宋李石撰，1992年12月第一次印刷，中國書店出版，頁74。

〔註47〕中國古代易學叢書卷十四，《周易詳解》，宋李石撰，1992年12月第一次印刷，中國書店出版，頁140。

〔註48〕中國古代易學叢書卷十四，《周易詳解》，宋李石撰，1992年12月第一次印刷，中國書店出版，頁159。

〔註49〕潘雨廷在其書中引李杞所言：「又曰"堯舜之揖遜，湯武之爭伐，伊周之達，孔孟之窮，在天下有如是之時，在易有如是之理，在聖人有如是之用，蓋不獨十三卦制器尚象爲然，而孰爲可以虛文輕議之也哉！故吾於易多證之史，非以隘易也，所以見易爲有用之學也。此書大義已盡於此矣。以史證經，確爲有用之一，然易之用非徒此也。"……乃自二宋之際，頗多徵實史迹以解經義者，亦所以補空言性理之不足。若王宗傳之《童溪易傳》，李光之《讀易詳說》等皆是。其後發展成風，必每卦每爻會史事以證之，若楊萬里之《誠齋易傳》等是也。……至於所引之史事，有可取者。如用九曰："堯之兢兢，舜之業業，禹之不矜不伐，湯之慄慄危懼，文王之翼翼小心，皆能用九也。"於巽五曰"盤庚遷都，

在義理闡述、心性之論方面，李杞也是不如誠齋所解析者深入。

　　另外像李中正《泰軒易傳》中也有很多引史之例，以詮解經傳的內容，像對於否卦六二爻「包承，小人吉，大人否，亨。象曰：大人否亨，不亂群也。」就引史而論曰：「大人固在否而亨，亦何嘗亂於小人之群哉？唐李廓與監軍吐突承璀互相敬憚，其後承璀非惟不中傷之，且引之以入相，此包承小人吉，大人否亨之義。李廓至京師，恥由宦者進，固稱疾不拜，此不亂群之義。以此觀之，君子生於否之時，抑何其不幸也。」〔註50〕在蠱卦九二爻「幹母之蠱，不可貞。象曰：幹母之蠱，得中道也。」即釋之曰：「……而九二不可貞者，懼其剛而過也，剛而過，豈幹母之道哉？呂后王諸呂，武后廢中宗，陳平、狄仁傑未嘗面折廷爭，所謂不可貞者也。」〔註51〕或對於遯卦九四爻「好遯，君子吉，小人否。象曰：君子好遯，小人否也。」即釋之曰：「昔孔子行，而季桓子自嘆魯之衰弱，是君子好遯而小人否也。」〔註52〕抑或是在對於夬卦初九爻「壯于前趾」即釋之曰：「……初九壯于前趾，征凶，亦往不勝為咎之意，如漢末朱雲，以未見信之小臣，一旦欲借尚方斬馬，劍以斷張禹之首，狂躁如此，此其得免幸矣。」〔註53〕所以，在這《泰軒易傳》裡，所引的史例並非一二而已，而是有足夠份量的史例，以解述經傳的，但與誠齋不同的是，《泰軒易傳》中的政治訴求意味相當濃厚，卻因而凌駕了其對於理學思想的抒發，將許多的史事用來延伸論述其政治見解，這雖然是傳統儒家之士所一直努力「外王」的重點，可太過強調，反而將「內聖」部分疏忽了，因而此書雖解人事以明理的內容很多，然而其功能在表達個人立場和想法的成分居多，並未能真正將易道的天人關係之理闡述

　　　一時之權也。而三篇之書叮嚀反覆，所以告之者，無所不用其至。古之聖人審
　　　於用權而不敢輕廢者蓋如此，豈若後世商鞅之徒，強民敢作而自以為權者哉。"
　　　於未濟上曰："昔阮籍之流豈真無意於世哉！惟知其不可，奈何不得而已而以
　　　酒自述，所以求全於亂世也，然沈湎之極而至於濡首而不知節，以此自信則失
　　　之矣。昔人謂為名教之罪人，豈非以此大過也哉！」《讀易提要》卷三，潘雨
　　　廷著、張文江整理，上海古籍出版社，2003 年 3 月第 1 版，頁 209～211。
〔註50〕叢書集成初編，《泰軒易傳》，宋李中正撰，中華書局出版發行，1985 年北京
　　　新一版，頁 55。
〔註51〕叢書集成初編，《泰軒易傳》，宋李中正撰，中華書局出版發行，1985 年北京
　　　新一版，頁 78。
〔註52〕叢書集成初編，《泰軒易傳》，宋李中正撰，中華書局出版發行，1985 年北京
　　　新一版，頁 124。
〔註53〕叢書集成初編，《泰軒易傳》，宋李中正撰，中華書局出版發行，1985 年北京
　　　新一版，頁 156。

出來，但也可以算嘉許之作。

從上述可知，無論是李杞《周易詳解》或是李中正的《泰軒易傳》，在明人事以史旁徵的部分作得相當的龐大博雜，而卻不能夠加以更進一步的分析和融入儒家孟、庸的心性之理，卻花太多筆墨著力在政倫觀點與一己理念表達。到了南宋時像李光這樣的易學家，主張解《易》不應拘泥於象數，而應該是明人事，其解《易》雖也依經立義，因事抒忠，然和上兩位相同，也都援史入易或以史證易。其反對秦檜和議，也是借其易學著作《讀易詳說》、《莊簡集》來表述出其政治立場觀點。以集子裡的小人觀來痛批時之權奸、時之政事，從上述可知這些例證可以讓人瞭解到當時易學與時事潮流的密切聯繫。

（3）圖書象數派

上面舉了幾個宋代以史解易的代表，主要是以其史學內容、儒家政倫架構來引用，藉以抒發己身的觀點的，然亦可勉而歸屬於義理派的作品。而宋代的象數易派，發展亦有可觀之處，雖不主義理，卻也可從其著作中，發現不少史實之蹤跡。像朱震全面整理和引用了漢易的五行、互體、卦氣、納甲、飛伏、和卦變之論，也對北宋周敦頤的《太極圖說》和邵雍的《先天圖》，與劉牧的河洛說和李之才的卦變說，都有相當高程度的解述，這可謂兼治之一大家，〔註54〕然也不難發現其在《漢上易傳》中也有許多引用史例的痕跡，可以從對於周易〈乾卦·大象〉「潛龍勿用，陽在下也」的解釋來看：

> 夫子小象辭也，晉太史蔡墨曰：在乾之姤曰潛龍勿用，在乾之同人曰見龍在田，此繫辭所謂乾一索，再索，三索，陸績所謂初九，九二也。初九變坤，下有伏震，潛龍也，陽氣潛……〔註55〕

這件事屬《左傳》昭公二十九年，衛獻子問於蔡墨。其原意是講變卦，就是以占得乾卦之卦象在初爻為老陽，變為陰爻，則為姤卦；二爻為老陽，變為陰爻，就是同人，以此原則來推述，而《左傳》原文為：

〔註54〕朱震的易學及其哲學有其歷史意義。就易學史說，他對漢易和北宋的象數之學作了一次總結，為象數派的易學提供了一套理論體系。……其對於象數學派的觀點的整理和介紹，有一定的史料價值，對清代漢學家研究漢易和圖書學派的演變，起了很大的影響。這是他的主要貢獻。朱伯崑，《易學哲學史》，北京大學出版社，1988 年 1 月第一次印刷，頁 342。

〔註55〕中國古代易學叢書卷五，《漢上易傳·卦圖·叢說》，宋朱震撰，1992 年 12 月第一次印刷，中國書店出版，頁 7。

獻子曰：「今何故無之？」對曰：夫物，物有其官，官修其方，朝夕
思之。一旦失職，則死及之。失官不食。官宿其業，其物乃至。若
泯棄之，物乃坻伏，鬱湮不育。故有五行之官，是謂五官，實列受
氏性，封爲上公，祀爲貴神。社稷五祀，是尊是奉。木正曰句芒，
火正曰祝融，金正曰蓐收，水正曰玄冥，土正曰后土。龍，水物也，
水官棄疾，故龍不得生。不然，周易有之：在乾䷀之姤䷫，曰潛龍
勿用；其同人曰：「見龍在田」；其大有曰「飛龍在天」；其夬曰「亢
龍有悔」，其坤曰：「見群龍無首，吉」坤之剝曰：「龍戰於野。」若
不朝夕見，誰能物之？〔註56〕

可見名象數易學家朱震於《春秋》史實的掌握，有足夠的認知，其重點也在
於將意欲解述的微細處加以釐清，而藉著晉太史蔡墨之論來詮釋其看法。可
見時代的潮流所趨，是不能截然區分義理派或是象數派對於引史入易的好處
的。

　　另外，也有只條舉一二史例蹤跡的，如北宋劉牧《易數鉤隱圖》〈十日生
五行並相生圖〉〔註57〕即引《漢·五行志》：「劉歆以爲伏羲系天而王，河出
圖，則畫八卦是也。禹治洪水，錫洛書，法而陳洪範是也。……然大禹既得
九類，常道始有次敘，未有「洛書」之前，常道所以不亂者，世有澆、淳，
教有疏、密，三皇以前無文亦治，何止無洛書也。但既得九類以後，法而行
之則治，違之則亂也。且不知「洛書」本文計天言簡要，必無次第之數。」
或例如像佚名輯《周易圖·明夷箕子圖》即有：「明夷之卦，聖人贊之，以《象》、
《象》最顯，於人事最明。五爲箕子，則上爲紂矣。九三有南狩，而得『大
首』之辭，豈非五王乎？『拯馬壯』者，又豈非武王之輔相亂臣乎？六四本
坤畫，而下與三同居人位，又豈非微紫、泰公之歸周乎？初九與上六同乎坎
水，將飛而翼垂，將行而糧不繼，豈欲拯之而力不能，如伯夷、叔齊之徒乎？」
〔註58〕或像《周易圖·升降圖》裡：「升居丑位，及乎卯，則木王矣。外卦以
位言也。而五天位，是不可以降生也。然貞者，正也。堯、舜、禹、湯升天

〔註56〕昭公二十九年，《春秋左傳注》，楊伯峻編著，洪葉文化事業有限公司，1993
　　　　年5月初版一刷，頁1502～1503。
〔註57〕北宋劉牧，《易數鉤隱圖》《周易八卦圖解》，施維著，巴蜀書社，2003年3
　　　　月第一次印刷，頁23。
〔註58〕佚名輯，《周易圖·明夷箕子圖》《周易八卦圖解》，施維著，巴蜀書社，2003
　　　　年3月第一次印刷，頁76。

位以正，如升平降，苟不以貞，寧免於顚躋乎？」，〔註59〕又如像《周易圖‧革爐鞴鼓鑄圖》裡「革雖有鼎，鬲革生爲熟之象，然以爐鞴之象爲正，蓋以離火鼓鑄兌金，而金從革也。革而後鼎者，以鼓鑄而成鼎也。夏后氏鑄鼎，而湯武因之，以寶其器，故有湯武革命之象。」〔註60〕這四例在在地顯示出雖然象數易派在引用古事的爲量甚少，而卻仍有引史解易之痕跡，這是從象數易派別中所發現的，在此章最後有圖附註可參照。另外像邵雍在其由門人張崏記《觀物外篇》六卷中，其外篇第九引史事以明理，論《春秋》爲盡性之書，內容份量雖爲數不多，但也可想見，將史上之例列出，以明己說，其重要處與功能性是無庸置疑的了，以上所舉，都是可以窺見整個時代以史入易之學風，其影響所及的層面是相當廣大的。

（三）用史釋易背景

　　誠齋身處於內憂外患交攻、兵戎相見的危亂之世，所以對於當時的整個國家命運、人民未來憂心忡忡，南宋偏安後，國勢常處積弱不振的狀態，於是便在這樣的局面下，對於挽頹救世有非常大的抱負，深知以古爲鏡，可以知興替，所以在詮釋易傳之時，有著以古鑒今的想法，和藉史發揮一己之見解用，大聲疾呼、喚起世人的警惕。這必須對於歷來之史有所感通，加上對於當時局勢有所條分縷析的判斷，才能對整個社會國家的進路、前途有所幫助的。所以如此引史闡易，才能援古事以爲今之所用。因爲，申明《周易》的存廢興頹、命數氣運相迭之理，可以從這樣的原理中歸納出這些治亂得失、衰靡勝擅的規律常理，而且誠齋在舉歷史事例證明之時，所評所述皆有相當的具體分析。成功之處乃在於在各卦的爻辭、象傳、象傳幾乎都加上眾多帝王將相、官宦名士的事作引發的觸點，再用歷史事件當主軸來發展論證。可茲引誠齋對於《周易》艮卦的六四之爻所云「鴻漸于木，或得其桷，无咎」以證：

> 六四居大臣之任，上欲止其君之不善，下欲止天下之不善，惟不止諸人，不咎諸人，而自止諸躬，則得之矣。楚莊王好獵，而樊姬不食禽獸之肉，太宗喜武功而魏徵不視七德之舞，此其事也，王吉之賢，能疏昌邑之獵；楊綰之清，能減汾陽之樂，此其效也。四居體

〔註59〕佚名輯，《周易圖‧升降圖》《周易八卦圖解》，施維著，巴蜀書社，2003年3月第一次印刷，頁81。

〔註60〕佚名輯，《周易圖‧革爐鞴鼓鑄圖》《周易八卦圖解》，施維著，巴蜀書社，2003年3月第一次印刷，頁82。

之半，身之象也。(〈艮‧六四〉)

由此可略有一概念，便是：誠齋對每一卦的任何爻辭所作的傳，都會像穿針引線似地將所感發的歷史人物、事蹟、言行、所作所為繫連在後，而做為佐證，這樣的作法，在三百八十四爻、彖傳、象傳、文言傳……中可說是屢見不鮮，可說是嘗試在整個歷史整體發展的變化規律中，尋找主題式的重點，從中發現線索，藉以歸納出良善且有效的解決時代問題之道。

二、闡述義理而不拘餖飣

歷來解經的趨向，有兩種方式，一種以象數解易，一種是義理闡易。象數易的發展在漢代末期，被框架拘限住，甚至到後來可說是泥陷住了。義理易從王輔嗣開出了以玄解易的思考道路後，到了宋代，發揮象數易的有邵康節、朱震等，義理易的有諸多脈流的發展，就《誠齋易傳》的走向來看，幾乎可以說是以義理為主，鮮少談到象數，這雖不代表其對象數所持是反對的立場，但閱覽通書可以注意到一個特質，就是有關於《周易》經傳原典的訓詁、考證或字義界定部分，誠齋並沒有浪費太多的時間去一一詮闡，往往僅稍作解釋，譬如舉個例子：對於《周易》〈履‧初九〉「素履，往無咎。象曰：素履之往，獨行願也。」這「獨行願也」的「願」誠齋釋之曰：「願，志願也。」。或像〈隨‧九五〉「……孚，誠也，嘉，善也。」，又像〈同人‧九三〉「伏戎于莽，升其高陵，三歲不興。象曰，伏戎于莽，敵剛也，三歲不興，安行也。」對於「安行」，誠齋只簡短的釋之曰：「安得而行哉」。其後的諸篇這種情形可說是屢見不鮮，這種釋易方式就是並未將所有的字句完全詮釋，而將心力集中在對於經傳原文的意義加以開展、擴充，就自己全面的歷史觀念，所深厚的學養去論述、舉出興衰成毀的古鑑，用來將自己的思想，拓墾出充滿眾多論證的影響力，而不花精神時間跟《周易》原意亦步亦趨。這除了表示他滿腔熱情的救國用世胸襟，更可見他廣博且細緻的哲理思考模式。

三、文氣浩蕩且懇切溢表

一個儒者是否能夠對於整個家邦社稷有深切的關懷，和積極的態度，可以從他用了極重的篇幅來闡述歷史，且悲切地大聲疾呼中看出來。《誠齋易傳》初名《易外傳》，通書行文的氣勢非常壯邁，作者本身可能是受到所處的國家、所遭逢的時代氛圍的之影響，常思奮發突起、不然就要亡國了的積極精神。

誠齋在南宋以詩聞名於世，這費時長達十七年的《誠齋易傳》裡可以發現其充沛的文采，迭宕的文句，氣勢浩瀚的排比，沒有任何贅詞疑句，論說完整清楚。也由於不拘泥於對經傳原意的疏解，所以更可以暢所欲言，且在論證中也不失言之有據。

再者，在《誠齋易傳》中常見行文中鑲嵌排比句，更常見的是對句，可以這樣說《誠齋易傳》通篇的基本句法就是對句，對於其個人來說，算是其特色手法，也正是因為這樣的排比方式，讓他的行文論述之間有著勢不可當、一氣呵成的動人張力，茲舉例如下：

> 若堯舜之禪，湯武之師，禹之治水，動以天也；子噲之遜，苻堅之師，鯀之治水，動以人也。（〈無妄·卦辭〉，頁97）

> 取而不正則褻，留而不正則濡，去而不正則逋。（〈旅·象傳〉，頁208）

> 誠心而无詐者必不訟，窒隙而无仇者必不訟，惕屬而懼刑戮者必不訟，中和而不狠愎者必不訟。如是，則吉也。（〈訟·卦辭〉，頁29）

> 有志无位，志則不伸；有位无主，位則不定；有主无助，主則不堅；有助无才，助則不立。（〈豫·九四〉，頁67）

> 故暴公以讒鳴，伊戾以誘鳴，儀、秦以說鳴，髡衍以辯鳴，晁錯、主父偃，以謀鳴，江充、息夫躬以幹鳴，王叔文以治道鳴，李訓以大言鳴。（〈豫·初六〉，頁66）

從上舉的例子中可以發現的是，文采斐然成章的誠齋，下筆往往如行雲流水，字字鏗鏘有力、甚而擲地有聲，顯而易見地將其詩人豐富充沛的文氣展現出來，更可聯想其氣貫神注的下筆精神氣象，是何其豪邁抖擻的。這或許也跟其所欣賞、稱許的莊周文氣，有著異曲同工之妙。

另外一點就是，他在對句行文中，把許許多多歷史人物的聖賢風範與小人行徑，極為鮮明地敘述突顯出來，也因為這樣反差極大的對比，讓閱讀其文之人，有相當深刻的印象。除此之外，可以從其闡釋易傳文中，發現其層層遞進式的論述方式。例如：

> 禮作而後上下分，上下分而後民心息，民心息而後天下定。（〈履·象傳〉，頁44）

> 蓋人之常情，多難則戒，戒則憂，憂則吉，无難則驕，驕則怠，怠

則亂。（〈既濟・象傳〉，頁 237）

惟小人易近而難遠，非難遠也，近之則難遠也，近則寵，寵則尊，

尊則僭，僭則強，強則難遠。（〈夬・九五〉，頁 160）

從上舉的二三例中不難發現，其用字精鍊得強而有力，那推擴邁出的鋒勢，震人心弦，再加上首尾通貫的寫法，通篇讀完，幾可讓人即刻感受其發動力，讓人容易瞭解且融入在其思考脈絡中。但是重點不僅僅在於前述充沛情感的傾注，更因其層層推廣開展的究理申述，才讓人有著才氣縱逸且思維嚴謹的情理兼備之感覺。

先秦文章中，孟子、莊子的文章一向以氣勢縱橫、文采盎然爲人所讚許，誠齋因爲遍讀詩詞、熟習先秦諸子典籍，所以在氣性和才情上有著孟莊的狂直縱逸、雄奇奔放的風格：

楊誠齋亦間氣所生，何可輕議。其詩文有無限好語，亦有不愜人意

處，文過奇帶輕相處，蓋自《莊子》來。〔註61〕

若就氣勢凜然的這點來看，是較近於孟子的立論方式的，但其所學也涉獵荀子匪淺，而荀子治學的態度和其政治倫理觀，均有博學多識而條理分明的特質，誠齋也因多學於孟子，而有超乎荀子政治思想內容的論述。如是觀來，誠齋不可不謂博文多學、廣集眾長了。

四、據事以立己論

誠齋對於程頤平生行誼相當景仰，也對其所學和思想有一定程度的探究，因而對其解傳義理的引用和闡述不遺餘力。然而這樣引用與發揮，也還是有少數反對的聲浪，像陳櫟和吳澄就因誠齋引史證經病之。根據《宋史儒林傳》來看，新安陳櫟尤爲極端反對此書，他認爲此書的觀點危言聳聽，批評此書足以聳動文士的觀點，但從客觀立場來看，探究其實，並不公允。因批評當以平心而論爲要，一個入世儒者的精神在於可否有用於世，在於傳承及發揚儒家傳統濟世安民的宗旨。畢竟，即如《論語・衛靈公》所言「人能弘道，非道弘人」。〔註62〕因此，與其說是「聳動」，倒不如更應說是「鼓動」或「帶動」。

〔註61〕《勤有堂隨錄》《古典文學研究資料彙編・楊萬里范成大卷》，湛之編，中華書局，2004 年 1 月第四次印刷，頁 52。

〔註62〕《論語正義》，〔清〕劉寶楠撰撰、高流水點校，1998 年 12 月第三次印刷，頁 636。

再者，如果讓我們回到時間這長廊裡，穿梭在南宋那個內憂外患，動亂不斷的時局情勢中。覆巢之下無完卵的憂患意識，當然是需要被提起發動的，與其花時間在朝廷上不斷黨爭、彼此互相攻訐、詆毀評判孰是孰非，不如喚醒、鼓動彼此的愛國心，推動一致對外的力量，這樣才有力對抗強大金國的攻伐。誠齋藉由歷史上的朝代興替、人事變化，希望大家捐棄成見、凝聚一致對外的心力，護持與鞏固儒家聖學道統，試想，若連國家都滅亡了，還談什麼安身立命、還有閒暇評人論點聳動嗎？因此，誠齋對於《周易》經傳之所以有諸多引伸擴充、推致到激昂論述的原因，最主要還是其己立立人、己達達人、內聖外王的心意使然的。這可舉《四庫全書總目提要》來看：

> 然聖人作易，本以吉凶悔吝，視事之所從。箕子之貞、鬼方之伐、帝乙之歸妹，周公明著其人，則三百八十四爻可以例舉矣。舍人事而談天道，正後儒說易之病，未可以引史證經病萬里也。〔註63〕

正如《四庫全書總目提要》所云，這正是「推天道以明人事」，聖人作易顯然具備天人合一的思想，有一定的規律常理，所以不可專講天道，而忽略了道作用在人事層面的影響。且《誠齋易傳》初名《易外傳》，本來就是著重於作者本身對於其所處的國家、所遭逢的時代、所因應動盪不安社稷，作一個整體觀點的抒發。如果說象數易和義理易各有其精華之域，就時間的觀點來看，南宋在那個偏安江南、苟且偷安的局面裏，沒有挺身而出的士人，多做義理的創發，是不足以顯出民族文化生命的脈動性、和提振民族生命活動力的。更何況，誠齋是個名重一時的文學家兼理學家，實在不可因為勇於抒發己見，而被不解之士〔註64〕囚入刻板印象中。因為這種認為誠齋聳動視聽的的批評、苛刻審視的武斷判別，不但會僵化思想的生命活力，也會過度地拘束與綁綑他人的意見表達，更何況，在誠齋關於儒家思想的《庸言》，與包括《易論》、《禮論》、《樂論》、《書論》、《詩論》、《春秋論》的《六經論》，另外在其《聖徒論》中有《顏子論》、《曾子論》、《子思論》、《孟子論》、《韓子論》。這些對於先哲聖賢的思想的著述中可以證明，誠齋不僅僅是一個詼諧有趣的詩

〔註63〕《四庫全書提要・卷三・經部三・易類三》〔清〕紀昀總纂，江西巡撫采進本，河北人民出版社，2000 年 3 月第一次印刷，頁 86。

〔註64〕《善本書室藏書志》卷一【誠齋先生易傳三十卷】：誠齋，吉永人，韓侂胄召之不起。開禧間聞北伐，憂憤不食卒。事蹟具宋史。是書大旨本程氏，而參引本傳以證之。後儒深不滿其書，乃講學家門戶之見。《古典文學研究資料彙編・楊萬里范成大卷》，湛之編，中華書局，2004 年 1 月第四次印刷，頁 95。

人，更可以是具備高層次觀想架構的哲學家。

附錄一、明夷箕子圖　　　　附錄二、革爐鞴鼓鑄圖

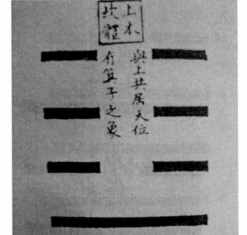
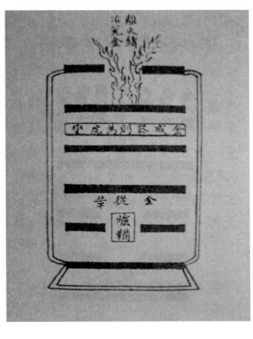

第四章　守正與存誠

　　此章是誠齋貫串其解易內容的核心思想，剛開始主要以史實的內容來作爲前置的陳述分析，如第一節將以「不正之過」來說明史上亂臣賊子的惡行，再加以說出「處守以正」的爲臣之道。而處守以正之後，也不能光是尸位素餐，必須有「居正以動」的有爲之精神和動力。而第二節便將誠齋從《中庸》誠正之學的承繼，開展析論出來，而以「損欲復正」作爲基本的修身之則。最後在第三點中以「誠敬盡性」的成己成物工夫，來看誠齋的誠體及天及人之體用通同的工夫路向，也將誠齋心即性即理的天道直接下貫於人、物的「天心通同人性」之思路解析出來。

第一節　行止守正

一、撥亂反正

（一）不正之過

　　誠齋的義理思想中，頗取咨於《論語》、《中庸》、《孟子》而爲主要的實質內容，但實得力於《中庸》最多。誠齋極其服膺儒家之道，而深處時局變動萬千的他，面對這樣恢詭譎怪的局勢，對於自己身爲宋朝臣民的身份，有著相當大的使命感，而對於爲臣應當信守之道也有許多其獨特的看法

　　　二與五應，二行五之感而應可也，而二之體則腓也。股之下，拇之
　　　上，蓋脛之肉，所謂足肚者也，其往无故而自動，不待感而動者也。
　　　鐘不扣而鳴，則妖，石非言之物而言，則怪，有不感而動者乎？秦

孝公三不聽商鞅之說，而鞅三變其說以入之，非不感而動乎？故凶，使商鞅順義命而安居焉，安居而不妄動以求入焉，則亦吉而不害矣。伊尹、傅說、呂望、孔明感之而不應者有矣，未有无感而應也。（〈咸‧六二〉，頁 118）

對於「二與五應」誠齋應是同鄭玄所解，今據（清）李道平所疏《周易集解纂疏》轉引所云：「腓，腳腨。于禮當，故吉也。即鄭氏所云「腨腸」是也。腳腨次于母上象二，故二爲腓。六爲「得位」，二爲「居中」。二正應五，故「于五有應」。但二在艮中，宜守艮止。若感應于五，變以相與，是「失艮止之禮」，故凶也。」，〔註1〕這是說明何以爲凶之因。另外，誠齋據周易〈咸‧六二爻〉「咸其腓，凶，居吉」因而有「順義命而安居焉？」即可以雖凶而終吉，而誠齋此處所說「安居而不妄動以求入焉」這句解釋來自伊川《周易程傳》〈咸‧六二爻〉「二若不守道，待上之求，而如腓自動，則躁妄自失，所以凶也。安其居而不動，以待上之求，則得進退之道，而吉也。二中正之人，以其在咸而應五，故爲此戒。復云居吉，若安其分，不自動，則吉也。」〔註2〕但由此爻象義，也令誠齋推論到秦時商鞅的不守正道，三變其說以迎合君上之意，〔註3〕其初商鞅言帝道之時孝公屢睡，言王道時又聽不入，最後竟言霸道以順秦孝公之意，這即是誠齋此傳中所云「不感而動者」，也就是表示商鞅于禮義上，雖然跟秦孝公無所認同，卻爲了順承秦孝公以求自己飛黃騰達，變動本身原有之理想正命而不順禮義。當然，最後商鞅仍舊當上秦國宰相，權居一時，顯赫無比。可是這種以不正理念以求功名的結果，最後，下場終究令人不勝噓唏，所以誠齋就此有所聯想，藉由咸卦六二之爻的雖然居中，但若應之以不正則凶，來引述出商鞅曲意以忮求富貴，最終滅己亡身之史事。

〔註1〕 十三經清人注疏，《周易集解纂疏》〔清〕李道平撰、潘雨廷點校，中華書局，2004 年 4 月第三次印刷，頁 317。

〔註2〕 《易程傳》，程頤撰，民國 79 年 10 月二刷，文津出版社，頁 277。

〔註3〕 《史記‧商君列傳》第八，公孫鞅聞秦孝公下令國中求賢者，將修繆公之業……因孝公寵臣景監以求見孝公。孝公既見衛鞅，語事良久，孝公時時睡，弗聽。罷而孝公怒景監曰：子之客妄人耳，安足用耶？景監以讓衛鞅，衛鞅曰：吾說公以帝道，其志不開悟矣。後五日，復求見鞅，鞅復見孝公，益愈，然而未中旨，罷而孝公復讓景監，景監亦讓鞅，鞅曰：吾說公以王道，而未入也，請復見鞅，鞅復見孝公，孝公善之，而未用也，罷而去，孝公謂景監曰：汝客善，可與語矣。鞅曰：吾說公以霸道，其意欲用之矣，誠復見我，我知之矣。衛鞅復見孝公，公與語不自知膝之前於席也，語數日不厭。《史記會注考證》卷六十八，商君列傳第八，頁 891～892。

感之而不易應的如孔明、傳說等，其才幹皆是當世之選，像傅說不負武丁之望，爲相後以德、才、智來治國，而使得「殷國大治」。〔註4〕後代史學家認爲在傅說的輔佐下，商王朝出現了政局穩定、經濟發展、天下太平的興盛局面，這在殷商時期是少之又少的情況。所以誠齋這種使用反面例子的映襯和突顯伊尹、傅說、呂望、孔明等「藏器待時」而「身貴待顯」的難能可貴，除了將小人屈意奉承、埋沒良知以苟求富貴的情狀描述出來外，也非常鮮明且對比地顯示出順義命的重要層面，這立場還可以從誠齋對於周易〈旅·象傳〉「旅貞吉」所衍生的引述來看：

> 取而不正則褻，留而不正則濡，去而不正則遄。（〈旅·象傳〉，頁208）

誠齋在旅卦的象傳引伸中，也提到這種取之不正、不居正位、妄動而去的行徑，不但是不嚴正，且有濡滯不當之感。可見圖求富貴而忘卻所處所居是否合乎禮義是不被容許的。

誠齋也在其他的篇章對於不中不正的行徑，和中正之德的說明，另有一番妥切生動的譬喻：

> 一井主乎泉，天下主乎君。泉有德，一邑汲之；君有德，天下汲之。冽而寒者泉之德，中而正者君之德。九五以陽剛中正之德，居大君之位，猶泉以甘潔清寒之德爲一井之主，天下之人酌而飲之。……泉而不冽不寒，君而不中不正，人有吐井泥，羞污君而去之耳，故傅說非其后不食，伯夷非其君不事。（〈井·九五〉，頁178）

藉由冷冽明澈的寒冷泉水爲例，來象徵傅說、伯夷的高潔，更說明不中不正的行徑就像污泥之井，因一井的污穢將會導致所經之人的吐槽，來表達出這種邪辟不正的令人厭惡情狀。

上段所舉二種正反例，表示出清高甘潔的寒泉品德，以逸出世間外的伯夷和自甘恬淡的傅說爲例來說明，但若是爲臣清高持守，品潔高尚也並非只能隱遁山林，而關乎所遇：

〔註4〕《史記·殷本紀第三》記載：「帝武丁即位，思復興殷，而未得其佐。三年不言，政事決定於冢宰，以觀國風。武丁夜夢得聖人，名曰說。以夢所見視群臣百吏，皆非也。於是迺使百工營求之野，得說於傅險中。是時說爲胥靡，築於傅險。見於武丁，武丁曰是也。得而與之語，果聖人，舉以爲相，殷國大治」。《史記會注考證》卷三〈殷本紀第三〉，〔日〕瀧川龜太郎著，萬卷樓圖書有限公司，民國91年1月初版3刷，頁59。

以六二中正之臣，應九五中正之君，上下相比之道，兩得正矣，雖
然，君臣相求者也，寧君求臣，毋寧臣求君，非不求也，秉德以充
乎內，而不躁乎其外，守正以俟乎彼，而不失乎此，如是而已，枉
道以求行道，失身以求達身，不可爲也。故程子謂伊尹、武侯必待
禮而後出。（〈比‧六二〉，頁37）

誠齋此處所言「失身」乃據《易程傳〈比‧六二〉》「守己中正之道，以待上
之求，乃不自失也。」〔註5〕之所言，而其義乃如《易程傳》所云「降志辱身
非自重之道也」，〔註6〕而誠齋所謂「伊尹、武侯必待禮而後出」的重點在於
提出《易程傳》所云「故伊尹武侯救天下之心非不切，必待禮至然後出也。」
〔註7〕這個觀點，也就是說明賢能之相並非是以退爲進，或自命清高、不和世
俗，而是要循先王之禮而使人敬重之，秉守中正情操，戒愼以待。這樣的愼
重其事，也正是伊川《易程傳》所云：「易之爲戒嚴密，二雖中正，質柔體順，
故有貞吉自失之戒，戒之自守以待上之求，无乃涉後凶乎？曰士之脩己，乃求
上之道，降志辱身非自重之道也。故伊尹、武侯就天下之心非不切，必待禮
至而後出也。」，〔註8〕當然《易程傳》所云的是這六二爻本質柔順，如果不
自重，則有自失之戒，誠齋進一步認爲是這樣容易躁妄以動、辱身以求、枉
道以達，如此一來，便失去靜俟以處、安然以待的行誼，更讓君臣相遇之禮
義，失去了應有的尊崇地位了。

　　而如伊尹心中常念社稷蒼生，與胸中常懷數萬甲兵的諸葛武侯都相當能
藏器待時，但這是要有應時而至，風雲際會的時機來臨，才有辦法將己身之
能全面發揮的。而這「才能」與「位置」的關係，還是有巧妙之處，可以一
併而提，這得從誠齋對於周易〈屯‧初九〉「磐桓，利居貞，利建侯。象曰：
雖磐桓，志行正也，以貴下賤，大得民也。」的引述比較來看：

君子濟屯患无才，有才患无位。初九以剛明之才而居下位，非二非
四，雖欲有爲，未可也，姑磐桓不進，以待時而已，然豈真不爲哉？
居正有待，而其志未嘗不欲行其正也。居而不貞則无德，行而不正
則无功，周公言居貞，而孔子言行正，然後濟屯之功德備矣，然則

〔註5〕程頤，《易程傳〈比‧六二〉》，文津出版社，民國79年10月二刷，頁81。
〔註6〕程頤，《易程傳〈比‧六二〉》，文津出版社，民國79年10月二刷，頁81。
〔註7〕程頤，《易程傳〈比‧六二〉》，文津出版社，民國79年10月二刷，頁81。
〔註8〕程頤，《易程傳〈比‧六二〉》，文津出版社，民國79年10月二刷，頁81。

何以行吾志？何以濟夫屯？建侯以求助，自卑以得民，則志可行，屯可濟矣。初九在下面而遠君，建侯非无職也，而初九能之乎？賈林合李抱眞、王武俊之驩，而朱滔遁，唐遂以安，林遠君而无位者也，劉琨失王浚猗盧之役，而幽并亡，晉遂失中原，琨遠君而有位者也。(〈屯‧初九〉，頁 20)

誠齋在此卦爻中又提出了「然豈眞不爲哉？」的想法，所以，並不是身爲臣子不想報效國家，而決定全在於君主一念之間，所以誠齋借用周孔「居貞行正」的觀點來表達其意，畢竟，名不正則言不順，言不順則事不成，而誠齋在其易傳中相當重視「才」這個觀念，而是否能有機會盡其長才，又非得有位置施展不可，但一當有時運來到，若能把握，也大有可爲。誠齋藉此屯卦初九之爻來比賈林、李抱眞，用賈林遊說王武俊聯合擊退朱滔之例，說明就算是沒有身處重要的高位，不握實權，但只要有機會、有才能，在關鍵時刻，還是可以將一己之力量發揮出來，進而出奇制勝，拯救社稷的，這段史實可茲引下列以明：

興元初，檢校左僕射、同中書門下平章事，繇倪國公進義陽郡王。朱滔悉幽薊兵與回紇圍貝州，以應朱泚。而希烈既竊名號，則欲臣制諸叛，眾稍離。天子下罪己詔，並赦群盜。抱眞乃遣客賈林以大義說武俊，使合從擊滔，武俊許諾，而內猶豫。抱眞將自造其壁，誘軍事於司馬盧玄卿曰：「吾此行，系時安危，使遂不還，部勒以聽天子命，惟子；勵兵東向，雪吾之恥，亦唯子。」即以數騎馳入見武俊，曰：「泚、希烈爭竊帝號，滔攻貝州，此其志皆欲自肆於天下。足下既不能與競長雄，捨九葉天子而臣反虜乎？且詔書罪己，禹、湯之心也。方上暴露播越，公能自安乎？」因持武俊，涕下交頤，武俊亦感泣，左右皆泣。退臥帳中，甘寢久之。武俊感其不疑，乃益恭，指心誓天曰：「此身已許公死矣！」食訖，約爲昆弟而別。旦日合戰，大破滔，經城，進檢校司空，實封六百戶。貞元初，朝京師詔還所鎮。〔註9〕

然而，局勢往往難料，有些將領即使掌握實權，且已居高位，但在亂世要其建侯以助、濟難建功，卻往往未能行其所志，而難以力挽狂瀾。

十一月，猗盧寇太原，平北將軍劉琨不能制，徙五縣百姓於新興，

〔註9〕《新唐書列傳第六十三‧二李馬路》，楊家駱主編，鼎文書局，民國 65 年 10 月初版，頁 4622。

以其地居之。六年春正月，帝在平陽。劉聰寇太原。故鎮南府牙門
將胡亢聚眾寇荊土，自號楚公。二月壬子，日有蝕之。癸丑，鎮東
大將軍、琅邪王睿上尚書，檄四方以討石勒。大司馬王浚移檄天下，
稱被中詔承製，以荀藩爲太尉。汝陽王熙爲石勒所害。夏四月丙寅，
征南將軍山簡卒。秋七月，歲星、熒惑、太白聚於牛門。石勒寇冀
州，劉粲寇晉陽，平北將軍劉琨遣部將郝詵帥眾御粲，詵敗績，死
之，太原太守高喬以晉陽降粲。八月庚戌，劉琨奔於常山。辛亥，
陰平都尉董沖逐太守王鑒，以郡叛降於李雄。乙亥，劉琨乞師於猗
盧，表盧爲代公。九月己卯，猗盧使子利孫赴琨，不得進。辛巳，
前雍州刺史賈疋討劉粲於三輔，走之，關中小定，乃與衛將軍梁芬、
京兆太守梁綜共奉秦王鄴爲皇太子於長安。冬十月，猗盧自將六萬
騎次於盆城。十一月甲午，劉粲遁走，劉琨收其遺眾，保於陽曲，
是歲大疫。〔註10〕

誠齋以劉琨之例來作爲最好的說明，其重點也在於兵荒馬亂之時，情勢的掌
握，和局面的變化多端，即便有志一同卻往往不能發揮作用。其二，雖然強
敵環伺、進退維谷，但切不可自己亂了陣腳，要不然也只會加速覆滅的來臨。
此時便要有所對策，才能眞正掌舵以安穩於行了。

（二）處守以正

前段最主要在於述及所處正位與否，而一旦在朝爲官，要能廉能自守、
不遺操守，並能夠固正保終，實際上除了際遇所致，在人的這個因素的決定
性，卻往往是關鍵。這可以從誠齋對於周易〈訟・六三爻〉「食舊德，貞厲，
終吉，或從王事，无成。象曰：食舊德，從上吉也。」的引述來看：

> 訟之六爻，唯五聽訟，唯三不聽訟，餘皆訟者也。三介乎二剛之間，
> 能正固而不動，危懼而不爭，從上而不居其成，故能保其祿位而終
> 吉也。食舊德，保其祿位也，從王事，從上九也，鄭駟歂之爭，子
> 產兩无所從，其樂陳之難，晏嬰兩无所助，所以安也。(〈訟・六三〉，
> 頁 31）

誠齋就訟卦六三之陰爻居二剛間，無以移易，來釋其正固不動之象，而何以
能篤實定守，其人必定是過則勿憚改而反求諸己者，也如同《論語・公冶長》

〔註10〕《晉書・帝紀第五・孝懷帝》，楊家駱主編，鼎文書局印行，民國 65 年 10 月
初版，頁 123～124。

裡孔子所言：「吾未見能見其過而內自訟者也。」，〔註11〕而誠齋此處乃引子產兩無所從的處境來作為例證，而鄭駟歂之爭這件事情根據《左傳》所述茲舉如下：

> 鄭駟歂殺鄧析，而用其《竹刑》。君子謂子然：「於是不忠。苟有可以加於國家者，棄其邪可也。《靜女》之三章，取彤管焉。《竿旄》『何以告之』，取其忠也。故用其道，不棄其人。《詩》云：『蔽芾甘棠，勿翦勿伐、召伯所茇。』思其人猶愛其樹，況用其道而不恤其人乎？子然無以勸能矣。」〔註12〕

因其人之道以反制其人，彷彿站在對立面，去懲治對方一般，乃有失厚道之舉。但由此也可看出，雖然人往往面臨左右為難、進退不得的窘境，但若是能自有貞定之道，便不容易自亂方寸、舉止不定，也不會有該如何安措其手足之疑慮。這可以從誠齋對於周易〈屯・六二爻〉「屯如邅如，乘馬班如，匪寇婚媾，女子貞不字，十年乃字。象曰：六二之難，乘剛也；十年乃字，反常也」的引述來看：

> 屯之六二，以陰柔之德，居大臣之位，非不欲濟時之屯也，然下則逼於初之剛，而乃為己之寇，上欲親於君之應，而有近之嫌，故邅如而不能行，班如而不能進。然則何以處之，如女子然，與其從寇而字，不若守正而不字，雖未得親於婚，久則寇定而自成其婚，婚而字焉，何遲之有？此王導相晉之事也，上有元明之二君，而下有王敦之強臣，導乃以寬大之度，柔順之才，處強臣之上，非乘剛遇寇而何？惟導守正不撓，而下不比於敦，待時觀變，而上不危其國，久而寇自平焉，君自信焉，國自安焉。（〈屯・六二〉，頁21）

雖然誠齋在此用「女子」來比王導，可能是就王導風采不凡、溫柔敦厚之德來說。但的確這屯卦的六二爻實有守住志節、久必獲通之象，誠齋以此爻來象徵君子守道不渝的節操，而善於自處。若非王導自處有道，在東晉初幾年，戰亂未止，為了要制約擁兵坐鎮武昌的王敦，晉元帝司馬睿是有感王導、王敦掌權實重、心懷猜忌的，要不然司馬睿為何要先後任用南方大族戴淵、周

〔註11〕十三經清人注疏，《論語正義》，〔清〕劉寶楠撰撰、高流水點校，1998年12月第三次印刷，頁206。

〔註12〕《春秋左傳注》，定公九年，洪葉文化事業有限公司，1993年5月初版一刷，楊伯峻編著，頁1571～1572。

嵩與北方二流大族劉隗、刁協等人呢？而誠齋此處言王導的情況和處境便是這樣，也可說是非常貼切。因司馬睿此舉最主就是針對制約擁兵坐鎮武昌的王敦，所以當永昌元年時問題浮上檯面了，先是王敦利用大族對政府發奴為兵的不滿情緒，以誅除劉隗、刁協為藉口，起兵叛亂於武昌，以很快的速度攻下建康，刁協戰死，劉隗投降石勒，戴淵、周嵩被殺，其他一百多名官吏也被罷免。但自是之後，當王敦退還武昌，司馬睿死，明帝司馬紹即位，調配兵力，加強守備。在太寧二年，移鎮姑熟的王敦再次叛亂，但中途病死，叛亂終究結束了。若當其時，王導是大可叛逃依附和自己有血緣關係的王敦，但他仍舊不輕舉妄動、秉守己志，這也就是誠齋所說：「惟導守正不撓，而下不比於敦」。而這守正不撓的「撓」應相同於《漢書・凶奴傳》：「單于以徑路刀金留犁撓酒」的「撓」，為攪和的意思，要不然即《呂氏春秋・知度》「枉辟邪撓之人退矣」的「撓」歪曲之意，不論是前一意或是後一意，最主要都顯示出了王導並不是短視近利之徒，而是動見觀瞻、行舉有止之士，所以最後動亂平了，也得君主所信，而社稷復安，且千古留芳了。

（三）居正以動

1. 正其社稷

　　前段所述在於說明處正守節的重要性，然而並不是所有事都能在重要時刻英明果決，而判斷正確的，這可從誠齋對於周易〈隨・初九象〉「官有渝，從正吉」的解述來看。

> 初九主一卦之動，當事變之始，其古之發大難，當大變，決大議者乎，主是變也，非有以仗天下之至正，開天下之大公，未見其濟也。故正則吉，公則不失……董公進發喪之議，而名項為賊，故王，晁錯決削地之議，而漢有其地，故亂，正則吉，不正則凶也。（〈隨・初九〉，頁70）

若是天下太平之世，處理起國政當然迎刃而解，甚至游刃有餘，君臣大可享河清海宴之樂，但是也只有處於危險凶困之際，才能算是真正的考驗，即能在大幅度動亂的變化局勢中，可以做出最精準的研判，而履險為夷，才可稱有治能。而誠齋藉由隨卦初九之爻象中「官有渝，從正吉也」來探討出從其所正則吉的論點，且以公心為主，就不會有太大的危害。

　　一般看法總認為「興師有名」即可，但如果專為集權中央、不夠謹慎地

審辨時勢，將會到導致難以收拾、禍殃及身的結果。當然，這觀念也可以從誠齋在其他卦爻的敘述中發現，可茲引誠齋對於周易〈師・卦辭〉「丈人吉，无咎」此觀之：

> 正者，興師之道；賢者，帥師之人；丈人，賢者之尊稱也。（〈師・卦辭〉，頁33）

這是就為臣要能居賢處正、眼光宏遠，且瞭解天下所望，而不作眼前之利的貪求，才可以達到伐而有功，而足夠稱得上是率領眾師之人，這也是誠齋能者在位的賢人政治觀。但是非僅有聖君賢臣就能即刻解決險困，因為仍有需要克服的問題，也就是前幾段一直提到的「時勢」問題，若加上這個因素，即使大有為的君臣，也必須等待時機：

> 九五以剛明之君，居屯難之世，宜其撥亂反正有餘也，然其澤猶屯而未光，其所正可小而不可大，是屯難，終不可濟乎。（〈屯・九五〉，頁22）

這是誠齋就屯卦的九五之爻有感而發，也說明了就算有撥亂反正的能力，但若時局不利，那這九五爻所象徵的剛明之君，也得因應局勢，無法大刀闊斧、剛猛強行，而必須循序漸進、緩作改革；切不可不明所以，貿然行動，那是無濟於事的。

2. 拯救天下

前篇所提到的興師之道，以正為要，而兵戎相見對於社稷人民來說，亦是另一種劫數，如果就止於此，那只有默默地等待暴虐之政早日自我結束，而繼續飽受欺壓，於是誠齋認為：

> 任將有應，興師有名，雖曰毒天下，乃所以拯天下，民皆悅而從之，吉又何咎？（〈師・彖傳〉，頁33）

與其一成不變地等待虐政結束，繼續含辱受迫，不如挺身而起、揭竿起義。因為民眾已深陷水火之苦了，橫豎都是一死，倒不如藉此機會推翻暴政，反而是拯救天下之民脫離殘暴統治、遠離深淵之方。而就誠齋這師卦的彖傳述寫來看，除了要師出有名、有應時而生的將領之外，最主要的關鍵在於「民皆悅而從之」，而誠齋這觀點是建立在「民之所欲常在我心」而架構出來的。這也可以從在其他卦中得到佐證：

> 何為動而亨也？動以正也，何為而能動以正也，動以天也，何為而能動以天也，天實命吾動也。故武王誓師曰，天命文考，肅將天威，

> 天命文武以動，文武其得不動乎？然則天命文王，而武王何以自知
> 之，民之所欲，天必從之。（〈無妄・象傳〉，頁97）

這是誠齋就无妄卦的象傳所引述出來的，也在於因爲文王武王能體恤民情，瞭解事已至此，非有一番大改革不可，所以必定能凱旋而功成，而再究其實情，乃在於人民一直在渴切呼喚，希冀早日可以脫離暴政，苦痛之音爲天所感，而文王武王應著機運，因而可被寄予厚望，所以武王承繼天命以動，便可以順天應人，一舉功成了。

上段可見處正以動的符合天人之命，也見民之所欲的共通性，而「人欲」是不同於「民欲」的：

> 程子曰，動以天，故無妄，動以人欲，則妄，此得聖人本意矣。誠
> 者天之道，妄者人之欲，無一毫之妄，誠之至也。無妄之所以元亨
> 者，利在貞而已，正則誠，邪則妄。若匪正而動，則動必有眚，而
> 不利有攸往矣，非不利於往也，不正而妄，則不利於往也，若堯舜
> 之禪，湯武之師，禹之治水，動以天也；子噲之遜，苻堅之師，鯀
> 之治水，動以人也。（〈無妄・卦辭〉，頁97）

誠齋藉由程子所言舉伐必須動以天命，方合聖人原來本意，如果落入人欲肆流的變動，那就不是社稷之福了，不但不是社稷之福；更將是天下之害。所以誠齋對此無妄卦的卦辭傳說：「若匪正而動，則動必有眚」。觀誠齋所舉之史例，所提及的「子噲之遜」、「苻堅之師」和「鯀之治水」，若就其實可較爲能夠清楚誠齋之意，先就「子噲之遜」來說，這觀念可能承自《孟子・公孫丑・第八章》所提的：

> 沈同以其私問曰：「燕可伐與？」孟子曰：「可。子噲不得與人燕，
> 子之不得受燕於子噲。有仕於此，而子悅之，不告於王而私與之吾
> 子之祿爵；夫士也，亦無王命而私受之於子，則可乎？何以異於是？」

〔註13〕

沈同所問之事，關乎天子所領之土地人民，是從先王傳承而來的，而且受命於天子，而如此私相授受，就授與者和接受者來說，都是不合法。子噲爲燕國國君，卻讓位給子之，子之於是變成燕王，簡直就目中無王命，且無禮於其君。誠齋認爲這樣的遜位，是「動之以人」，所行乃妄動其事，爲不正之事，

〔註13〕 新編諸子集成《四書章句集注》，朱熹撰，中華書局，2003 年 6 月北京第 7
次印刷，頁 246。

所以評其爲人之私欲所爲。

而前段是就諸侯國君不尊先王禮法、忽視周天子之地位存在的膽大妄爲而言，就治理國政方面言，也不可輕忽，可從《史記・夏本紀第二》來看：

> 當帝堯之時，洪水滔天，浩浩懷山襄陵，下民其憂。堯求能治水者，群臣四嶽皆曰鯀可。堯曰：「鯀爲人負命毀族，不可。」四嶽曰：「等之未有賢於鯀者，願帝試之。」於是堯聽四嶽，用鯀治水。九年而水不息，功用不成。於是帝堯乃求人，更得舜。舜登用，攝行天子之政，巡狩。行視鯀之治水無狀，乃殛鯀於羽山以死。〔註14〕

堯在四方諸侯的推薦之下，命鯀擔任了治水的職務，而鯀違背了水往下流動的本性，採用堵塞的辦法，洪水卻繼續泛濫，甚至更加嚴重，民眾死傷無數，而誠齋認爲這樣不經由常理思索，而憑一己執泥的方式去防杜治理，經歷將近十年，不但無效，犧牲更多無辜人民，可說是害人害己，所以也可見人之所爲若不夠正確、妥切也將危害不小。

而苻堅之例，可略述一下以明誠齋何以如此譬喻。苻堅一統北方以後，意欲集結百萬大軍，乘著勢力旺盛之際，把東晉一起消滅。然而在寧康三年王猛病逝前，王猛曾經數次告誡苻堅不要急於攻打東晉。但是隨著苻堅連連得勝之後，心高氣傲起來，對於東晉已志在必得了。但大多數臣僚還是反對出兵伐晉，而這其中主要有兩點：其一是軍隊連年征戰，將士疲勞，其二是晉朝無隙可乘，所以群臣是認爲時機不利的，而且苻堅也因這樣的亟其所欲，而忽略了京都附近環伺的是鮮卑、羌、羯等各族的勢力，不瞭解彼等都有異心的危機，只是一味地想討定天下，且那時大家認爲苻堅若一意孤擲的話將會陷京城於極大險難，因爲除去苻堅的親征兵力，當時京城只剩下其太子和幾萬士卒留守，這將是危及要害的。然而群臣並非沒有盡到力勸之力，像先後有苻堅往來最信任之高僧道安、最寵愛的妃子張夫人和小兒子苻詵輪番勸諫，最後苻堅依然故我，執意征伐以滿足其野心，這也就是誠齋所說的「動以人欲」了。

綜觀誠齋以三事作比喻，可以知道，凡擅意妄爲、不顧後果以放縱一己權力野心的。其妄動所源乃在於一己不正之思，或欲望之狂奔，而無所忌憚，像苻堅之例，到後來甚至可說是殺紅了眼的狀態，而心發狂亂、壅蔽理智，

〔註14〕《史記會注考證》，〔日〕瀧川龜太郎著，萬卷樓圖書有限公司，民國91年1
　　　月初版3刷，頁41。

才會不聽如此眾多規諫的，不像堯舜禪讓或湯武之師亦或大禹治水，其用心與目的，都是在於從善如流、改革時政或者是去惡為善，所以不但能夠無妄，而且可以「正位凝命」，而最終達致元亨吉祥的了。

從這些重大的歷史事例，除了可以發現所從不正之弊害，更要將誠齋所說這「天下之大正」的觀點再作闡述，因為這正是誠齋最為嚮往的聖君政治，所以也可從其他卦中發現這道理：

> 惟天下之至誠，為能立天下之中正；惟天下之中正，為能化天下之不
> 中不正，故既曰中正以觀天下，又曰有孚顒若。孚，誠也，中庸曰：
> 至誠如神，故曰：聖人以神道設教，而天下服。（〈觀・象傳〉，頁81）

誠齋對觀卦象傳的解述，以「正其不正所以為正」為其核心，而且主張至中至正，方能可化育天下之不中不正，可以明顯地推論出一個思路歷程，就是「居中處正」則誠自發，誠發以化天下之不中不正的偏邪，而且，因為至誠如神，其所教所化，當然就能為天下所服了。

然而能使有國者所蓄如此大，其充沛而莫能禦之的，也正是其能時時刻刻以天下為己任所致：

> 惟正，故大；惟大，故正。正，則舉天下萬物莫能加，不曰大乎；
> 大，則舉天下不正無所事，不曰正乎？正而大，大而正，天地之情，
> 不過是也，而況人乎。天地之情，不可見也，以正大而可見，學者
> 求道，舍正大何適矣。（〈大壯・象傳〉，頁125）

由此可知誠齋意欲表達出唯有「正」才是其所以能大之故，而這是有一番推論流程的，也就是從「有諸己之謂信」到「充實而有光輝之謂大」的工夫。

而從上述的這幾段，可以知道這個「正」在外王工夫方面，其最大的效用便在於「撥亂反正」，可以匡正世風，而且這「正其不正」即是誠齋的大刀闊斧工夫，從此處下著手，則舉天下而無所不正。另外一點，也可從不修正己身之過錯，而導致層出不窮的問題，聯想到處守以正的安身立命之可貴性，當然這守正不亂、正位凝命的工夫，並非一朝一夕可達致，而且範圍不僅僅只限於身為人臣所應持守、奉行，更應該是眾臣民和在上位的領導君王所應奉為圭臬、實踐力行以達於完備的。

二、損欲復正

上節所言，已將誠齋對於為君為臣的守正立場，作了詳盡的論述，然尚

有一點須要辨明的，即在於上段所提及而鋪展開來的外王工夫，是由內聖推展擴充出去的，是由內而外的，這在前頭關於誠齋在儒學思想傳承的部分，已略提一二，在此必須作更詳盡的引述，以釐清論之：

> 二簋可享，損奢以從儉也。大象之懲忿欲，六四之損其疾，此損不善以從善也。初九之益六四，九二之益六五，六三之益上九，此損己以益人也。六五之虛己以從諸爻之益，此損己而取人之益也。初九以己益人，而又酌損，此損之損也。六三以一人之損而得友，六五為損之主而得益，此損之益也。九二上九之弗損，此不損之損也，然知損而不知其所損，則損者僞也。……曷謂所以損？曰誠是也，文王曰損有孚，仲尼曰：損而有孚，言損之不可不誠也。（〈損・卦辭〉，頁 149）

誠齋在此提出所要對治之處，乃在於消解忿欲，這觀點是非常富有時代色彩的，亦即這是宋明理學的核心重鎮「存天理，去人欲」的闡發。另外，藉由損卦的卦辭，誠齋對於此卦辭之傳，論述其實不少，下面資列重點以明之，可知誠齋的觀點在於藉著分析出七種損之情況，來探討其本源，這探討的依據是依六爻的關係來闡述，在條分縷析後其目有七項。可以作一表格如下以明其義：

項目	情　　狀	象、爻之關係		
1	損奢以從儉	二簋可享		
2	損不善以從善	大象之懲忿欲	六四之損其疾	
3	損己以益人	初九之益六四	九二之益六五	六三之益上九
4	損己而取人之益	六五之虛己以從諸爻之益		
5	損之損	初九以己益人，而又酌損		
6	損之益	六三以一人之損而得友	六五為損之主而得益	
7	不損之損	九二弗損	上九弗損	

先就卦爻意義補述，首先，以「二簋可享」是就「二簋應有時」來做為基準，也就是損奢以合時宜，以合禮節，才能與時偕行，在第 3 項目初九之益六四、九二之益六五、六三之益上九是就互相呼應而言其所益，第 4 項目的六五爻的其中空洞寬廣，能自處謙順柔挹、廣納群賢，乃博取眾善者，第 5

項目就初九之爻而言，誠齋謂：「應之而不有其應之之迹，助之而不居其助之功」，所以是損之又損，然所以可以損之又損其來有自，便可酌焉而不竭，第六項目的六三爻所謂一人之損，乃在於誠齋云「一人獨行，其孤可弔，而得友於一人，豈惟損益無定形哉？」，六五為損之主而得益是就包兼眾賢之集思廣益所以為益，第七項目九二爻和上九爻之所以被誠齋歸為不損之損乃在於：上九居損之終，位置處於艮之極，所以終將變成不損，且艮之極則必止之以不損，而誠齋認為下皆損己以益其上，上又能不損其下以益其下，所以終將弗損。

就如誠齋所說，心被欲所牽制便會蒙蔽，因此，心若有所累繫，所形於外則有所牽纏；心有所陷溺，所形於外則有所危難；心若有所移奪，所形於外則有所偏移。而誠齋藉由這損字的意義作了誠正的抒發，所損所克的重要關鍵點在於這忿欲，而這忿欲之所以要對治，即是因為心因忿怒或喜樂、抑或人情私欲，而昧設窒礙，因此不得其正，誠齋的觀點顯然源流自於《大學》所云：「心有所忿懥，則不得其正。」就是因為不得其正，所以要去除這樣的偏邪，而不被其所污染，久而久之甚至被其淹沒。所以，此損卦的六四爻最可以引為反證：

> 此聖人勸六四損己以從人，損不善以益其善也。去疾必醫，去過必師，六四之有疾，不醫之以初九之師，何能損乎？然改過去疾而不速，猶在吝與咎之域也，速改，則可喜而無咎矣，然則六四何為而有疾也，六四以陰柔之資，居下卦之上，宅近君之位，富貴誘於前，忿欲動於中，此其膏肓也，不有初九剛方之師友，其孰從而切磋救之哉？子產容國人之議己以自藥，而不毀鄉校，可謂能損其疾而逞忿。（〈損·象傳〉，頁149）

就此卦的象傳來看，對誠齋的正己觀有較多相應的部分，誠齋對忿欲所妄動的影響，以「忿欲動於中，此其膏肓也」來形容，可知道所忿所欲之情的有深陷而難對治的情形，而從其「去疾必醫，去過必師」可知乃是「主善必堅，去邪必果」的勇者魄力，這樣的速改疾患、即時去除過錯，若培養有素，是可喜，而無咎的。

另外一點，從誠齋所舉子產逆來順受的度量來看，子產何以能容受咎責化解國人之議，弗聽之以言，而聽之以心呢？子產之所以能自訟而自藥的原因，乃在於自知不可奈何而安之若命，所以能安時而處之。如此一來，事過

境遷，世人漸感其賢，且多受其益，最終可以損己之不善以從善，且因損之
又損而又可以損己以益人，是以有臣民皆吉的結果。但從子產之例，也看到
一個不易之處，那便是何以如此之道：

> 穆宗欲幸東都，以張權輿之諫則不止，以裴度之諫則止，度之言巽
> 順有孚，故曰尚德載，又曰德積載，載者，積之充也，言巽順孚誠
> 之德，非一朝一夕之積也，誠之積，積之充，猶感之難，況誠之不
> 積。（〈小畜・上九〉，頁 43）

何以誠齋認爲張權輿無能勸諫，而裴度則得其君心，這樣的信賴程度可從下
所引資料作佐證：

> 寶歷二年，度請入朝，逢吉黨大懼，權輿作僞謠云：「非衣小兒坦其
> 腹，天上有口被驅逐。」以度平元濟也。都城東西岡六，民間以爲
> 乾數，而度第平樂裡，直第五岡。權輿乃言：「度名應圖讖，第據岡
> 原，不召而來，其意可見。」欲以傾度。天子獨能明其証，詔復使
> 輔政。先是，帝將幸東都，大臣切諫，不納。帝恚曰：「朕意決矣！
> 雖從官宮人自挾糇，無擾百姓。」趣有司檢料行宮，中外莫敢言。
> 度從容奏：「國家建別都，本備巡幸。自艱難以來，宮闕、署屯、百
> 司之區，荒圮弗治，假歲月完新，然後可行。倉卒無備，有司且得
> 罪。」帝悅曰：「群臣諫朕不及此。如卿言，誠有未便，安用往邪？」
> 因止行。〔註15〕

可知張權輿平時喜排除異己、好讒誣陷他人，幸虧在上位之君王明智而不昏
庸。而除此之外，在無人膽敢干犯聖顏之時，裴度毅然直諫，這最主要應該
是君臣間已具備相當的信任程度，再加上裴度之言誠懇直入，所以因「誠」
而「信」。而這是誠齋認爲積誠所致，要達到這樣的程度，必須「尚德積誠」，
因爲績誠以充乎其實，則所發之時，可感化君王。

　　而不僅僅只有像裴度這樣居高位，必須再加上能得君所信，誠正的力量
才可能完全發揮出來。誠正的正面例子已經如上所述了，而若身居卑微之臣，
孚誠之志則可嘉許：

> 以小臣而止大君之欲，禍之道也，故爲血而傷，爲惕而懼，爲咎而
> 害。六四以柔止剛，以臣止君，而能使其傷之去而不至，惕之免而
> 不遭，咎之除而不作，此獨何道也？以至誠愛君之志，合乎九五至

〔註15〕《新唐書・列傳第九十八・裴度》，楊家駱主編，鼎文書局印行，頁 5216。

> 誠納諫之志，上下同志故也。（〈小畜‧六四〉，頁 42）

關鍵點在於是否能「持其至誠之志」，唯有堅守不渝此誠，持之以恆此志，待柳暗花明，才可以免去災禍，這也就將誠的化正工夫論述出來了。然必須先說此段所言之志守：

> 九四以剛居柔，此豈妄動者哉？故許之曰：可以貞固，而守此道，則無咎矣，又堅之曰：能貞固而守之，則可以有之而不失矣，此回之擇乎中庸，而不失，所以異於不能朞月守者也。（〈無妄‧九四〉，頁 99）

唯有剛決堅定、存誠不失，且數月不失誠，方有復聖顏回之功。但是，還有另外一點也要提到，就是關於君臣的相互關係，因為就本章來說，似乎一直不斷的要求為臣應守之道，好像將君主的部分忽略了，也就是臣下對君上的規範、典型，已然形成一清晰系統，但對於這最上位的治者，所應具備的風範、德行，幾乎尚未提及，且從本章看來，雖只一直強調為臣者本身之修養以報君恩的單方面向，但若究其實，並非只有單方面向可成事的。所以在將兩者互相交流的君臣之道論述以前，得先提：

> 臣止君以為不善，不若止君以恥為，吾惟正心以及身，正身以及君，雖不止以為不善，而君自恥為矣。（〈大畜‧卦辭〉，頁 101）

誠齋這裡再度強調了只修正外在舉止或行為，是顛倒本末的，因為這樣力諫君王為善，很容易落入主觀認定中，最後可能演變成莫衷一是、無所適從。所以，若依誠齋的觀點來看，這工夫應該是要由內而外，也就是從正心開始，擴展開來，才能算是對治本源的工夫。即使臣子不說某事為不善，而其君將可自我覺曉，而引以為恥了。

於是，從這種主客關係的交集來看，為臣之道的重點在於引發其君主之善，其目標在輔佐並成就其君之聖明，這樣說來，所有的匯流指向就變成一個：塑造出一個聖君，是這樣嗎？其實不然：

> 上六以陰柔之資，居蹇難之極，是安能濟蹇哉，故往則蹇益其蹇，退則其吉乃大。碩吉，大吉也，蓋能一退，內則有九三剛陽之助，貴則有九五大君之見，是以吉且利也。然象言利見大人，往有功也，大人，上下之達稱，如言行不必信果，如正己而物正，如能格君心之非，孟子皆曰大人，豈指君上而言哉？（〈蹇‧上六〉，頁 145）

誠齋對於蹇卦上六之爻的解釋，重點乃在於引文後段「如正己而物正，如能格君心之非，孟子皆曰大人，豈指君上而言哉」。因為，不僅僅只有成就一個

聖君，就能完美無瑕地將天下帶領至大同的康莊大道，因為諸多有關於儒家完美人格典範的「聖君」政治，天下的領導者必須是聖明的，在上者必須具備與天合德的境界，這樣的要求已經是偏向太純粹而單方向化問題了，而牟宗三先生的《政道與治道》一書中也有這樣的看法：

> 儒家「仁者德治」的政治理想不是不對，而是不夠。光從個人身上想，不能實現此理想。要實現此理想，根絕循環的革命與造反，必須從「治者個人」身上讓開一步，繞一個圈，再自覺地來一次「理性之外延的表現」，由此開出「政治之所以為政治者」，及政治之「自性」。就政治的自性言，政治要成其自己，不能單從「治者個人」一面作一條鞭地想，而須從治者與被治者兩面作雙邊地對待地想，使雙方都有責任。依此，政治的自性必然地要落在「對待領域」中，必然地要建立在雙方都有責任上，而不能只落在一面的無對中，只建立在仁者的無限負擔上。這進一步轉進是「理性之內容的表現」所不能盡的。只從治者個人一面想，要求其為仁者，那是政治被吞沒於道德，結果是政治不得不解放，道德不得不解放。〔註16〕

所以對於君王、臣民這種相互關係，誠齋認為並非只侷限於統治者本身，而應普及層面到臣民上，也就是人人皆可成為大人，人人皆有聖賢之資的，而當然這種相互關係也將一個主題點了出來，那便是有關於「反身而誠」這個工夫的觀點，誠齋認為：

> 以風止天，是以動濟動也。君子欲止其君之不善，而反顧在我之德未能無不善，是以不善止不善也。大人正己而物正，推而格君之心非，焉往而不止？（〈小畜‧象傳〉，頁40）

這裡將為臣應該具有反求諸己、反身而誠的工夫論述出來，應先反求諸己，有否不善，再以己之善以格君之不善。最終將能像釋〈大畜‧卦辭〉中所謂「臣止君以為不善，不若止君以恥為；吾惟正心以及身，正身以及君，雖不止以為不善，而君自恥為矣。」之後，再將其良知之性引導出來。

而上面所論及到的，在於將一己自身的誠正工夫作前提引導，若是遇到外來的不良影響又是如何？誠齋便認為所謂清者能自清，則濁辱不入其身：

> 惟九二以剛正之德，居中正之地，見其誠正可說者，說之；其佞僞

〔註16〕牟宗三先生全集，《政道與治道》第八章理性之內容的表現與外延的表現，頁155。

> 妄説人者，絕之，則天下之誠正者至，而佞僞者遠矣，惟其孚誠者
> 説之，此其所以吉之吉矣。……故周伯仁愛刁協之佞，而仲智責之；
> 張九齡喜蕭誠之軟美，而李泌譙之。（〈兌・九二〉，頁 217）

這裡誠齋舉了兩個例子，今稍作引述以明誠齋意欲表達的看法，茲引《世說新語卷中・方正第五》：

> 周伯仁爲吏部尚書，在省内夜疾危急。時刁玄亮爲尚書令，營救備
> 親好之至。良久小損。明旦，報仲智，仲智狼狽來。始入戶，刁下
> 床對之大泣，説伯仁昨危急之狀。仲智手批之，刁爲辟易於戶側。
> 既前，都不問病，直云：「君在中朝，與和長輿齊名，那與佞人刁協
> 有情？」遂便出。〔註17〕

由上所舉的內容可見這刁協之名字實該易名爲「刁邪」，其人應屬陰柔便佞之輩的佼佼者，竟可以這樣逢場作戲、迎面大哭一番，刁邪虛情假意的行徑，可真是另人瞠目結舌，而仲智對於這樣的嘴臉，是發乎至誠的厭惡，當然，這正好說明了其不與之同流合污，剛正自守的立場。

另外在張九齡喜蕭誠之軟美的例證中，也可以從《新唐書》中瞭解誠齋欲藉引的原因：

> 九齡與嚴挺之、蕭誠善，挺之惡誠佞，勸九齡謝絕之，九齡忽獨念
> 曰：嚴太苦勁，然蕭軟美可喜，方命左右召蕭，泌在旁，帥爾曰：「公
> 起布衣，以直道至宰相，而喜軟美者乎？」九齡驚，改容謝之，因
> 呼「小友」。〔註18〕

由此可知誠齋所謂的「李泌譙之」，就是在勸勉張九齡，切不可因爲其軟美而失自身的直德，然張九齡，終究是懸崖勒馬，及時醒悟過來，當然也由此可見李泌之言眞誠剛勁，振人心弦。

綜合以上所舉兩例，可知誠齋在〈兌・九二〉此爻之論，最主要在提出三個觀點，第一個便是「守正不撓」，以免白沙在涅，與之俱黑。堅持秉守剛毅耿直的立場。其二便是「居正闢邪」，正一己之身作爲標竿模範，隔絕外臨之邪，對治外來之惡。其三便是「自誠且正，以招群賢」因仰其德慕名而至，

〔註17〕《世說新語彙校集注》，〔南朝宋〕劉孝標撰，梁劉孝標注，朱鑄禹彙校集注，上海古籍出版社，2002 年 12 月第一次印刷，頁 277。

〔註18〕《新唐書・列傳第六十四・李泌》，楊家駱主編，鼎文書局印行，民國 65 年 10 月初版，頁 4632。

則自然而然達到近悅遠來、廣聚群賢之功了，也就是誠齋所謂「佞僞者遠矣，惟其孚誠者說之」之成效。

　　因此，從上面的諸多論述，可瞭解到誠齋對於正己的觀點，是先就「偏邪不正」的外在行爲，而知其不正之過，再經由見不賢而內自省來「損欲復正」，而損欲復正則必須瞭解到是建立在「損不善以從善」，而或「正其不正以歸於正」的，也就是直接得力於《大學》中：

> 所謂修身，在正其心者，身有所忿懥，則不得其正；有所恐懼，則不得其正；有所好樂，則不得其正；有所憂患，則不得其正。〔註19〕

跟《大學》中：

> 古之欲明明德於天下者，先治其國；欲治其國者，先齊其家；欲齊其家者，先修其身；欲修其身者，先正其心；欲正其心者，先誠其意。〔註20〕

但這裡必須理解的是，誠齋在這個工夫路向上，得再上推一個進程，由誠齋對於〈蹇・上六〉「如正己而物正，如能格君心之非，孟子皆曰大人，豈指君上而言哉？」和〈小畜・象傳〉「大人正己而物正，推而格君之心非，焉往而不止？」的論述看來，這些轉折點在於對「格物致知」這個工夫的理解和思想脈絡不同。也關係到誠齋對聖君賢臣禮治教化的功用，和「化欲解忿」的消融工夫。這是再繼續承接《中庸》「自誠明，謂之性；自明誠，謂之教」、「誠者自成也，而道自道也」下來的思想結果，也是下節要探討的工夫進程。

第二節　存誠盡性

一、眞誠無爭

　　前段提到誠齋的正己的的外在工夫，那爲人何以能夠成就個人與成就事物，卻自然而然，如履平地般地自適安穩呢？若推究其因，在誠齋的論述中實乃「誠之體現」例如：

> 物有作之而止，止之作者，民之遜與爭是也。訟者，爭之尤也，故

〔註19〕　朱熹，《四書集註》仿古字版，大孚書局有限公司，民國89年2月初版再刷，頁7。

〔註20〕　朱熹，《四書集註》仿古字版，大孚書局有限公司，民國89年2月初版再刷，頁2。

聖人止之不一而足，誠心而无詐者必不訟，窒隙而无仇者必不訟，
惕屬而懼刑戮者必不訟，中和而不狠愎者必不訟，如是，則吉也。
（〈訟・卦辭〉，頁 29）

這是就《周易》〈訟・卦辭〉「有孚窒，惕中吉」而有所觸發的，就誠齋對於
爭論紛亂的端源來說，《周禮・秋官大司寇》「以兩造禁民訟」〔註 21〕就是在
說這樣的爭辯曲直於官吏，而在述諸多的爭訟裡，必以「誠心無詐」來說明
言是言非的不必要性質，因為誠齋認為問題的產生，無須爭辯，因這裡牽涉
的一個觀點，便是所謂「詐」，《禮記・樂記》裡提到「知者詐愚」，〔註 22〕《周
禮・地官司市》中也有「以賈民禁偽而除詐」，〔註 23〕因此可知這詐的影響在
於蒙蔽、窒礙，而最後像泥沼般塗裹住人的心性，進而有虛偽的行為，有了
這樣的外在表現便已自築城牆，窒隙不通，既然不通，當然就會不通人情了，
於是爭論辯說的事件便可想而見了。所以若有「誠心」而無欺詐，是不會有
此問題的。誠齋因而將「誠」當作不訟的第一個要件，這也說明「欺詐虛偽」
的乃是「昏昧情狀」，所以會引起諸多的爭端，因而也關乎了「自誠其意」的
工夫。當然，這裡可以附帶一提的是，關於爭論不休甚至要到對薄公堂，誠
齋認為也是沒必要的，於是提到了聖人所止之處，因「聖人止之不一而足」，
也是就從善者不爭，爭者不善的觀點出發，來表明兩個互為對立之體，應當
先就自我個體「反身而誠」的省克來貞定。不是求諸人，而是要求諸己的，
這樣的工夫若能養成，就算有突如其來之事，加之於身，也能以處之若有似
無、無有忿懥。若能如此，那爭鬥何從生起呢？由此可以想見，誠齋對於這
個常人之心發而為情，而其情不得，所引發的問題，不能讓兩個體對於一事

〔註 21〕《周禮・秋官大司寇》：五曰國刑：上願糾暴。以圓土聚教罷民，凡害人者，
實之圓土而施職事焉，以明刑恥之，其能改者，反於中國，不齒三年。其不
能改而出圓土者殺。以兩造禁民訟，入束矢於朝，然後聽之，以兩劑禁民獄，
入鈞金。十三經清人注疏《周禮正義》，〔清〕孫詒讓撰，中華書局 1987 年
第一版第一刷，頁 2748。

〔註 22〕十三經清人注疏，《禮記集解》，清孫希旦撰，沈嘯寰、王星賢點校，1998 年
12 月第三次印刷，頁 984。

〔註 23〕《周禮・地官司市》：司市掌市之治教、政刑、量度禁令。以次敘分地而經
市，以陳肆辨物而平市，以政令禁物靡而均市，以商賈阜貨而行市。以量
度成賈而征價，以質劑結信而止訟，以賈民禁偽而除詐，以刑罰禁虣而去
盜；以泉府同貨而斂賒。疏：禁物之偽而除去人之虛詐也，十三經清人注
疏《周禮正義》，〔清〕孫詒讓撰，中華書局，1987 年第一版第一刷，頁
1058。

物有所蒙蔽，而失卻其真實，甚而滋生出莫名的麻煩困擾，基於此立場，誠齋則認為必須以誠待人，方可無損其真，而無有衝突的了。

　　當然，誠齋對於誠於中，而形於外，卻有稍微謙讓遯退的看法，這可以從其對於《周易‧遯‧九四》「好遯，君子吉，小人否。」的引述來看：

　　　　遯而誠，為好遯；隱而偽，為素隱，好遯者，如好好色，素隱者，
　　　　如鄉愿德之賊，隱而偽，不若不隱而誠也。九四以乾之初，當遯
　　　　之世，知遯之早，味遯之腴，宜於好遯之篤也，故聖人許其為君
　　　　子，贊其為吉，又歎其非小人之所能為也。（〈遯‧九四〉，頁 124）

誠之所在，即便發之為情，亦有可觀之處，可謂適中恰好。而誠齋此處所言：「如好好色」，可以如《孟子‧萬章》裡所云的「好色，人之所欲，妻帝之二女，而不足以解憂。」〔註 24〕的好色之意，亦即常人所謂喜悅而愛好美色之意，也可以說這辭意欲表達之處與《大學》中「所謂誠其意者，無自欺也，如惡惡臭，如好好色。」〔註 25〕的「好好色」之意相同，這乃是人之常情，所以不虛偽其情，則其人質直，可想見其人之真誠，而不假外飾，所以誠齋認為此應來自「好遯」。但是，若就「隱而且偽」來說，誠齋則認為是鄉愿，為戕害德行的一種行徑。而這掩蓋內心之虛詐，日久而成，倒不如不有所隱瞞而出自真誠，而「好遯」既言其真實不虛，亦言其退遯，而其能自知退遯之道，乃在於所立之誠積累於篤，所以誠齋說「知遯之早，味遯之腴，宜於好遯之篤也。」這是其日積月累的積誠所致，因唯有如此反復於誠，才有這樣篤實的進境之功，也唯有這樣的篤實之功，才顯現出其心、其性、其情皆不假，所以誠齋在此〈遯卦‧九四爻〉傳中即再云：

　　　　微陋巷之顏，汶上之閔，舞雩之曾，其誰實當之。（〈遯‧九四〉，頁
124）

這引證的「故聖人許其為君子，贊其為吉，又歎其非小人之所能為也。」也就是顏回或閔、曾才能曠然達通於遯退，而安貧樂道、歌詠而歸而回，而誠能樂在其中，此誠齋所謂絕非小人所能達致的境界，而且能有如此閒情且具賢才之德，也唯有至誠至性始可體會。

　　而誠齋對於這〈遯‧九四〉的「遯之早」，也讓人聯想到初遇的情況：

〔註 24〕新編諸子集成《孟子正義》，〔清〕焦循撰，沈文倬點校，中華書局，1998
　　　　年 12 月第四次印刷，頁 615。
〔註 25〕朱熹，《四書集註》仿古字版，大孚書局，民國 89 年 2 月初版再刷，頁 6。

親在始，始在誠，誠在實，實在質。初六，親比之始也，孚言誠，
盈言實，缶言質，與物相親之始，必在我者有至誠之心，充實而不
虛，淳質而不飾，則在彼之吉，我皆終能來而有之矣。故餘耳之光
初隙末，則如勿光，周鄭之信不由衷，則如勿信，惟謹始，故克終，
爲盡此之誠，故來彼之吉。他，彼也。（〈比・初六〉，頁 37）

誠齋在這比卦之初六爻的立場，也跟上段有呼應的地方，即在於「充實而不
虛，淳質而不飾」這個概念，這樣的工夫就是積誠所致的「篤誠」之功，唯
其誠所發，所以其質實不會有所蒙飾，更無所虛矯，就不會有像戰國時期周
鄭交質，因爲彼此不信任，而須要以外在互相交換把柄的方式來相牽制、約
束防範了。所以誠齋這裡的觀點，讓人有所認同之處是在於：爲人處事要謹
慎而以誠相待，而又可以盡誠以終。也的確，因爲由此而行之，方是誠齋所
謂的「與物相親之始，必在我者有至誠之心」，而歸之以「在彼之吉，我皆終
能來而有之矣」，如此一來即能夠謹始克終，而無有嫌隙了。且不但不會有嫌
隙，尚有如下的作用：

九五以剛陽之才，中正之德，居益之時，爲益之。惠萌於心，天下不
問，而蒙其益之吉；益被於人，天下信之，而懷其德之惠。九五何道
而臻此哉？有至誠益人之心故也，有孚惠心，上之誠也，有孚惠我德，
下之信也，上下交孚，而九五之志得矣……以仁率天下，而民從之，
成、康、文、景其庶乎。損之六五，言益而不言損，損之至也，益之
九五，言惠而不言益，益之盛也，程子云：陽寔在中，有孚之象，王
輔嗣云：益莫大於信，惠莫大於心。（〈益・九五〉，頁 156）

這是誠齋就益卦的九五之陽爻，來作爲引述，提出的觀點也在於「至誠」，而其
作用力顯現在澤被且惠益人民，當然這裡必須作一個辨別，這「惠」並非《論
語・里仁》「君子懷刑，小人懷惠」〔註26〕的「惠」，而是《論語・公冶》「其養
民也惠」〔註27〕或《論語・憲問》裡「或問子產。子曰：惠人也」〔註28〕的惠，
因此誠齋更強調出「惠」是「益」的豐盛總集。有孚之象的觀點是根據伊川而

〔註26〕新編諸子集成《論語集釋》，程樹德撰，程俊英、蔣建元點校，中華書局，1997
年 10 月第四次印刷，頁 250。

〔註27〕新編諸子集成《論語集釋》，程樹德撰，程俊英、蔣建元點校，中華書局，1997
年 10 月第四次印刷，頁 326。

〔註28〕新編諸子集成《論語集釋》，程樹德撰，程俊英、蔣建元點校，中華書局，1997
年 10 月第四次印刷，頁 962。

言的，而伊川是以益卦九五的陽爻來說「陽寔在中」，而誠齋此爻所釋的重點則放在王弼所言：「益莫大於信，惠莫大於心」，也就是呈現出誠心所發於對象個體的作用力，而心性所發何以能說是最大的惠益呢？若究其實，能因此讓人有最大的收益為何是「信」？下段就是誠齋在其誠正的觀點中，發論出何以能成己成物。

二、自誠成物

　　前段是就誠齋在傳中所言的「至誠無畏」、「眞誠無爭」的觀念作論述，已先就誠心的「眞誠無爭」作分析結論了，也將誠意正心的「積誠無咎」、「篤誠無虛」作工夫的論述。而誠齋最終的目的乃在於——將此「誠」直接貫通，以發「己達達人」之功效：

　　　　信以發志，以我之誠信發彼之誠信也。……武帝信霍光，託以周公
　　　　之事，昭烈信孔明，至有君自取之之語，然二臣者，終身不忍負二
　　　　主之託，又焉用周防也哉。（〈大有‧六五〉，頁60）

誠齋對於誠之所以能成信之工夫論點即在於此，也是儒家「仁」的高度發揮，即以己之誠信來感發他人之誠信，若就誠齋所舉史例來說更爲清楚，茲引《漢書》中一小段：

　　　　武帝病，封璽書曰：「帝崩發書以從事。」遺詔封金日磾爲秺侯，上
　　　　官桀爲安陽侯，光爲博陸侯，皆以前捕反者功封。〔註29〕

從誠齋所舉的史例可知：漢武帝臨終之時所託的都是足資信賴，而爲國之重臣的人，就以霍光來說，霍光十餘年幼之時入宮，侍漢武帝二十餘年，這期間以冷靜謹慎之智，爲帝所賞，未嘗有過，甚得武帝親信。西元前八十七年，武帝駕崩，遺詔中，立少子弗陵爲太子，而命霍光以大司馬大將軍輔佐國政，當其時霍光輔助幼主弗陵皇帝不遺餘力，對內實行「與民休息」政策，又減免租賦，減少官金，削減財政支出，鼓勵生產，對外再行和親政策。歷史上稱爲「百姓充實，西夷賓服」。霍光掌權執政二十年，將國家社稷管理得井然有序，廣受百姓的稱讚。而若就漢武帝所遺留下來的殘局「多殺士眾，竭民財力，奢泰無度，天下虛耗，百姓流離，物故者過半，蝗蟲大起，赤地千里，或人民相食，畜積至今未復……」（宣帝時夏侯勝語），這些棘手問題，最終也

〔註29〕《漢書》卷六十八，霍光金日磾傳第三十八，班固撰，顏師古注，中華書局，
　　　　頁2933。

是靠霍光等這些輔政重臣來彌補的。可見君臣互相信賴，所託得人，其功效不言而喻。

　　另外，誠齋所舉諸葛亮不負漢昭烈帝劉備所託，盡心盡力地輔佐幼主劉禪，可從唐詩聖杜甫《蜀相》中窺知其忠於先主之情：

　　　　丞相祠堂何處尋　　錦官城外柏森森

　　　　映階碧草自春色　　隔葉黃鸝空好音

　　　　三顧頻繁天下計　　兩朝開濟老臣心

　　　　出師未捷身先死　　長使英雄淚滿襟〔註30〕

以上舉的這兩個例子，都可以說明如果可以「信以發志」，則免用周防，而且不但不用防備，尚可見君臣之交情甚篤，不忍忘卻數十年之共患難情誼，這的確足令人感動不已。

　　而誠齋在這裏的關鍵是「信以發志，以我之誠信發彼之誠信也。」此句，可以說是將誠齋的「誠正」之學畫龍點睛出來了。首先，無論從反面的例子（例如周鄭交質）或是正面的佐證（漢武帝命霍光或漢昭烈帝託孤武侯例）都可以發現這關係不僅僅一己自誠即可。其二，這是先就人與人之間的關係來看待。而第三，這必須再提到人與人、及人與事物間的交互往來關係，才可以呈現誠的作用：

　　　　相遇以誠，相交以信，是故孤者朋，睽者和，何志之不可行？何難之不可濟哉？舉朝皆武氏之臣，而狄仁傑以一身徇唐，非孤立於睽離之世乎，乃下薦洛州司馬張柬之，薦一柬之，而五王之合與仁傑而六，周復為唐，仁傑之志行矣，豈无咎？又何厲矣。元夫，善士也。（〈睽‧九四〉，頁141）

〈睽‧九四爻〉中再次顯現「相遇以誠，相交以信」這樣的觀點，所以，無論從人與人，人與事所引發的關係中，都可察覺到誠齋「誠」的概念建立在「忠信」這個主題上，而這也是在此篇許多段落中所提到易傳的「中孚」，而〈睽‧九四爻〉中所舉的關於狄仁傑薦洛州司馬張柬之之例，更提到此「誠」工夫的極大展現，何以如此說？誠齋在〈睽‧九四爻〉此傳中只將此史例略作人與事物間的表面論述。誠齋只說出舉人（張柬之）以成復大唐事，並未將其核心點所引發的，所牽涉到的講出來，而這關連性可不小：

〔註30〕 《唐詩選注》，歐麗娟選注，里仁書局，民國87年10月10日第二次增訂，頁305。

長安中，武后謂狄仁傑曰：「安得一奇士用之？」仁傑曰：「陛下求文章資歷，今宰相李嶠、蘇味道足矣。豈文士齷齪，不足與成天下務哉？」后曰「然。」仁傑曰：荊州長史張柬之雖老，宰相材也。用之必盡節於國。」即召爲洛州司馬。它日又求人，仁傑曰：「臣嘗薦張柬之，未用也。」后曰：「遷之矣。」曰：「臣薦宰相而爲司馬，非用也。」乃授司刑少卿，遷秋官侍郎。後姚崇爲靈武軍使，將行，後詔舉外司可爲相者，崇曰：「張柬之沉厚有謀，能斷大事，其人老，惟亟用之。」即日召見，拜同鳳閣鸞臺平章事，進鳳閣侍郎。〔註31〕

關於狄仁傑薦洛州司馬張柬之之例，《唐書》中所提及的關鍵就在於「天下」這個地方，這可牽繫到《論語》所說：「天下歸仁」來作引述，而在這裡就必須將其工夫精華，作一系統思考脈絡的解析，也就是用「仁」、「天下」、「忠信」、和「誠」這幾個關鍵樞紐，把誠齋的「誠」——這個作爲其思想重鎮的內聖外王工夫作論述。

　　首先、誠齋這個作爲即本體即工夫的「誠」，與忠信根本就是一體的兩面。也就是說忠信和誠是互爲表裡、相得益彰的關係。這裡的關係可從張載《正蒙·中正第八》裡的觀念得知：

　　　誠善於心之謂信，充內形外之謂美，塞乎天地之謂大，大能成性之謂聖，天地同流、陰陽不測之謂神。〔註32〕

由此可見：「誠」這作爲本體以外，當其「善於心」時，活動義即爲「信」，又可看出這個從「充內形外」→「塞乎天地」→「天地同流、陰陽不測」與「大能成性」，不但將誠這作爲本體的存有成就義朗現出來，也提挈出聖賢從天道「誠」這實體所貫通的天人合一觀。

　　其次，這「忠信」抑或「孚誠」的根源亦是相同，即先秦儒家所謂的「仁」，也就是《中庸》第二十五章「成己，仁也；成物，知也，性之德也，合外內之道也，故時措之宜也。」〔註33〕另外，前段將「損欲復正」、「處正居誠」的基本克己工夫論述過，然而，即便如此，還不足將誠齋「自誠明」的整個

〔註31〕《新唐書·列傳第四十五》，楊家駱主編，鼎文書局印行，頁 4223。
〔註32〕《張載集》，里仁書局，民國 70 年 12 月，頁 27。
〔註33〕新編諸子集成《四書章句集注》，朱熹撰，中華書局，2003 年 6 月第七次印刷，頁 34。

工夫解析完盡，因爲誠齋在「中孚之誠」通達彼此之時，是以「仁」作爲本體，也就是說，誠齋把「誠」作爲「仁」的全幅朗現，而要以一己個體的誠來通同感發他人之誠，這才是是誠齋成己成物的工夫論的基本根源。

　　第三，藉由「誠」這樣成己成物的工夫，才能夠「盡性」，而所盡之性，是《中庸》第二十二章所說「唯天下至誠，爲能盡其性」，〔註34〕這乃從一己個體到全社稷國家、君臣眾民、萬物之性，也就是前面已經提到的誠的「成己成物」作用所致，再者：

　　　　以誠待詐，詐窮而誠自達，貞者。以正待邪，邪詘而正自伸，惟誠，
　　　　惟正，无敵於天下。（〈需・卦辭〉，頁 26）

因爲這個仁誠的工夫可以說是己立立人，己達達人的另一種表現。當然，從誠齋對於此需卦卦辭傳的詮解中，也展現了其「至誠無咎」的觀點，也就是說，即使所面對的另一個體，或甚至可以說另一個群體，仍然可以用一己之誠通同感發彼之誠，因爲當這個體以誠爲動力，感通啓發他人誠之本體的朗現，在頃刻間也逐漸渙解了其蒙蔽虛詐之偏邪，進而逐步地回到誠體所致的眞實，而成其消融化解的感通功效了。

　　另外一點，若從誠齋在需卦此卦辭象傳中的「惟誠，惟正，无敵於天下」的句子。也可知這樣的結論就是承繼《中庸》第三十二章「唯天下至誠，爲能經綸天下之大經，立天下之大本，知天下之化育，夫焉有所矣。」〔註35〕而來的。

　　所以可知這以「誠」做爲主導的整個工夫歷程，誠齋先是以「撥亂反正」來說其對於亂臣賊子的對治。其次再以邪奸之輩爲何作亂至此的過錯，推論出這是因此輩的偏邪之情所導致的禍患，而提出必須要瞭解「損欲復正」的益處，才可革除對治這禍根。因此再從而推導出能致「正位凝命」之「誠體」。而以「至誠無爭」的曠然洞察，到以己之誠發彼之誠的「自誠成物」。這可見誠齋的思考工夫脈絡以「誠」來作爲出發點，也爲其工夫論的最重要關鍵處，更是誠這個發行通同的體用工夫朗現。

〔註34〕新編諸子集成《四書章句集注》，朱熹撰，中華書局，2003 年 6 月第七次印刷，頁 32。
〔註35〕新編諸子集成《四書章句集注》，朱熹撰，中華書局，2003 年 6 月第七次印刷，頁 38。

三、誠敬盡性

　　上段將誠齋對誠的整個工夫脈絡作了較完整清楚的釐清和分析，須再知這「成己成物」後最終的目標為何，這個終極目標是整個宋明時代理學家的最終歸宿，也就是在此節歸納出的「存誠盡性」，而誠齋盡性的工夫其來有自，大體上可歸納出幾個原理，第一、「敬體義用」，第二、「自誠則敬」，第三、「誠心即性」、第四、「節克復性」，第五、「乾元之性」，所以下段內容，將就誠齋這幾個重點，歸納後分兩個脈絡來探討。

（一）敬體義用

　　在先前所述儒家思想略提到，誠齋的「敬以移懼」的工夫論，基本原則著眼於「敬有所甚，懼有所忘」的上面，而這點跟程頤的「戒慎恐懼以致敬」有相似之處，因而後人也認為《誠齋易傳》跟《伊川易傳》有相當程度的關係，而實際情況，應不能如此而論之。這可以從誠齋對於周易〈坤・文言傳〉「直，其正也，方，其義也，君子敬以直內，義以方外，敬義立而德不孤。」的解述來看。

> 六二爻辭，止言直方，而聖人又以正釋直，以敬釋正，以義釋方，其曉學者至矣。敬以直其內，則養心主一而不分；義以方其外，則處物適宜而不隨，敬、體也，義、用也，體用合而德不偏，故敬義立而德不孤也。（〈坤・文言〉，頁17）

從誠齋對於坤卦的文言傳的敘述可知，對於「敬以直內，義以方外」的詮釋，誠齋的最終指向便是「敬、體也，義、用也，體用合而德不偏，故敬義立而德不孤」，也就是說誠齋的「敬體義用」工夫是通同一貫的，就是因「心主一不分」，所以「發而為之」便不會移隨，也就是說「存有和發動」適中恰當、不偏不倚，也正因為誠齋認為「聖人又以正釋直，以敬釋正」這直內的工夫本於「誠正」，所以用敬來解釋正，因此這又可看出：誠齋相當重視由內而外的誠正之「心」的活動義。

　　另外，伊川也相當重視這個「敬」的，伊川認為切要之道沒有比「敬以直內」更重要的，其最著名的「涵養須用敬，進學則在致知。」〔註36〕或「敬則自虛靜，不可把虛靜喚做靜。居敬則自然行簡，若居簡而行簡，卻是不簡，

〔註36〕《河南程氏遺書》卷第十八《二程集》，〔宋〕程顥、程頤著，王孝魚點校，中華書局，2004年2月第三次印刷，頁188。

只是所居者已剩一簡字。」、〔註37〕「敬則無己可克，始則須絕四。」、〔註38〕「有言養氣可以為養心之助，曰：敬則只是敬，敬字上更添不得。」〔註39〕而就因如此，其用力或許過甚，真可謂「無一不敬」了，而筆者認為其施力點放在「嚴莊以整」、「主一以敬」，且所謂「嚴莊以整」的地方即伊川常云的「儼然正其衣冠，尊其瞻視，其中自有個敬處。」，〔註40〕所整齊的地方便是守敬之處，而「主一以敬」則可以從其所謂「只是整齊嚴肅，則心便一，一則自是無非僻之奸，此意但涵養久之，則天理自然明」，〔註41〕可見伊川著力處較放在外在陶冶的工夫，而也因此過著肅然而恭敬的生活，不以為苦，嘗人云：「先生謹於禮四、五十年，應甚勞苦」其對曰：「吾日履安地，何勞何苦？佗人踐危地，此乃勞苦也。」，〔註42〕所以若就此看來，彼雖都以「主一」來養心，但就伊川和誠齋的工夫論來對照或比較，誠齋顯然重視誠正以入內的敬體，與直發於外的義用；而伊川的思路和用功著力處在於禮敬，〔註43〕和誠齋不同，顯然誠齋敬體義用是走體用一源的貫通路線。因此，若就這樣看來，這是以敬為體，直施義以為用，有異於伊川處處持守以禮，存之以敬的工夫路向。

而在前面儒學思想脈絡承及處的篇章地方，也提到「克己復禮」和「禮不離仁」的關係，這是誠齋就履卦的實踐行動性，來呈述出禮的活動發用特質，而這禮的動、化、行、塑工夫根源於「正其不正以歸於正」，而這裡要再

〔註37〕《河南程氏遺書》卷第十五《二程集》，〔宋〕程顥、程頤著，王孝魚點校，中華書局，2004年2月第三次印刷，頁157。

〔註38〕《河南程氏遺書》卷第十五《二程集》，〔宋〕程顥、程頤著，王孝魚點校，中華書局，2004年2月第三次印刷，頁157。

〔註39〕《河南程氏遺書》卷第二上《二程集》，〔宋〕程顥、程頤著，王孝魚點校，中華書局，2004年2月第三次印刷，頁27。

〔註40〕《河南程氏遺書》卷十八，《二程集》，〔宋〕程顥、程頤著，王孝魚點校，中華書局，2004年2月第三次印刷，頁185。

〔註41〕《河南程氏遺書》卷十五，《二程集》，〔宋〕程顥、程頤著，王孝魚點校，中華書局，2004年2月第三次印刷，頁150。

〔註42〕《河南程氏遺書》卷一，《二程集》，〔宋〕程顥、程頤著，王孝魚點校，中華書局，2004年2月第三次印刷，頁8。

〔註43〕今據胡自逢先生《程伊川易學述評》：「伊川以敬為操存（按只心）之道也。故持己莊敬，至愛《禮記表記》中說：「君子莊敬日彊，安肆日偷。」蓋人之常情，才放肆，則日就曠蕩，自檢束，則日就規矩。持躬嚴整，每引大義自重。……與人相聚，不苟言笑，坐中無不肅然。」民國84年12月初版，文史哲出版社，頁23。

提到的一點，就是「禮」還具備「美化形塑」的成效。

> 六五之君子，為剛柔雜而有文德，故通理；唯得中，故正位。唯位
> 高而心愈下，不失臣禮，故居體；體者，禮也。通理者，通於君臣
> 上下之定禮也。知定理之不可易，故正位居體而不敢失也。臣道之
> 美，孰大於是？具三者之大美，蘊於中斯形於外，故暢於四支而美
> 其身，必无驕主之色；發於事業而美其政，必无專權之恣，所以為
> 美之至。（〈坤‧文言傳〉，頁 17）

這是就誠齋在坤卦文言傳闡述裡，因有感於文德之美盛，來引述出禮的「能
塑動力」，但是，誠齋既在履卦中已經先就禮的履踐踏實層面做出概括，而在
此又提出了禮的「理」之性。這正是其所要強調「知定理之不可易，故正位
居體而不敢失也」的地方，可說是一方面存在著誠明之正，所以才可通達於
理；而通達於禮，等於通達於理，亦即合乎天人所共的性理；有正禮則為孚
誠，亦即為忠信，而忠信又同乎孟子所云「有諸己之為信」。於是，此便清楚
地顯露出其思想脈絡了，亦即誠齋的「損欲復正」即「可欲之謂善」，「閑邪
誠存」的反身於誠乃「有諸己之謂信」的返己孚誠工夫。

其次，這裡對於禮的定位相當的明顯，在「誠敬盡性」中，「禮」的指向
是「誠敬」，禮的收放發用最主要的是可以用在接物應事上，當然，這是就對
外關係來講。而誠齋這個以誠敬來說的禮，在個人身上還有「開闔通蘊」之
效，這是其所謂「蘊於中斯形於外」貫通身心來講的。若能依循這樣的工夫，
日積月累下來，誠齋認為可成就美政之業，收成德之實功，才不會像亂臣賊
子般悖禮忘義、狂妄專擅，不但是腐化己身的身心品行，還敗壞國家社稷的
大業根本；最終可推出「蘊於中斯形於外，故暢於四支而美其身」的結論，
如此一來，那誠齋在這坤文言傳中所說「驕主之色……專權之恣」邪惡佞劣
態狀，是不可能發生的了。若究其實，這種忠信且誠敬，由本體到體現的工
夫，應是受到張載《正蒙‧中正》篇影響：

> 體正則不待矯而弘，未正必矯，矯而得中，然後可大。故致曲於誠
> 者，必變而後化。……可欲之謂善，志仁則無惡也。誠善於心之謂
> 信，充內形外之謂美，塞乎天地之謂大，大能成性之謂聖，天地同
> 流、陰陽不測之謂神。〔註44〕

張子用「矯正得中」來表現出可大之道，而誠齋的「正位居體」即張子所謂

〔註44〕《張載集》，里仁書局，70 年 12 月，頁 27。

「體正則不待矯」，而誠齋所同於張子的見解，不只是關於這個「得中正位」的觀念。誠齋在坤卦的文言傳所說「六五之君子，爲剛柔雜而有文德，故通理；唯得中，故正位，唯位高而心愈下」的「文德」觀點，這在張載《正蒙・中正篇》中也同樣提到：

> 大中至正之極，文必能致其用，約必能感而通。未至於此，其視聖
> 人恍惚前後，不可爲之像，此顏子之歎乎！〔註45〕

就誠齋對於文德的立場看來，文德居中的好處，應在「通」的層次上，這也是文德的效用。通達於禮，則通達其心性之體，通達心性之體則歸同於其心性之理。這除了說明誠齋的「正位居體」，同於張子所云「大中至正」外，此也可知：誠齋這個等同於仁義禮智四端之心的「禮」，是歸屬於心性之「理」，而非只專務在表面形式上著力。所以，這說明了誠齋對於四端之心的禮，通過性理的特質以把握和瞭解之。而這所謂既大且美的見解，就是承繼孟子之處：

> 可欲之謂善，有諸己之謂信，充實之謂美，充實而有光輝之謂大，
> 大而化之之謂聖，聖而不可知之謂神。〔註46〕

這是就孟子的心性之學的思路脈絡，來跟誠齋在此坤文言傳的概念架構作個參照；因這整體的系統架構，在誠齋從易傳的君臣關係裡，再做出這樣有清楚關係的連結後，是就「禮」來說「理」的整個流程。可知若能夠「居禮」則「正而弗失」，能「居禮」則「正位居體」，而通乎「理」了。

誠齋這樣對於禮的本質性與動、行、化、塑的特性，所要達致的天理，就個人的而言，即在於「盡性」。在前面儒學承續處，講到損欲復性的「性」，也講到克己復禮的「禮」，這章前面也講「格正」，講「忠信」、講「孚誠」，此部分是講誠齋對天理的路向工夫，故而要在最後面天人關係篇章中引發出「承天順理」與「天人同心」的「盡性」關連。

另外，常人在遭逢困惑、迷惘之時往往容易亡失方向、心情鬱結、意念紛亂，無法安置情緒，而心性累滯、窒礙，受到接觸景物的誘發後，便難以抑止，造成意想不到的危害，這是無法即刻豁達所致，即便清高如屈原者都無法逃離挫折之迷障了，更何況是世俗之人。

因此，誠齋還認爲常人若是迷惘耽溺於事物，嗜欲深者，往往會出現受

〔註45〕《張載集》，里仁書局，70 年 12 月，頁 27。

〔註46〕新編諸子集成《孟子正義》，〔清〕焦循撰，沈文倬點校，中華書局，1998
年 12 月第四次印刷，頁 994。

物所困的狀態，而喪失其正常理智，迷亂自身性情，而無法一時候地擺脫欲惑的籠罩，這種深陷其中，難以察覺的情況卻是無法一時解決的。

> 富貴誘於前，忿欲動於中，此其膏肓也。（〈損‧卦辭〉，頁149）

誠齋認為常人對於名利富貴的追求，要適可而止。因為若到了名利誘惑於前，就無法自已，利欲薰心且惘然作狂，那便有病入膏肓的憂患了。所以，需要察省自身，以免不明所以地陷己身於險境之中，成為汲汲營營、不顧廉恥的不義之徒。

> 君子將有以節天下，必始於節一家，必始於節一身，顏子之節，非求之外也，節性而已。（〈節‧初九〉，頁226）

前面也提到，若人要秉其至誠之明，而不受事物的蒙蔽、牽纏，則要「知性」，而從誠齋對於節卦的初九爻來看，可得出兩個結論：第一、那就是「性」非求之於外，非是要從每件事物中獲求，得出概念，是要反求諸己，反身而誠的。第二、常人若不知節制、無所忌憚地放失本心，終將自我陷溺、漸趨下流。一方面是因為人的心性不定，容易受到己身環境的影響而難以自拔，一方面則是不如聖賢聞道後之精勤，所以在面對外境蠱惑引誘之時，便無充分足夠的定力，以與之抗衡了。所以誠齋說：

> 君道在復，今六五之君道，乃為上六所左右，至於迷而違之，何復之有？（〈復‧上六〉，頁96）

可見不僅僅一般常人會如此，一國之君更容易被好饞幸佞之臣所左右、煽動而迷惑其性，若因而如此，則在作重大政事的判斷時，便往往會被導引到不合乎常理的策略，對於整個家國社稷，則可能會招致難以處理的下場。所以在此時，則當如誠齋在節卦的初九爻所說的「顏子之節，非求之外也，節性而已」，而這節制克服工夫，若能日復一日，將會漸漸地恢復所稟之天性，並能夠妥善地處理外來的誘發：

> 人之一性，如山之靜，如澤之清。其忿也，或觸之；其欲也，或誘之，豈其性哉？深戒其觸之之端，逆閑其誘之之隙，損之又損，則忿欲銷，而一性復矣。（〈損‧大象傳〉，頁149）

在誠齋看來，情之所以會有忿怒之發，有其接觸引爆之端，情之所以「動以人欲」，有其勾導誘發之處，就如前面所提到的，常人在形勞而不休的狀態下，因形體勞蹻，往往難以控制一己之情緒，卻又因為不即刻自知，而一有突如其來的狀況時，因已經無力「穩情定心」，所以只得任情緒狂迸、憤怒爆發，

而失其常態。所以在這之前，必須損欲復性、克己復禮、反身而誠才行，因不論是「損欲」或是「克己」抑或是「反身」，都可以復人之天性；如誠齋在此〈損・象傳〉中所云的山之靜或如澤之清，復歸純粹靜一、不雜不駁。當然，在此也要辨別，此靜是靜中自有妙運，並非鬱閉而不流的「死寂之靜」。如此一來，當其動之時則動而天行，此即下面部分將提到的「乾元之性」。於是，對於最上位的君主而言，誠齋也同樣的有它的期許：

> 有天下者，可不求彼之心爲此之心乎。體之聖，失之愚；履之治，
> 舍之亂，聖、愚、治、亂，此心而已。（〈復・象傳〉，頁 94）

誠齋所謂的彼之心即復卦中的復心，若捨棄流放掉了，不是愚昧、昏庸，便是迷亂、不安，所以在此也可瞭解「體之聖，失之愚；履之治，舍之亂」的涵義。當然，誠齋這裡所謂的「體之聖……；履之治……」也再次顯示了其體用一如的工夫哲學，因此，此心、此性、此本體在誠齋的思想中，都有其最主要的地位，也可以說是其用功之處。誠齋後云：

> 夬之上六，見聖人之仁心如天之大也。何也？不惟慶君子，而深所
> 以弔小人也。何爲弔小人也？小人亦受中於天，與我同類者也，特
> 不能克其利心，以復其良心爾。（〈夬・上六〉，頁 160）

誠齋藉由夬卦的上六之爻來表示其天人觀，這小人不能「克其利心」令人聯想到顏淵問仁，孔子答以「克己復禮」。「小人亦受中於天」說明了不論是貧富貴賤，皆具此一性，因這是天之所命，而小人之所以不能克制其利欲蒙蔽之心，最主要還是因其不能夠「見得思義」，只籠罩於眼前之利而不自知，而不能恢復其良心。然而聖人、君子是不忘其所始、忘而復之的，所以誠齋此看法也將孟子四端之心與其克欲復性觀貫通連接起來了。可見不論身處於何種階層處境，只要具備天所賦予之心性之體，都有必要將放失之心找尋回來，都有必要克服私欲，返求於己，以達盡其仁心之本體。

（二）乾元之性

前段是以人的立場來證明天賦之性，當然也可以說誠齋是直接承繼孟子性善說和四端之心，來表達其天與人共同一性的看法，而若從誠齋的天人觀來看，還更可瞭解此「性」之所由來：

> 天言其象，乾言其性，元亨利貞言其德，象而後有性，性而後有德，
> 德之名四，其實一，一者何？元而已。（〈乾・卦辭〉，頁 1）

此是誠齋在乾卦的卦辭傳裡的表述，這個先以「天」爲出發點，接著再以「象

而後有性」，來作爲人之性本乎天的證明，而說人之性可以「一之於天」，以呈現出其思想的主要特色。當然這個源自於天，以天爲依歸的人之本性，誠齋在別卦中也常提及。此處舉誠齋對於復卦的初九之爻的闡述，較爲清晰：

> 卦義爲君子道長，象義爲承順天時，爻義爲反復於善，易之道無不含羅也。吉凶悔吝生乎動，下卦震而動之初，初九動而復之初，動而過，過而忘反，反而已遠，凶之道也，豈特有悔而已。初九動而即復，不遠而復也，動生於心，復亦生於心，復心一生，動心自寂。君子以此修身，吉之大也，何悔之有？故仲尼以顏子當之，謂其有「不善未嘗不知，知之未嘗復行」。幾者動之微，知者復之微，大哉知乎！故大學在致知，人心之知至，即天地之陽生。陽一生，天地復；知一至，君子復。（〈復‧初九〉，頁 94）

這裡提出幾個清晰的觀點：第一、復性順天，第二、反復於善，第三、復靜動性，第四、知幾復性。而歸納其思考脈絡則可分爲兩方面來示解。

從第一點的「復性順天」，可聯想到誠齋這源自於《中庸》第二十二章所說的「惟天下至誠，爲能盡其性。」，〔註47〕這也是前幾段一直強調而貫通整個誠齋思考主線，更有其核心思想的推展。而誠齋在復卦初九之爻這裡的觀點，也可以把誠齋「仁知」建構誠正之學的思想補充得更加完備。這是以「知」的觀點來聯繫貫串。然而，既然提到「知」，就會關連到「思」，既提「思」則會牽涉「學」，此處暫就誠齋對於「反復於善」與「不善未嘗不知」的看法來講。

誠齋就此復卦的震之初動，來引述出「動而即復」的吉善之益，這也可說是其工夫論的主軸，如此一來，可以「回善反復」而歸結出「君子以此修身，吉之大也」的結果。然而這也要有個前提，也就是誠齋在傳中所云的「承順天時」，而關鍵點放在「動而即復，不遠而復也」之句。因常人若是「動而過」的話則會亂，而從「其情之亂」，可知「其心之擾」已經難以復平。所以若是「過而忘反」的話則漸行漸遠，就離悔恨不遠。所以這裡才說要以「承順天時」爲前提，人能「及時反性」就不會有「回天乏術」之嘆了。

其次，就其「幾者動之微，知者復之微」來看，這可以說是將《中庸》的觀點直接承繼下來，而再加入自己的見解；因誠齋的仁誠觀，在於「以己

〔註47〕新編諸子集成《四書章句集注》，朱熹撰，中華書局，2003 年 6 月第七次印刷，頁 32。

之誠發彼之誠」，所以就自然而然地推出這樣成己成物的論述。這可以從《中庸》第二十五章來看：

> 成己，仁也；成物，知也，性之德也，合外內之道也，故時措之宜也。〔註48〕

從《中庸》作對照可以發現，誠齋所謂的「知」，不是「遯世不見知而不悔」的「知」，而是顏子所言「不善未嘗不知」的「知」。所以要合這個「仁」與「知」，才是性之德；而要如何充分朗現「知」，必也得瞭解到：唯有「明知」才是「真知」。可是在這過程中，有必要先瞭解到「自誠明」與「自明誠」乃是盡性必備的工夫。這是因為「自知者明」所致的緣故，所以若無法「自誠明」便無法「明知」，而無法「明知」則「性之德不全」。這又可從誠齋「誠則明矣，明則誠矣」的核心觀點來看出端倪。因「自誠明」跟「自明誠」的關係發展就是誠齋在〈大有・六五爻〉中所說的「以我之誠信發彼之誠信也」，以誠齋的工夫論來看，就是先以一己的「誠明之知」發動且「通同化育」彼人「誠明之知」。因這「性」是眾所共有的，所以便有其共同相通、互動生發的關係涵義在，因而，從此也可以推出：若「反諸己而不誠」，那麼便「不明於善」，既然「不明於善」；那便是不「知」，這點還可以從《中庸》的觀點來佐證：

> 至誠之道，可以前知……禍福將至，善，必先知之；不善，必先知之，故至誠如神。〔註49〕

由此可推知若是「不明」則「不知」，「不知」則吉凶禍福來臨時，皆會「莫名其妙」、「無所適從」。這是因「莫名所以」導致「何適何從」的結果，而不知如何應對。且這就牽涉到「何所適從」到能否被「誠信之知」所發而動。因常人若是障蔽太多、陷溺太深，心性如入囹圄，而幽閉日久，便無法一時豁然開朗，而「誠明之知」因而難以朗現。所以在此也可知道誠齋的盡性工夫中對於「自知之明」的工夫的內容，相當的重視；因這關係到其誠正之學的整體發用，所以誠齋這盡性的工夫，是要人不能不明所以、昏昧不知的，要人「通誠明知」、「物徹疏明」、「自誠成物」，並且這些都關連互動，不能僅是單方面可以全然完成的。

〔註48〕新編諸子集成《四書章句集注》，朱熹撰，中華書局，2003 年 6 月第七次印刷，頁 34。

〔註49〕新編諸子集成《四書章句集注》，朱熹撰，中華書局，2003 年 6 月第七次印刷，頁 33。

　　然而這裡還可以認知到一點，因常人困惑、壅蔽甚厚，一時或許無克己復性之機，但在此之時則不可大刀闊斧、用力過猛，以免過猶不及，造成矯枉過正或徒增後遺之咎的。

　　所以從上可以瞭解誠齋成己成物的盡性目標：即「誠正」若無此「明知」是不究竟的，若是不究竟，何以能成「盡性」之功呢？所以這盡性需合內外之德，可從張載《正蒙》的〈大心篇〉思想看出：

　　　耳目雖為性累，然和內外之德，知其為啟之之要也。〔註50〕

也可以說，這作為啟發之效的「知」，可以「動化通萌」彼人之性，而導引出其「明知之性」，逐漸渙釋其溺累，回復明徹之性。所以若就最後的「誠明之知」以盡性來看，有「知至至之」的體用特質性。這樣的工夫除了可以直接「及物及事」，更可以達致「即物即是」或「即事即是」的盡性功效。

　　而若總覽誠齋對於人之偏情邪欲所因應的對治工夫，都有其必然達成的目標與功效，譬如：心性所要對治的地方在於邪情、妄思、餘知、人欲（誠齋或時稱餘念），誠齋對治的方式分別是「閑邪存誠」、「除妄破患」、「敬知正念」、「克欲復性」。而這幾項主要工夫，正是其心中的工夫原理。

　　所以，總結前幾段提到誠齋「敬以移懼」、「閑邪誠存」和「損欲復正」、「敬體義用」及最後「動靜知幾」，可以想見所謂「敬以移懼」須要達到「動而不亂」；「閑邪存誠」則克制邪思因以保存誠明之性；而「損欲復正」，則在劈砍慾念以復出誠正之性；在「敬體義用」的內外一如，則說明了「敬義一體」的不即不離之工夫；「動靜知幾」更是顯示出乾之健性，而這正是誠齋盡心知性以至於命的工夫歷程。

〔註50〕《張載集》，里仁書局，70 年 12 月，頁 25。

第五章　戒慎與進德

　　此章的重點將分成兩節來論述，第一節先就誠齋對於朝代的更迭憂患而提出興衰消長的原因，誠齋認爲周鄰是必須防範的，而對治的方式便是「懼而以敬」，進而更加能「持之以勤」，這樣才能無逸以終。對於可能而至的禍患便要「慎始謹初」，這是第二個段落將論的主題。除了防患未然以外，關鍵的樞紐處便在於能否見機而作，而這又與《中庸》及周濂溪《通書》中的「誠神知幾」觀點相通。另外，在防範的延伸思考中，誠齋還認爲需得戒防小人作亂於世，所以在裡面也提到無論是尸位素餐之徒，或是專擅誤國的邪佞權奸，誠齋都認爲得剷除之。最後一部分，將就「謹言慎行」來引述出「審言」的重要性，因誠齋也認爲偏邪之心意，所發之不妥切適當的言語，就是禍苗萌發的細微處，而這正是要戒慎的所在。因而從此節可瞭解誠齋的慎始謹初與防戒禍萌的見解。第二節則以「乾乾進德」來作爲誠齋所認爲「守善」功效。主要以「所守所保」來作爲其立身之所，更可用「進昇其德」，以達與天命之體合一之境。而其進德的方式從七點來看，分別從居立有節、行己有矩、精進不息、志論、才須稱位、過勿憚改、勤政愛民來論說，可相當清晰地明白誠齋所要體現的「天行健，君子以自強不息」之天人合一觀。

第一節　戒慎止禍

一、慮患全己

　　遭逢困局抑或變異，乃人生之常態，然就算遭遇相同，對於突如其來的異狀動變，其應對態度往往因人而異。而結果不同，應變殊異，所透露出的

便是修養的工夫了，《論語‧里仁第四》中孔子說：「不仁者不可以久處約，不可以長處樂，仁者安仁，知者利仁。」〔註1〕沒有仁德居中內蘊之人若是遭逢一段時期的貧困，便可能有賊盜之心、胡作非為之行。無德之輩即使脫離困窘，甚至富貴了，也必會驕傲橫溢，為所欲為。也唯有這種時候，才會露出其面目；所以能不流於俗，耐得住考驗，才可驗證其人是否品德優劣，是否能夠處於變化中，不隨波逐流，甚至即使已經身陷利欲漩渦，還可安然居之、泰然處之。因為常人面對地位、權勢、利益往往樂此不疲地追求、甚至也有沈溺其中，到最後而無法自拔的，這即是忽略到是否有其必要如此「好居人上」、「總攬一切」，而此點也是誠齋的考量地方。所以他說：

> 君子之進也，揖必以三，其退也，辭止於一。唯其思之詳也，是以進之難也，進之易，則退必難矣。上六之不能遂，非病也；不能退，乃病也。以陰柔之人，超六位之上，眷眷焉而不能退，上不過為張華，其下商鞅、李斯矣。艱則吉，在初而進之難也，至於其終，譬諸乘虎，下則死，不下亦不死。好進而上人者，可不懼乎？（〈大壯‧上六〉，頁 127）

像張華為官已至司徒之位，卻不肯罷手，因為與趙王倫謀廢掉賈后，不附從之，而被殺死於八王之亂。商鞅、李斯之事，乃史上貪慕權位的典型，彼等熱中名利、不顧後果，最終引火自焚，讓後世最常引為借鑒。所以從誠齋用此大壯卦的上六爻看來，上六之爻在大壯之卦，已經是壯大到極點了，當然是會有登極高、跌甚重之慮。所以像張華、商鞅、李斯之輩，如此不思進退之道，誠齋歸咎出其原因為「進易退難」，如此既不能遂，又不能退，為其疾憂。所以如此急功好進，貪婪權位，其進退維谷乃必然之結果，其自食惡果又是意料中事了。此卦最主要在說明熱衷權勢、欲迷心竅且不知修身保生的後果，而若就誠齋觀之，其凶危乃在慾念萌發之時，便可以了然於心，所以一個人要正確的判斷：

> 飛者不願不高，今乃垂其翼，知其不可不退也；行者不能不食，今乃三日不食，知其不可不速也。可以退則退，可以速則速，君子當明夷之初，知其傷之者將至，故決焉常往而不顧。（〈明夷‧初九〉，頁 133）

〔註 1〕《論語正義》，劉寶楠撰，高流水點校，中華書局，1998 年 12 月第三次印刷，頁 140。

此乃誠齋就明夷卦的初九之爻的意象，來說明既然已知危害將至，那就要迅速應對這樣的憂患，而當斷則斷，並且當機立判，以免徒增損傷，身遭禍殃。然而，何以能這樣當下立判而決然不顧呢？誠齋認為衡量態勢才是最主要的：

> 任重而過其才者，不足以濟難而徒滅其身。(〈大過・上六〉，頁110)

也就是說，君子所思所慮的，是在於衡量事情是否有超過己身負荷的標準，有無安全之虞？而若是能耐不足，像張華、李斯、商鞅之輩，其所以能獲致高位、獨攬大權，也是因其以偏邪手段、以陰狹詭詐之謀而求得，並非真為整個家國社稷，而是僅在滿足其個人的權力慾。誠齋對於此等行徑作法相當不以為然，可從其他對於巽卦的上九爻之傳看出：

> 李斯憂蒙恬之代其相，則順趙高廢立之邪謀，懼失其爵祿而求榮。
>
> (〈巽・上九〉，頁215)

所以既無濟難之才，又得之不以正道，行之又不以義，此等小人之殉名，就是因為不變其情，不易其性，所以才會自遭其咎，當然可想而知其最終將「徒滅其身」了。另外，此大過卦的上六之爻任重而過其才則翻覆，也是誠齋人才觀中「患其不能」的概念之一。

由上段可以知道誠齋自朝廷毅然而然退隱之後，對於當時朝中的圖謀不軌、專意妄為的有心份子相當不以為然，所以有此論說，其背後寓意，有令人深思之處：

> 初逢難之始作，不幸也；在下而無位，不幸而幸也。往而進，則必罹其殃；來而退，則猶保其譽，宜靜退以待時之平而已。獲譽於亂世，不若无譽之安也，然名可得聞，身不可得而見也。(〈蹇・初六〉，
> 頁144)

從此初六之爻的引述來看，靜俟以待仍然有佳祥之境，而且誠齋認為若認知到名與身孰親，得與亡孰病，自適知足，便不會有刻意求譽，導致災辱及身。再從另外一個立場來看，眾人重利，廉士重名，所以即使是廉潔之士也免不了盛名之累、美名之束縛，但若就其實言之，枉身以求名在誠齋看來沒多大的必要。有則有之，無則反可安然保身。而這是就誠齋從政數十年，體認到常人旦旦夕夕地爭功奪利，即使有所成就其名，也是暫時而已，並非真正的修身之道。

如此說來，誠齋在此蹇卦的體認，也是其自身能悠然自處的原因，而對於這樣明哲保身的觀念，誠齋也有其獨特的見解，關連到對於亂世的「全身

而退」之道。這要從其躬行履踐的行為觀來看：

> 否至於此，不可為矣，此扁鵲望見桓侯而走之時矣。君子當此之時，
> 儉德避難而已。避難可也，何必儉德？非能忍天下不可忍之窮，不
> 能辟天下不可辟之難。窮之不忍，而難之是辟；辟之未幾，而誘之
> 者至，誘之所投，禍之所隨也。惟不可榮以祿，庶乎免矣。（〈否・
> 象傳〉，頁52）

有可為之志，當也有不可悖之時；有可為之事，也有不可違之世。而誠齋認為舉凡上述，最佳原則便是「忍窮避難」，這可從《論語・衛靈公第十五》所謂：「君子固窮，小人窮斯濫矣。」〔註2〕得到答案。也可見其對於禍之所伏有相當的警戒，要見機而作，避險以安，才不至於禍到臨頭之時，後悔已遲；這是就誠齋「知幾保命」的立場來說，而當然還可在其他的卦中，看出誠齋在這方面的獨特觀點。然限於篇幅，就僅舉上面之例了。

二、福禍消長

　　誠齋本身曾在朝或於地方為官一段時間，例如在光宗即位的淳熙十六年，被召回擔任秘書監。紹熙改元，在秘書監任奉命為接伴使，兼實錄院檢討官，去迎接金國使臣，他由杭州出發，遠渡江淮，身臨宋金邊界，於是不禁泛起憂國之思，寫出了像「中原父老莫空談，逢著王人訴不堪。卻是歸鴻不能語，一年一度到江南。」〔註3〕這樣悲憤交集的詩篇。這可想見其目睹外患強敵包圍逼迫，憂國憂民的心情。所以誠齋對於朝代遞嬗的憂患意識常溢乎其行文之間，形成了其個人的獨特見解，這可以從其對於周易〈乾・九三爻〉「君子終日乾乾，夕惕若，厲無咎」的引發來看。

> 漢一變而為魏，蓋三世希不失矣；魏一變而為晉，蓋再世希不失矣。
> 使魏晉不足徵，則乾乾夕惕之戒妄矣。（〈乾・九三〉，頁3）

從誠齋對於乾卦九三爻所申惕，可以發現一個重要的觀點，那便是「往世不可追」，若是不能好好的保握時機，勵精圖治，自強不息地奮發強國，像漢變魏、魏變晉的朝代更迭速度，是白雲蒼狗般，頃刻與時消散，不復再見。所以誠齋因而藉乾卦九三之爻的夕惕，而有必須戒除粉飾太平、自我沈溺的態

〔註2〕 十三經清人注疏，《論語正義》，〔清〕劉寶楠撰撰、高流水點校，1998年12月第三次印刷，頁610。
〔註3〕 《誠齋集》卷六〈初入淮河四絕句〉，四部叢刊，上海書店，1989年，頁7。

度，並知曉憂勞興國的迫在眉睫。對於國家情勢的判斷，可從誠齋對於周易〈震‧上六〉「震索索，視矍矍，征凶，震不于其躬，于其鄰，无咎，婚媾有言，象曰：震索索，中未得也，雖凶无咎，畏鄰戒也」的所述「鄰近於己」的觀點來看：

> 然聖人雖安之，而終以再三警之曰：汝雖無咎，而鄰之蘇蘇，亦不可不畏戒也。天下之禍，莫大乎於其鄰，而于其身次焉，何也？身者必防，鄰者必玩也。虞受晉璧以滅虢，不知乃所以自滅。（〈震‧上六〉，頁190）

這是就戰略地域來判斷，誠齋認為「周鄰必防」的立場，最主要乃在於因「天下之禍，莫大乎於其鄰」，這裡也舉脣亡齒寒的史上之例來證明，因若是禍起蕭牆，則防不勝防，如果是在自己國內的內亂，或許還比較好掌握控制，但也不可輕忽大意。這可以就誠齋對於同樣在震卦的象傳詮釋來看，因在誠齋的解經傳論述內容中，其大象傳以及象傳與各爻之傳有思考脈絡環環相扣之處，是可以觸類旁通，以達權衡之意的。引述如下：

> 震所以亨者何也？動而懼，則亨也，懼非惶擾失守之謂也，懼而敬也。惟懼，故敬；惟敬，故无懼。无懼者，非不懼也，懼始乎來，終乎散也，當天下之大事震動而來也，吾虩虩然必為之恐懼而顧慮焉，必求其所以應之，使大事為无事焉，斯可以轉禍為福，移懼為喜，而笑言啞啞矣。（〈震‧象傳〉，頁187）

從此震卦的象傳來看，誠齋認為要「轉禍為福」最大的關鍵在於「懼而以敬」，而著力重點在於「敬」，但誠齋也認為所謂的「懼」還不用到驚慌失措的地步，而是以「敬」來戒慎恐懼，以持敬來「反顧思慮」的。而這就牽涉到誠齋對於「吉凶禍福」的觀點了，可以先從誠齋對於周易〈坤‧文言傳〉中「積善之家，必有餘慶；積不善之家，必有餘殃。臣弒其君，子弒其父，非一朝一夕之故，其所由來者漸矣，由辯之不早辯也，易曰：履霜堅冰至，蓋言順也」的闡發來看。

> 福生於一小善，禍起於一小不善，萬者一之積，大者小之積，善可積，不善不可積也，積斯漸，漸斯極，極斯作，及其作而圖之，其有及乎。弒逆、國家之大禍，聖人不忍言，臣子不忍聞也。探其初，亦止於萌一小不善之心而積之。傳曰：「無君之心，而後動於惡」，故一小不善之心，在下者不可不察之於己，在上者不可不察之於人，

察之早，勿使之漸，則國之禍不作矣。（〈坤·文言〉，頁16）

從誠齋對於此坤卦文言傳之詮釋中，可看出其吉凶觀立基於「福生於善，禍起於惡」，而誠齋所謂的「福」，並非像《國語·晉語二第八》中「今夕君夢齊姜，必速祠而歸福。」〔註4〕或「驪姬受福，乃寘鴆於酒，寘堇於肉。」〔註5〕的「福」字義，但也不是先秦儒家典籍《禮記·祭統第二十五》「賢者之祭也，必受其福。」〔註6〕的福，因此處是「胙」意，所以應解釋作先秦道家裡的老子的「禍兮福之所倚，福兮禍之所伏」之概念；誠齋認為應該在禍患開始逐漸形成、點滴累積之時，就要加以「探究明察」以對治之，而像弒君之行徑，可以推原出來自有嫌隙不善之心念，因為沒有消除化解而日積月累，終於在惡性循環下，越滾越大，當蘊蓄積壓到無可遏止的程度時，就爆發而行惡之作為了。所以誠齋也認為既然身為人臣，就要時常反省察照己身，而在上位者則要以人為鏡的知得失，來更加警惕修明自己的德行。所以就誠齋對此爻的詮釋來看，可以用「防微杜漸」來涵蓋之。

三、愼始謹初

前段將誠齋對於吉凶禍福的觀點，從己身時代背景，和禍福消長循環往返的觀點，先做解釋，這正如先秦典籍中《左傳》裡所謂的：

禍福無門，唯人所召。〔註7〕

這是從結果的產生，來回溯到最初的原因，因此可以瞭解到身為「人」，在扮演重要的關鍵決定性角色，而在以往君權時代中，又以帝王為最高權位的大力影響者，所以可以從誠齋對於周易〈小畜·初九〉「復自道，何其咎，吉。象曰：復自道，其義吉也」的論述觀點來看。

啓君之善在初，止君之不善亦在初。故伊尹告太甲以謹厥初，召公

〔註4〕 《國語集解》，徐元誥撰，王樹民，沈長雲點校，中華書局，2002年6月第一版，頁279。

〔註5〕 《國語集解》，徐元誥撰，王樹民，沈長雲點校，中華書局，2002年6月第一版，頁279。

〔註6〕 「賢者之祭也，必受其福。非世所謂福也，福者，備也，備者，百順之名也。無所不順者之謂備，言内盡於己而外順於道也。忠臣以事其君，孝子以事其親，其本一也。」十三經清人注疏，《禮記集解》，〔清〕孫希旦、沈嘯寰、王星賢點校，中華書局，1998年12月第三次印刷，頁1236～1237。

〔註7〕 左傳襄公二十三年，《春秋左傳注》，洪葉文化事業有限公司，1993年5月初版一刷，楊伯峻，頁1079。

> 告成王以若生子縱於初，禁於末晚矣。故小畜必畜於初九，初與四
> 為應，四止初而初受之，有不善未嘗不止，止而復，復而歸於道，
> 是雖曰彼之所止，而吾實自復於道也。（〈小畜・初九〉，頁41）

這小畜卦的初九爻之傳的論述，可以看出誠齋藉由史實上伊尹及召公之例來說明賢相往往有先見之明的能力。另外，誠齋所一直意圖強調的「啓善在初，止惡在萌」的觀點，在誠齋實際上的從政生涯中，也曾經扮演類似規諫太子的角色，誠齋在淳熙十三年，以樞密院檢詳官兼太子侍讀，後又升為左司郎中兼侍讀，在侍讀任上，因其常講《陸宣公奏議》等書，還能藉機會、事件規勸警悌太子，所以太子很敬重他。這也可以佐以證明誠齋相當重視「起初之始」和「培育涵養」的關連牽涉性。還可從其對於《周易》〈大畜・六四〉「童牛之牿，元吉。象曰：六四元吉，有喜也。」來看：

> 童牛，初九之象也，牿牛在幼，止惡在微，六四居大臣之位，當止
> 健之任，及初九陽之微而止之，則大吉而有喜矣。（〈大畜・六四〉，
> 頁103）

這可以將上面大臣規諫君王的立場，表述出其所認為身為人臣的應負之責，即正如《禮記・祭統第二十五》所云：

> 明其義者，君也；能其事者，臣也。不明其義，君人不全；不能其
> 事，為臣不全。〔註8〕

由此更可瞭解誠齋所定義「為臣事君」的梗概，就是大畜卦的六四爻辭之傳的引述中所云的「止健之任」，而通常誠齋所云「健」字之時，兼有擴大為「健動」之義的，於是可以瞭解到這個「止健之任」的責無旁貸性質，其動力來源便在於「勇於規諫」而且「不息不倦」。但若是不深刻認知到這個重要性，誠齋有其相當戒慎的看法。這從其對於周易〈中孚・初九〉「虞吉，有它不燕，象曰：初九虞吉，志未變也」之申述可見：

> 然責子在初，閑家在初，防心亦在初。虞吉，志未變，見於中孚之
> 初九，防心之法也。虞之為言防也，儆無虞，戒不虞，是也。不及
> 其初志之未變而防之；俟其它而追，炎而撲，曲而揉，決而隄，則
> 噬臍矣。（〈中孚・初九〉，頁229）

前面的大畜卦六四爻是為從臣下，規諫在上位的君王角度，來表述出為人臣

〔註8〕 十三經清人注疏，《禮記集解》，清孫希旦撰，沈嘯寰、王星賢點校，中華書局出版發行，1998年12月第三次印刷，頁1242。

者的應盡之責，而此中孚的初九爻，則從爲「君」，爲「父」應以何種態度與
方式，來知曉「其機之所萌」。並體認出如火延燒之禍及如洪水般潰隄的恐怖
下場，因此而可以進行「防患未然」的預防措施。因若等到事已至此「火噬
水淹」而難以收拾之時，則大勢已去，徒自噬臍了。而這可再從其對於周易
〈蠱・象傳〉「先甲三日，後甲三日，終則有始，天行也。」來推論其所意圖
達致的目標：

> 終則有始者，尤以後甲爲重也。後甲，終也，能謹其終，則能保其
>
> 有始矣。（〈蠱・象傳〉頁 72

藉這卦的象傳可以知道誠齋的戒萌目的，最主要是可以達致「保其有始」的
吉祥福善功效，這就如《禮記・祭統》中所說的「是故古之人有言曰：善終
者如始。」〔註9〕所以若要能安好如初以終，則須先想到事物之有始則有終的
歷程，而這可以從同樣蠱卦的象傳引述來看：

> 舉事之始，逆慮其敗，當在事先；追愛其成，當在事後，庶乎其可。
>
> 甲，始也，先後各三日，思之詳也。（〈蠱・象傳〉，頁 72）

這裡提到的重點便在於——「思慮成敗」，也就是事先已經將事情的變化，作
一個最差狀況的判斷或者功效達成的分析。的確，要避免如此極度危難狀況
的產生，誠齋有其主要的工夫方式，這可以從其對於周易〈既濟・象傳〉「水
在火上，既濟，君子以思患而豫防之」的闡述來看。

> 天地通氣，水火濟餁，此其爲既濟與；當是之時，固眾人所喜好，
>
> 而君子所懼也。見其吉，思其亂，先其患，豫其防，可以保初吉而
>
> 无終亂矣，此堯舜儆戒无虞之道也。（〈既濟・象傳〉，頁 237）

誠齋對於這既濟卦的的大象傳中所提到的「思亂先患」觀點，即是要做到濟
卦象傳中所謂的堯舜「儆戒无虞」之道，而這也正好呼應到前面中孚卦初九
爻傳中所述的「儆無虞，戒不虞。」所以，誠齋的立場就是：與其等到事態
嚴重，不如有對治的工夫來應接非比尋常之變，其中之一便是「防心儆戒」，
而因爲這也正如《史記・趙世家》中所言「毋爲禍梯」，所以，所儆所戒的便
是處理並化解這可能紛沓而至的難關困患，使其不至擴大，甚而壞事。然在
誠齋對治患難的方式「防心儆戒」中，有其基本原則，這可以從誠齋對於周
易〈比・卦辭〉「比，吉，原筮元永貞，無咎。不寧方來，後天凶」的一段引

〔註 9〕 《禮記・祭統第二十五》，《禮記集解》，十三經清人注疏，清孫希旦著，沈嘯
寰、王星賢點校，中華書局，頁 1242。

述來看：

> 忽於初，必悔於末；略於擇，必厚於怨，不可舒，故以此之不寧，速
> 來以求彼之寧，則吉也，少後焉，凶之道也。（〈比‧卦辭〉，頁 36）

從此可知在誠齋的防心之儆戒原則中，有「謹愼抉擇」的謹初致祥之道，這
也可以從其實際從政生涯的經歷談。在南宋淳熙十四年夏旱成災，誠齋應詔
上書，認爲過往「成湯遇旱而禱，不在於身爲犧牲，而在於六事自責之一語。
宣王遇旱而懼，不在於靡神不舉，而在於側身修行之一事。」〔註 10〕所以從
此戒懼之觀點出發，規諫孝宗在治理旱災方面要確實把握「毋怠」、「毋忽」，
並且必得講求實際功效。而原則性地提出「寬州縣」、「核積藏」、「信勤分之
賞」、「賞救荒之官」的挽難、賑災、防旱之施政方向，藉此可以瞭解到誠齋
認爲：若是於事物開始之初就忽略其抉擇要件，則最後導致怨聲載道的不良
結果出現，就已非吉而反凶了。當然，誠齋這樣先天下之憂而憂的恤民憫人
心理，也相當程度地體現了他對受災百姓的同情。

從誠齋如此惕勉「忽初悔末」、「略擇厚怨」的言論，可以想見「謹初致
祥」、「初愼終吉」是其「防心儆戒」工夫中的重要原則之一。然而，並非只
有此單一原則可以概括其「謹愼儆戒」的整體思考脈絡，這還可以從其對於
周易〈井‧上六〉「井收勿幕，有孚元吉。象曰：元吉在上，大成也。」的申
述看出：

> 井至於上六，則瓶之入者出，水之虛者盈，井之功用，收其成矣。
> 雖然，功之未成，其患在不成；功之已成，其患在成。非功成之患
> 也，功成而倦之患也。（〈井‧上六〉，頁 178）

從誠齋對於井卦上六爻的小象傳的引述，可得出其雖深明功業已經有所成
就，但也正因爲此功業已達滿盈的狀態，若是不明瞭前些段落所述的「愼初
致吉」來保其終的話，就會演變成這裡所說的「功成而倦怠」，而逐漸逸豫亡
身，這是非常鮮明的表述出「憂勞興國」的意識。這還可以引用誠齋對於周
易〈萃‧象傳〉「觀其所聚，而天地萬物之情可見矣。」的詮釋看出：

> 今者天下之聚也，誰得而散也？永嘉之禍，生於平吳之功；天寶之
> 亂，生於開元之治，是可懼哉。利見大人者，必求大人之助，屈己
> 以見之，利貞者，必守以貞正之道，無逸以終之。所以持萃之所終
> 而不敢恃也。（〈萃‧象傳〉，頁 165）

〔註10〕《誠齋集》卷二十三〈旱暵應詔上疏〉，頁 11。

誠齋在萃卦象傳這裡的所引的史實裡，以永嘉之禍較爲能夠歸納出「保其終始」的原因。一般史家認爲永嘉之禍的背景有五點，其一乃是內部皇族的腐朽荒政：西晉政治敗壞，先是賈后，繼有八王之亂，國家元氣大傷。〔註 11〕其二乃胡人內地雜居，雖晉初年如大臣江統提諫徙戎之議，可惜未克實行，因而讓胡族繁衍日甚，終成亂源。〔註 12〕其三、晉初邊外吏政苛虐，造成邊內與塞外民族互相仇恨，且惠帝時北方更連年災荒，戶口空虛，胡人於是起而叛亂。其四、晉武帝裁撤掉郡兵，而使地方力弱，給予胡人崛起之機。其五、魏晉初時士大夫甚喜崇尚清談，不重一般世情事務，〔註 13〕而對於境內雜居之胡戎所潛在之威脅，並未認眞看待，且加以遏止。

綜合上所解析五點來看，給予胡人可乘之機，而並未提早防範的要點總共有四項，亦即可以從內部政策變更改進的，都未能事前擬定而嚴加防範。所以可瞭解到禍亂的所由生，並非是一下子就突然蹦出，瞬間爆發的，而是在上位的君主的怠於政事、耽溺於享樂，與身爲人臣者並未勇於進諫所導致的後果。如以誠齋所說的「守以貞正」、「無逸以終」，來堅決秉守諫正之道，以規君上，便能一新時局。這都是人之能力所能爲，但卻弗爲的。而這又是何因造成的呢？這可從誠齋對於周易〈既濟‧彖傳〉中「既濟亨，小者亨也，利貞，剛柔正而位當也，初吉，柔得中也，終止則亂，其道窮也。」解釋來看：

> 蓋人之常情，多難則戒，戒則憂，憂則吉；无難則驕，驕則怠，怠則亂。聖人見其初吉，而探其終亂，爲能守之以貞固而不移，持之以憂勤而不息，則可以免終亂而不窮矣。故戒之曰利貞，又曰終止

〔註 11〕錢穆即認爲：西晉統一不到十二年，朝政即亂，賈后、八王，乃至懷、愍被虜，不幸的命運接踵而至……其時佐命功臣，一樣從幾個貴族官僚家庭中出身，並不曾呼吸到民間的新空氣，故晉室自始只是一個腐敗老朽的官僚集團，與特起民間的新政權不同，王室既有此弱點，又兼社會元氣之凋喪，譬如大病之後，眞陽不復。而當時又有胡人之內地雜居，外邪乘之，遂至沈篤。《國史大綱》，台灣商務印書館，2002 年 8 月修訂三版第六次印刷，頁 230。

〔註 12〕錢穆即云：胡人內地雜居，其事遠始於兩漢。晉初，遼東、西爲鮮卑，句注外、河東之間爲匈奴，北地、上郡、隴西諸郡胡，鮮卑、氐、羌諸種，皆以「保塞」名。雜居自三國時鄧艾，至晉初郭欽、江統，皆建議徙戎，不果八王亂後，接著便是胡人南下，懷、愍蒙塵。《國史大綱》，台灣商務印書館，2002 年 8 月修訂三版第六次印刷，頁 232。

〔註 13〕錢賓四：名教極端鄙視下之君臣男女，無廉恥氣節，猶不如胡人略涉漢學，粗識大義，《國史大綱》，台灣商務印書館，2002 年 8 月修訂三版第六次印刷，頁 234。

則亂，其道窮也。(〈既濟‧象傳〉，頁 237)

此既濟卦的象傳所警告人就是：在於多難中則會戒慎儆懼，也就是用「患難」的形式，來推就出「持謹以勤」的工夫，這也可以推出因憂勤不息，可以免終亂的「堅貞固守」功用。

　　然而，在誠齋這「始終謹慎」的工夫中，還有一不能忽視的原則，那便是對於按部就班的歷程掌控，這可以從其對於周易〈比‧卦辭〉「比吉，原筮元永貞，無咎……」的引發來看：

　　　　然求比不可速，亦不可舒，不可速。故占度必謹其初，謹初必致其詳。(〈比‧卦辭〉，頁 36)

也就是從事物相合的關係，其間的節奏、程序考量，都必須加以重視，而並不能全然守舊，不以權以衡得宜的處理方式來對治，若是沒有顧慮到此過程盤根錯節，甚而糾纏之處，而一味地求快速解決或緩慢進行，將會讓事物發展的結局與預期有所出入，甚至引發禍端。所以能拿捏好情況的推移，加以掌握對治，才能「始終致詳」。

四、見機而作

　　以上稍微將局勢的變動推移加以論述，提綱要領出來，以下便是承上來講何以能將事物發展歷程的掌握得宜，除了上段所述的關鍵——「權宜妥切」外，最重要的關鍵便在於是否能夠在混亂情況裡，找出「癥結處」，這可以從誠齋對於周易〈屯‧六三〉「即鹿无虞，惟入于林中，君子幾，不如舍，往吝。象曰：即鹿无虞；以從禽也，君子舍之，往吝窮也。」的觀點解析：

　　　　所謂无虞而鹿入林中也，君子當此者，舍而退，則見幾而无悔；往
　　　　而進，則遇險而必窮。蓋功无幸成，業无孤興，郭林宗所以不仕於
　　　　漢，管幼安所以不仕於魏，非无憂世之心也。(〈屯‧六三〉，頁 21)

誠齋對於此屯卦六三爻的引述，是以功業並非「一蹴可幾」或「一時可達」來考量，就如誠齋所舉史實所提的郭林宗即謂：「大廈將傾，非一木之所能也。」或者是像三國時期管寧不仕曹魏之事，即《三國志》裡「太祖為司空，辟寧，度子康絕命不宣。」〔註 14〕的確功業不能僥倖以成就，或突然興盛的，那為何這裡誠齋所舉的兩位賢才，都以「見幾而舍」來作為其進退的立場抉擇。

─────────────

〔註 14〕《三國志》卷十一，魏書十一袁張涼國田王邴管傳，《三國志集解》，盧弼著，中華書局出版，1982 年 12 月第一次印刷，頁 339。

最主要應在於這兩賢者都已認知到「物不可追」、「事不可為」之理，所以若依然利欲薰心、盲目妄動，只會「悔恨相隨」了。

　　然而，若要清楚瞭解情勢，須得要從誠齋對於周易〈大有・九四〉「匪其彭，無咎。象曰：匪其彭，无咎，明辨晢也。」的引述來看：

> 九四，邇臣也。孰為邇臣？待周之世，外之左右諸大夫，內之侍御僕從，其是與。知政守藩，邇臣不如大臣諸侯，近君用事，大臣諸侯不如邇臣。近君者，勢不震而盛；用事者，權不招而集。權勢所歸，禍敗所隨也。惟明足以辨禍福之機，則能不有其盛，庶乎无咎矣，彭者盛之至，晢者明之極。（〈大有・九四〉，頁60）

藉由這大有九四爻的小象傳之引發，就可以聯想到所匯集，或所總攬的權力與勢力，是不可能永遠把持佔有的。而這裡也順便提到了權勢所至，而引發的「福禍並生」的相隨觀，也的確是像先秦《荀子・大略篇》所云「禍與福臨，莫知其門」。〔註15〕所以，誠齋在這裡認為，在見機而作之前，必須加以「明以辨機」的工夫，才能夠不被利欲所惑，邪情所迷，失卻察照的明辨之智，這也等於對於「人」作考量，茲引《淮南子・人間》中的觀念來說明：

> 禍之來也，人自生之；福之來也，人自成之。禍與福同門，利與害為鄰。〔註16〕

也就是對於事物變動發展的過程裡的小癥結，或其隱微纖細處，都能有所察覺，審衡機宜，而適時的分辨明曉，不讓其糾結纏繞，而成緊結死捆處。對此作出切中問題核心的因應，就是對於禍福之來的徵兆的前知，亦即是《中庸》第二十四章「至誠之道，可以前知」的層面。這個洞知前見的工夫，也如周敦頤在《通書・聖第四》中所說：「誠神幾曰聖人」〔註17〕的「誠明如神」以「知幾」的歷程。因此誠齋才在此大有卦的九四爻小象傳中，提挈出「惟明足以辨禍福之機」的見解，這的確與《中庸》及周濂溪的「誠神知幾」觀點相通而一致的，也可以知道這是誠齋從「晢者明之極」的達致明知的工夫，才有這樣的進境的。而對於事物抑或是事件的發展，該在何種情狀，採取妥當的措施，這可以從誠齋對於周易〈革・象傳〉「格而信之，文明以說，大亨以正，格而當，其悔乃亡。天地格而四時成，湯武革命，順乎天而應乎人，

〔註15〕《荀子集釋》，李滌生著，台灣學生書局，2000年3月初版八刷，頁608。
〔註16〕新編諸子集成《淮南子集釋》，何寧撰，1998年10月第一次印刷，頁1241。
〔註17〕《周子全書》卷八，台北，台灣商務印書館，民國69年9月一版，頁135。

革之時大矣哉。」的闡發來看：

> 易之道至於革，聖人喜其於革乎？亦懼於革乎？曰：懼於革也，何
> 以知之？曰：革者，聖人之不得已也。……又曰革而當，其毀乃亡，
> 言革之而非大亨，非大利，非大正，皆革而不當也，其能无悔乎？
> 革而不信，革而有悔，則如勿格，故曰聖人懼於革也。然則何以能
> 革而信，革而當乎？曰彼之所以失，見此之所以得，灼知其理於爲
> 革之先，當如離之文明。未革而民願之，將革而民從之，相慶其舉
> 於既革之後，當如兌之說。如是者，可以革而信，革而當矣，天地
> 得此理，故革而四時成；湯武得此理，故革而天人說。革之時豈細
> 故哉，可不懼哉，秦之變法，趙之胡服，莽之革漢，靈寶之革晉，
> 豈曰革而信，革而當也乎？（〈革‧彖傳〉，頁 179）

所以在變動改革的時機之拿捏掌握必須恰如其份，凡是事物的異變動化，抑或
是大事件的禍福之來，只要用心留意，抑或如前所述的誠明工夫到家，就可「洞
然前知」，可發現其「常則規律」，且必有可循之理，或是有關鍵處可加以「防
微杜漸」的。而誠齋這裡所舉的史實之例，最主要是將先秦及魏晉時期中顯著
之弊，作反面提述，例如商鞅的苛政變法，就是誠齋所云的「革而不信」。例如
所舉商鞅之變法，流於寡恩，過度嚴峻，最後連一己都身死車裂了，可見這是
不符合人性的法治，而像王莽所改革的措施，爲了達到裁抑兼併以均富，屢次
改革貨幣，讓整個社稷經濟動盪不安，已經相當擾民。另外像改革次序步驟過
快，還有一些迂腐不通人情的地方，都讓是失敗產生的原因。〔註18〕另外誠齋
所舉的「靈寶之革晉，豈曰革而信，革而當也乎？」其事如下：

> 至於白石，乃言其主弈少同閹人之疾。初在東海、琅邪國，親近嬖
> 人相龍、朱靈寶等並侍臥內，而美人田氏、孟氏遂生三男。眾致疑
> 惑，然莫能審其虛實。至是，將建儲立王，溫因之以定廢立之計。
> 〔註19〕

〔註18〕錢賓四云：「王莽居攝及受禪後之政治，舉其尤要者，如王田、廢奴，用意在
　　　解決當時社會兼併，其他如「六筦」、「五均」……仍爲裁抑兼併著想。王莽政
　　　治失敗，約有數端：一、失之太驟，無次第推行計劃。二、奉行不得其人，無
　　　如近世之政治集團來擁護其理想。三、多迂執不通情實處。復古傾向太濃厚，
　　　莽之得國，多本齊學，有太涉荒誕者。莽之新政，多本魯學，有太過迂闊者。」
　　　《國史大綱》，台灣商務印書館，2002 年 8 月修訂三版第六次印刷，頁 153。
〔註19〕《魏書》卷九十六，楊家駱主編，鼎文書局印行，民國 65 年 10 月初版，頁
　　　2102。

所以像朱靈寶與美人田氏、孟氏私通生下三子，將欲冒充皇子，建儲為王，這種篡奪皇家血統的行徑、傾移皇基的事件，都是相當偏邪不正、佞心自用的。

因此，若就事物從萌動到進行，從進行的過程到末了，這裡面實際上有許許多多的關鍵點非常細微，可是卻又牽一髮而動全身，這是可以在切中時機裡，加以轉化改變的，所以這裡誠齋所說的原則至少包括三點，也就是「革須以信」、「時機」、並且也得「當機立斷」才可以。

五、防小人亂世

前面許多段落論述了許多的防慎謹戒的工夫，以及對於事物的不良發展，若是能加以防範對治，及時處理轉化，則不會讓其滋長擴大，釀成大禍，這其實就如《尚書・重囮之誥》：「慎厥終，惟其始」或如《尚書・太甲》「慎終于始」疏：「欲慎其終，於始即須慎知」，所點明的面對態度。以下探討將就事物之外的，亦是敗壞事件，演變成禍根的大主因。這可以先從誠齋對於周易〈无妄・六三爻〉「无妄之災，或繫之牛，行人之得，邑人之災。象曰：行人得牛，邑人災也。」來說明：

> 六三无妄而災，六三可无媿矣。故災至无媿者，聖賢君子之所能也，
> 无妄免災者，非聖賢君子之所能也。災非无妄之所能免，而小人行
> 險妄動以求免，不亦遠乎。（〈无妄・六三〉，頁99）

就無妄之災的反應來看，有德之士，其即使遭遇到無可避免的災禍了，也能因此知其不可免，而安之若命，這是知時運所趨，而明曉世事之運行有高低起伏，不會想僥倖妄動來頑劣取巧。而小人之徒則反是，不肖之輩會藉著機關、勢力及其他事物來攪和，以便從中得利。這是就同樣處於不利局面，小人對禍災之起的反應，若是就這「強行妄動」的觀點來論，可以再從誠齋對於周易〈小過・初六〉「飛鳥以凶，象曰：飛鳥以凶，不可如何也」的論述來看：

> 不量其力之微，不飛則已，一飛則有高翔遠過，一舉千里之意。初六
> 陰柔之小人，常有進躐高位之心，故聖人戒之曰，飛鳥以凶。又曰，
> 不可如何，言高位必疾顛，如高飛必速墜也。（〈小過・初六〉，頁234）

此事藉由小過卦初六爻傳來解釋出小人「動極以凶」，其如高飛疾顛的飛鳥，凶險是可知的，以此來譬喻小人常滿心妄想，意欲攀高攬權、進躐高位的貪婪情狀，只企圖能一舉獨佔高位然後隻手遮天罷了，卻往往是不知稱量己身的能耐與才德，因而敗壞政風、貽誤社稷國家之政事。這是誠齋藉由此卦，

來提出這種有關小人亂國、腐爛國政的情形，是必須加以遏止的，這其實也就牽涉到了勸諫君主的層面，從誠齋對於周易〈坤・初六爻〉「履霜，堅冰至。象曰：履霜堅冰，陰始凝也，馴致其道，至堅冰也。」小象傳中所引發論述的來看。

> 陰始生，則曰履霜堅冰至，言雖微而必至於盛也。觀聖人之言，可以知君子之難進，而小人之易盛矣。有國者，其亦思所以求君子於隱，而防小人於早也哉。（〈坤・初六〉，頁 14）

若認為小人之陰邪微燒，可能不至危害，因而不及時發覺，立刻處理，最後當其惡勢力興起，以達致旺盛不已之時，要防備恐怕為時已晚，所以這種「防微杜漸」的態度，最主要在於讓在上位的君王，有所認知到事態發展的最初點，以及察覺到這種可能趁機暴起的勢力，這是就誠齋對於防範的方式中，相當重視的一環。而這一環節，一直是古往今來的歷史上占極大影響力的。若是於這樣的問題不幸發生了，誠齋對於「禍之形成」有其看法，這可以從誠齋對於周易〈豫・六三〉「盱豫悔，遲有悔。象曰：盱豫有悔，位不當也」的引述來看：

> 六三人臣之近幸也，以陰邪居陽位，具下卦之極高，近九四之大臣，進則盱而仰視其上之豫，方且位已逼而進不厭，此悔之道……所謂遲有悔，聖人非幸其遲也，不許其盱，折其萌也；非幸其遲，哀其成也。長禍之萌而不悟，樂禍之成而不去，何也？人不稱位，位不當望而已，吁！小人亦何利於位哉。（〈豫・六三〉，頁 67）

藉由誠齋此爻之申述可知六三爻在豫卦的位置以在上而逼，誠齋在此聯想到意欲無窮、永不滿足的貪婪小人。而認為小人的眼目就像《荀子・非十二子》中的「盱盱然」，見利則眼開，極目張望著可否能爬上更高的位子，以享受更多的私利和掌握更強的權力，而這裡用「位已逼而進不厭」的形容詞是非常貼切的，非常傳神地將小人樂此不疲，永不厭倦於利欲追求的嘴臉刻畫出來。殊不知，爬越高而沒才幹能耐，只會導致後有所悔，終至悔不當初的情狀發生罷了。這是從小人萌發妄動，到一步一步苟且追求權位的角度來看。而這裡所提到的還有一重要觀念，便是誠齋所講的「長禍之萌而不悟，樂禍之成而不去」的禍福觀。而這可從誠齋對於周易〈渙・上九〉「渙其血，去逖出，無咎。象曰：渙其血，遠害也」的禍根看來做一個環扣式的解說：

> 散大難者，必去其源；除大疾者，必絕其根。疽之為疾也，能殺人，

> 而不善療疾者亦能殺人，何也？知療疽而不知消其根也。……上九，
> 聽與否，不在上九也，非九五剛明中正之君，孰能一聽上九之所爲
> 哉，可不懼乎？（〈渙‧上九〉，頁 222）

承接上段以述，所以要剗除邪佞之萌，就如此渙卦的上九爻的解說一樣，須堅定認清「散難去源，除疾絕根」的原則，所以此卦正如《潛夫論‧斷訟》中所云「凡諸禍根，不早斷絕，則或轉而滋蔓」〔註 20〕的觀點一致，而另外可以體認到一個觀念就是，這種只圖外在表面的治療，並不是眞正的對治之道，只可說是治標不治本，後患能會像雨後春筍般一個接著一個冒出來。既無法眞正根治，又徒增接踵而至的眾多衍生困難。而不論此渙卦的上九爻或是豫卦的六三爻，在在都將「長禍之萌而不悟，樂禍之成而不去」的「知療疽而不知消其根」顯現出來，而提示並勸勉君王，除此禍根的要點，在不應讓小人稱心如意、位居要津，這也是很有其時代意義的，可以從王船山在《宋論》中所述的來看：

> 宋則南渡以後，孝宗欲有爲而不克，嗣是日羸日苶，以抵於亡。非
> 其主之狂惑如唐僖、懿比也，唯其當國大臣擅執魁柄者，以姦相傾
> 而還以相嗣，秦檜、韓侂胄、史彌遠、賈似道躡迹以相剝，紾辨及
> 膚，而未嘗有一思效於國者聞之也。〔註 21〕

從王船山的觀點來看，雖欲有所爲，可是不查權奸之誤國，意志消沈，讓禍根貿然萌發，最後終至禍國殃民。這顯示這在上位者得過且過、欲振乏力，沒有明察之德，所導致禍根壯大，以致無法收拾的後果。當然，最大的禍源還是要歸咎到群小之亂爲主因。

　　所以，無論從前些段落所提的尸位夙餐之徒，到此段所謹慎防患的專擅誤國的邪佞權奸，都讓人不得不由然興起操危慮患、剗奸除惡需因應時機的對治之感。而種種有關小人爲非作歹的行徑，皆爲誤國亂世之因。

六、審　言

　　在誠齋「謹愼徼戒」的工夫中，除了前些段落所論述防範未然之態度，以及上面段落中所要戒除的小人禍根外，對於該如何而可穩定朝政，定世安

〔註 20〕　《潛夫論集釋》，胡楚生撰，鼎文書局印行，民國 68 年 11 月初，頁 365。
〔註 21〕　《宋論》，〔清〕王夫之著，舒士彥點校，中華書局，2003 年 11 月北京第四
　　　　　次印刷，頁 235。

民，士大夫該如何謹慎修明本身之節度，誠齋在周易〈鼎‧九四〉「鼎折足，覆公餗，其形渥，凶。象曰：覆公餗，信如何也。」有其見解：

> 一鼎不可動，則萬夫廢；一心不可動，則萬議息。故流言不能動周
> 公，刺客不能動裴度，而周唐遂安，慎所之者，言謹審而不動也。
> 我一有所之，彼斯乘之矣，惟慎所之，故吉而終无悔尤。(〈鼎‧九
> 四〉，頁 185)

藉由對於鼎卦九四爻的引述，最主要在說明即使有再多的議論紛擾、流言毀謗，若都不足以動搖秉守中正之心，則將可以遏止其惡，終止其亂，消弭其禍端。如此一來，國家社稷將可以獲得安寧，此舉周公及裴度來為例，更延伸出所慎之處在於「謹言慎行」的原則。因可以謹言，則其行亦不可能妄作非為，既不妄行偽作，就不會招惹是非；既不招惹是非就不會引來彼此攻訐；既不會彼此攻訐，便不會產生紛擾禍亂，這是就一己本分內事或所思所克之處來說的，若能如此，則可免除不肖鼠輩有乘隙而入的危機。所以能慎己之言語，實屬非易，這是免除災眚之道。因此無論是賢臣抑或是良相可「因慎得福」或「因謹除禍」，並非沒有其道理的。

所以可見言語謹慎的重要性，謹慎言語而後動行，其功效可以從誠齋對於周易〈艮‧六五〉「艮其輔，言有序，悔亡，象曰：艮其輔，以中正也」來看：

> 與其言而未善，寧止其輔煩而不言。止而不止，非不言也，審而後
> 言也。審而後言，是惟不言，言必有序矣，何悔之有？故高宗三年
> 不言，一言而四海咸仰，威王三年不鳴，一鳴而齊國震驚。艮之六
> 五，所以能艮其輔而言有序者，以其德之中正而已，所謂有德者必
> 有言也。(〈艮‧六五〉，頁 194)

這裡將前面能謹慎言語的前置工夫提擊出來了，也就是審辨而後言。如此一來，言就不至於不善，這是明智之舉，必須審衡而後發，則所發的言論，可以井然有序，言之成理，所以將會有舉足輕重的地位，甚可一言九鼎。此乃因能順乎中正而發之為德所致。可知道想要能夠靖定天下之亂，一言而為天下法，其所言不輕如鴻毛，其實是有其原因的。正是誠齋對於周易〈否‧九五爻〉「休否，大人吉，其亡其亡，繫於苞桑。象曰：大人之吉，位正當也」裡引發出的看法：

> 濟否之君，不可以有輕心，心輕无成；不可以有汰心，心汰无終。

欲濟否有成而能終，其惟有儆心者乎。(〈否‧九五〉，頁54)

誠齋在此否卦九五爻的論述，延展出來的便是將「言的輕重」回歸到「心態的看待」層面，而這裡用汰心來形容，此「汰」應同《左傳》昭公元年「楚王汰侈」〔註22〕或昭公五年「汰侈已甚，身之災也」〔註23〕的驕溢逾分之意。因若是太過泰然處之，或是輕忽大意，將只會把偏邪心意發於不妥切的言語，而這就是禍苗萌發的細微處。而能像誠齋在上段所云「德之中正」的誠者，才有辦法合於其理，也正是《後漢書，陳寵傳》「明者慎微，智者識幾」。〔註24〕

因此，誠齋之所以如此重視禍患細微發生之處，乃因人若能恐懼修省，就能於言行發生之初，安定其心性以對，而不會慌亂手腳，因此可以處之泰然，而正位凝命了，這正如戴璉璋先生所云：

> 大象在修己方面以明德為內在根據，以「恐懼修省」為主要工夫，
> 期望達到的人格境界是辨察事物的能力強、立身處世的定力足，因
> 而能「致命遂志」(困象)，正位凝命(鼎象)。〔註25〕

由此可知，這種能力的培養，可以日積而成。如是，便可以在應接紛擾事物上，既明且智地妥切處理，而挺立出己身之性命了。

第二節　乾乾進德

一、居立有節

前段最主要在於論述出誠齋「戒慎修省」、「知其不可則不為」的洞見，而此段要辨明的是誠齋的思想脈絡中，並不是徒具「貪生怕死」的態度，而是固守「避難保生」的立場，否則容易被認為是消極遁世的心態，甚而有苟且偷生之嫌。所以需瞭解到誠齋心目中「不患人不知己，患身歿而行道不足」的進退觀：

> 匹夫孺子，如燕雀焉，安知鴻之志哉？或欲力而危之，或有言以毀

〔註22〕《春秋左傳詁》，〔清〕洪亮吉撰，中華書局，2004年2月第三次印刷，頁646。

〔註23〕《春秋左傳詁》，〔清〕洪亮吉撰，中華書局，2004年2月第三次印刷，頁668。

〔註24〕《後漢書》卷四十五袁張韓周列傳第三十五，楊家駱主編，鼎文書局印行，民國65年10月初版，頁1530。

〔註25〕《易傳之形成及其思想》，戴璉璋，文津出版社，民國78年6月，頁220。

之，安知君子之不卑小官，少安无躁之節哉。爲君子者，付之莞爾，

　　勿深咎焉，可也；非不咎也，其義不足咎也。(〈漸·初六〉，頁 195）

所以即使毀譽加諸於身，仍能恤人之不知而不慍，應之以莞爾一笑。這的確可以呈現誠齋文如其人的一面。而誠齋從此漸卦的初六之爻所傳，一則先將「不畏其毀，修己以成就」的「退則獨善其身」觀念陳述，另一方面也試著將易傳中「居立有節」以順「安身立命」之道點明，當然並不僅只此一卦之爻，誠齋在其他卦的傳中也可以發現其「行止有節」的日常態度。

　　君子將有以節天下，必始於節一家，必始於節一身。(〈節·初九〉，

　　頁 226）

從此爻之釋可以瞭解誠齋的視野是大及天下，而又能返約己身的，這不但將「居立有節」觀念中所具備「廣闊度」呈現展開，也將其由天下至一身的「直貫性」特質提挈出來，這可說是儒家內聖外王的工夫之一表徵。

　　所以，這是先就進退有節、成己成物的工夫，加以概括說明，而誠齋這樣的「動行」特性得從其「行止處約」的詮釋來說明。就是緊接著下一部分所要論述的內容。

二、行己有矩

　　前面主要是將一己「舉動節行」的工夫作整個關連性的概述，藉此以知誠齋並非一味消極護身。因此，在審視己身進退之則，是否該「進往」抑或「退遁」都要作明確的抉擇，而誠齋對於其所行所止，不「離規逾矩」的著力點，也有著其個人的看法：

　　山下出泉者，泉之性行，山之性止，此欲行而彼止之，故曰蒙。蒙

　　者，欲行而未達之謂。雖然，豈終止哉？其決也，有不可禦；其積

　　也，有不可測，泉不可禦，君子得之，以果其行；泉不可測，君子

　　得之，以育其德。(〈蒙·象傳〉，頁 24）

誠齋藉由蒙的象傳所衍伸「山之性」和「水之質」的相互「行止約制」關係，這是從其「居立有節」來表現出「艮止」的原則，當然也從其「制動禦決」的狀態，來呈現出「行己有矩」這樣的見解。另外誠齋所說的「泉不可禦，君子得之，以果其行；泉不可測，君子得之，以育其德」這一面向，可看其固守秉持之則，乃攝涵於其真積力久之德之中。而對於「動行止約」的觀點，誠齋還有其分析出來的脈絡：

> 大哉止乎，有止而絕之者，有止而居之者，有止而約之者。艮其背，
> 所以絕人欲而全天理，此止而絕之也；時止時行，必止乎道，此止
> 之居也；思不出其位，而各止其分，此止而約之也。（〈艮‧象傳〉，
> 頁191）

此是誠齋從艮的象傳理解後，再去蕪存菁地歸結出這三項「止而絕」、「止而
居」、「止而約」的看法，而「止而絕」的作用在於「力除人欲妄情」，而這「止
而居」則將「時止時行」體用一源、顯微無間的觀點朗現出來了，這也是誠
齋對於《中庸》裡「發而中節」觀念的承繼，另外「止而約」將其「正位凝
命」的分內事、「正己成物」觀點提挈出來。後二項在誠齋主要的核心心思想
「誠正觀」和「時中之道」都有相當大的與關聯。

　　所以這以「止於所當止」見解，既可防禦人欲，又可素其位而正，除了
看出誠齋素養深厚、精進不已的培德觀外，這樣「行止動默」還可復歸天理。
而這正是誠齋的思想重點所在。然而這裡所提到的一個重要的工夫，也就在
於何以能讓進退行止皆能安於所處？這可以從誠齋對於明夷的象傳的闡述來
瞭解：

> 變而不窮者，易之道；用而不窮者，易之人。如明夷一卦，用之以
> 處險，則為文王與箕子，明而晦；用之以居易，則為莅眾之君子。
> 晦而明，明而晦，故全己。（〈明夷‧象傳〉，頁133）

這說明了誠齋何以進退行止皆能夠因應變化而不窮，其關鍵就在於「晦明全
己」以保其生，這種既晦且明、既明且晦的想法，是誠齋從地中有火的形態
感悟出來的；亦可知誠齋雖身處亂世、仍能常保離火之性的明，而將「明哲
保身」的方法體現出來了。如此便可知誠齋何以不輕喪其身、全己保生的理
由，並且可以由此而知誠齋行止動變「皆合其常」的品節觀。

三、進德不息

　　而從以上可知道諸多誠齋對於常人以及易傳中聖人的分辨，約略概括出
儒家明哲保身的的輪廓，也可想而知身逢家國憂患的誠齋，意欲期待一個太
平治世來臨的愛國心態：

> 泰之君子，以一身之亨亨天下；否之君子，以天下之正正一身。非
> 不欲正天下也，時不可也。（〈否‧卦辭〉，頁50）

而從誠齋對於否卦象傳的詮釋來看，有非常明晰的對照比較，誠齋的「用行

舍藏」立場建立在從一己之身到天下國家的完全關連，有濃厚的傳統儒家內聖外王的色彩。而非要到「勢不可為」、「時不可也」的情形時，誠齋才退而求其次地「舍諸外而求諸己」，這也表達出誠齋識時務者的「安時處順」、「含宏內斂」觀。因時勢的大洪流往往讓人有心餘力絀之感，若人硬是不知死活以攖其鋒，必然遭禍殃而亡身，所以在承平之世則用之以廣惠於民，戰亂災難之世，就必須「韜光養晦」，方是正確。

　　當然，上段是就整個天下說來，最主要在強調「時」的關鍵性。而上段是就「時不可為」來講，但是對於國內朝政的看法，誠齋認為一個在上位的君主，既掌有萬人之上的權力，若當弊病浮現之時，就得好好把握時機，且需要有積極的魄力和周延縝密的態度面對：

> 君惟剛，則勇於進德，力於行道，明於見善，決於改過，主善必堅，去邪必果，建天下之大公，以破天下之眾私，聲色不能惑，小人不能移，陰柔不能奸矣。故亡漢不以成哀，而以孝元；亡唐不以穆敬，而以文宗，皆不剛健之過也。然強足拒諫，強明自任，豈剛也哉？
> （〈乾‧雜卦〉，頁 1）

何以誠齋謂亡漢是以孝元兩帝之時呢？從元帝起，天災異象頻出。縱經數任君主試圖改革弊政，以期致國泰民安，然而居上位者（成、元、哀三帝）卻「窮奢極欲」、「淫侈寡德」。誠齋認為其不剛健而有過，這即後世明儒王夫之所謂「論者謂元帝柔而少斷」，如此「缺剛乏健」即無以破移奸邪之患。到了哀帝時，漢室衰敗的跡象更趨明顯。直臣鮑宣上書提出民有七亡而無一得，有七死而無一生的見解。王夫之《讀通鑑論》評曰：「鮑宣七亡七死之章，陳漢必亡之券以儆哀帝，正本之論也。」〔註 26〕雖哀帝意圖遠效武帝和宣帝，振興皇權，然其寵愛並任用孌人董賢為丞相，「成帝之耽女寵，哀帝之暱頑童。」，〔註 27〕同時任用外戚丁氏，與外戚王氏抗衡。且讓朋黨宦佞之勢壯大起來，王夫之在《讀通鑑論》中即云：「朋黨之興，始於元帝之世，流風所染，千載不息。」，〔註 28〕其結果是朝政十分混亂。

　　所以就誠齋所舉這幾個例子來說，開端者應負重大責任，如元帝，船山即評：「蓋孱主佞臣懲蕭、周、張、劉之骨鯁，而以柔惰消天下之氣節也。自

〔註 26〕　《讀通鑑論》卷五，王夫之著，中華書局，2002 年 6 月第五次印刷，頁 112。
〔註 27〕　《讀通鑑論》卷五，王夫之著，中華書局，2002 年 6 月第五次印刷，頁 112。
〔註 28〕　《讀通鑑論》卷四，王夫之著，中華書局，2002 年 6 月第五次印刷，頁 90。

是以後，漢無剛正之士……宣帝曰：『亂我國家者，必太子也。』其言驗矣。」
〔註 29〕而誠齋所提文宗之例最主要在講甘露之變，因唐文宗時，宦官仇士良
專擅握權。所以文宗便用當時宰相李訓、鳳翔節度使鄭注等密謀誅殺這批宦
官。於大和九年時，藉由李訓等人假稱大明宮左金吾衛石榴樹上夜生甘露，
而讓文宗使眾官前往觀看，欲用早先埋伏之兵誅除宦官。但所伏之兵露跡，
仇士良等反劫持文宗入宮軟禁，立殺李訓、鄭注，株連者竟達千餘人，史稱
「甘露之變」，文宗因而懷恨以終。像文宗之史例，最主要在於其「所託非人」，
所依皆邪辟陰柔、而反不用剛果英明、中流砥柱之賢臣，到最後終因思不密、
行不果而反被囚制。這可以從王夫之的批評來看：

> 文宗恥為弒君之宦豎所立，惡其專橫而畏其害己也，旦夕思討之，
> 四顧而求託其腹心，乃擢宋申錫為相，謀之不克，申錫以死，禍及
> 懿親，而更倚李訓、鄭注、王涯、舒元輿，以致甘露之變。申錫之
> 淺躁，物望之不歸，訓、注則無賴小人，緣宦豎以進，傾危顯著，
> 可畏而不可狎；芽、元輿又貪濁之鄙夫也。文宗即不足與於知人之
> 哲，亦何顛越乃爾哉？於其時，非無勳望赫奕之元臣如裴中立、英
> 果能斷之偉人如李文饒；而清謹自持如韋處厚、鄭覃者，猶不致危
> 身以償國。文宗俱未進與密謀以籌善敗，獨決意以託匪人，夫亦有
> 故存焉。〔註 30〕

誠齋對於唐文宗此時期的逆豎佞宦，如此地膽大妄為、狂肆作亂之囂張行徑，
認為必得拿出「剛決果斷」、「破私去邪」、「親賢遠佞」的氣魄來革新，而若
無破釜沈舟之志，全力蕩除的話，一定會讓朝政日漸腐敗，而且如此日復一
日地「姑息養奸」是會加速國家社稷命脈的衰敗的，像仇士良在文宗命終之
後，繼續逞其淫威，在位之時總共殺了二王、一妃，以及四個宰相，宦佞凶
惡至此，直將國政綱紀攪爛了。另外一點，就朝綱敗壞至此來看，是無法建
立如此爻所說可以獲致「天下之大公」，而這就無法取信於民。如此一來，會
將國家臣民推向無法想像的危險深淵，像唐文宗若是能不一意孤行的寵信諸
如李訓、鄭注之輩，並且真實認清這群鼠輩如此便佞苟且、行事不力的話，
又何以讓唐朝加速滅亡呢？事至如此，恐非唐文宗所能想像得到的。

〔註 29〕《讀通鑑論》卷四，王夫之著，中華書局，2002 年 6 月第五次印刷，頁 92。
〔註 30〕《讀通鑑論》卷二十九，王夫之著，中華書局，2002 年 6 月第五次印刷，頁
789。

　　此處之所以要將兩史例論說清楚，是因這君主帝位的遞嬗，正顯現出若未先明判，以果決之力處理，至於後世之時，將難以收拾。所以誠齋引用史實來凸顯出其亟欲表達的「果斷除奸」觀，即是此爻所謂：「主善必堅，去邪必果」，而這兩史例的共同指向，便在於期勉當時宋朝的君王：必須審時辨奸、剛明智勇地治國，否則也將重蹈覆轍。就此點來說，誠齋對於時代關懷的愛國之情、忠君之心，溢乎言表。

　　可見誠齋將爲理學家的「曉以大義」思想貫穿乎所引史實間，而這也將〈乾・雜卦〉中剛健之意開展出來，故其傳曰：「君德體天，天德主剛，風霆烈日，天之剛也；剛明果斷，君之剛也」，正是警惕並期冀君臣皆應共同邁向的進德工夫，若能剛明則可以「明於見善」；若能果斷，則能「決於改過」。能如此堅決於善，則所主之善彌堅，且去除邪奸必定易成。而這也是何以要「進德不息」的第一原則。

　　當然，就誠齋這「不息以全德」見解來說，要達至此效果，不可優柔寡斷。例如「元帝所以優游不斷者，惟其心之不清，幾之不愼，而中不適有主也。」，〔註31〕這是王船山對元帝病根之滋長的推論。的確，若究其實，要「破私除奸」便要回歸省察所萌生之邪情，再克己復禮，如此便知「所進之德」是如何了。誠齋於此便曰：

> 英華外發之謂光，坤之用也；博厚中允之謂大，坤之體也，坤道之光大如此，而能含宏而不耀，故能生物而不息，物之所以亨。（〈坤・象傳〉，頁 13）

所見的功效便在於眞積力久則至的「博厚中允」，因若能「博厚中允」，配以乾德之「剛健自強」才能致乎眞正的亨通，因坤之德「生物不息」，合以乾道的「剛健不息」，則不會有「戚憂內鬱」、「萌邪生奸」而不亨通了，更進而可以讓「於心不清」，「中主不適」之症無從而生。誠齋等於先將坤德「體用生發」的工夫顯露出來，所以對於傳中所提「坤之用」的光大含宏，以破內邪妄私的體用一如，詮釋得相當明確。另外常人若未能明瞭誠齋這種「體用一如」、「即用即是」的工夫，亦可代之以循序漸進的蘊蓄，這樣的方式也可以漸入佳境，而這也是誠齋所重視的進德工夫：

> 君子德彌尊而心彌卑，以保其德乎，非保其德也，進其德也。保者，惜其既足，進者，歉而未止，惟其歉而未止，故德尊而益光，以此

────────────

〔註31〕《讀通鑑論》卷四，中華書局，2002 年 6 月第五次印刷，頁 94。

　　始，以此終，其進德也，庸有既乎？故謙者，君子進德无既之壑也。
　　（〈謙・象傳〉，頁 63）

從誠齋對於謙卦象傳所引述出來的理論，可以觀察到不僅僅具備「守善」之功效，因「所守所保」的作用，乃在於「進昇其德」。而誠齋在此謙卦的象傳提到了和前面坤卦象傳的「廣大無際」的宏博心量，皆見於愈高愈謙的儒家傳統品德。也就是說，這裡提到的君子進德不息之謙，這「歉若未止」所致的光大，其廣闊如上段坤卦象物傳中所述的「坤道之光大」是一樣無遠弗屆的。所以誠齋從這「謙懷萬物」的觀點出發，來表明常人亦可「以此始，以此終」，由此可以有「無限進德」的可能發展和容納。所以可以明白到誠齋對於這種廣闊包藏的見解，即如在其《誠齋易傳》〈謙・初六〉中所謂「盈患過，謙不患過」，〔註32〕也因為這樣無所不包的容受，更加確實而肯定了人可以勇猛上進，而最終達至「進德不息」的工夫。所以從誠齋對於此謙卦的初六爻之傳來看，謙德之所以超越「盈」之處，主要在於：因謙的無限擴充，是超乎像器皿般會滿盈的概念，這是由心所發之德，所以其動力因而用之不竭，沛然莫之能禦了。

四、志　論

　　上面的段落，主要將何以要「進德」之因，以及「進德之益」提挈出來，而就誠齋的理學思想中，尚有許多的方式呈現出其進德修行的面向，可以再進一步具體顯示，可先從其對於「志」之論來看。

（一）志位關係

　　《論語・為政》裡有提到「吾十有五而志於學」顯現出孔子心之所嚮往。而前面幾段所述，已將義所當為之事與態度論說之，即如《禮記・少儀》裡所云：「問卜、筮，曰：義與？志與？義則可問，志則否。」，〔註33〕當然此

〔註32〕《誠齋易傳〈謙・初六〉》，中華書局，1985 年新一版，頁 64。
〔註33〕《禮記集解》〈卷三十五・少儀第十七〉「鄭氏曰：義，鄭氏也。志，私意也。輔氏廣：問卜、筮，必義而後可，不可行險以僥倖。左傳「南蒯將叛」，「筮而遇坤之比」，子服惠伯曰：「忠信之事則可，不然則否。」又曰：「易不可以占險。」愚謂義與、志與者，將問而先審度於己也。義則當質於神，以審其從違；若志則當以義自斷，而其吉凶不必問矣。」十三經清人注疏，《禮記集解》，〔清〕孫希旦撰，沈嘯寰、王星賢點校，1989 年 2 月第 1 版，1998 年 12 月北京第 3 次印刷，中華書局，頁 927。

段落要論述的「志」並非《禮記・少儀》裡的私意之志，而是《孟子・滕文公》中「志士不忘在溝壑，勇士不忘喪其元。」〔註34〕抑或者是《孟子・滕文公下》「居天下之廣居，立天下之正位，行天下之大道；得志，與民由之；不得志，獨行其道。」〔註35〕的公心之志，而上述的這幾種「志」的解述，正是誠齋在其易傳中所要論析的。當然，誠齋專意撰《誠齋易傳》之時已退居於鄉村田野間。雖然如此，卻能不改其爲國爲民之憂思，仍然常懷有再度貢獻一己心力的志向和渴望，這乃是眞正守義之志士，雖然常懷此熱情抱負於胸，但卻常見時不得遂其志的情況，因而先可從其對於《周易》〈蠱・上九〉「不事王侯，高尙其事。象曰：不事王侯，志可則也。」的引述來看其對於「時不相與」的看法。

> 然則上九之不事王侯，非志也，時也，志在我，時在天，君子不以
> 我違天，亦不以天喪我，舍之則藏，不可則止，時也。(〈蠱・上九〉，
> 頁74)

誠齋藉由蠱卦的上九之爻，來說明了志之所向若不行之時，則「用行舍藏」需自有貞定之見，不可則止。當然，這進退的原則和內容，筆者在有關涵養進退章節中，多有所述了，而此處所辨別之處便在於強調「志」所在於一己，而與天相循相並，不違且不喪與天同流精神。因而若時不可則止，以顯其「通於退」卻與天順時的安身立命立場。

　　而所謂欲有所爲，卻因時勢所致，無法讓這從一己出發的「志」，以獲得達致所向物之踐實，這應該要「通權達變」後，進而得以達到奉天時、居處順的境界，而若就誠齋對於所謂「職」、「位」、「志」的相關性，可先以其對周易〈屯・初九〉之「盤桓，利居貞，利建侯。象曰：雖盤桓，志行正也，以貴下賤，大得民也。」的闡釋來看。

> 君子以濟屯患無才，有才患無位。初九以剛明之才而居下位，非二
> 非四，雖欲有爲，未可也。姑盤桓不進，以待時而已。然豈眞不爲
> 哉？居正有待，而其志未嘗不欲行其正也。……初九患无志耳，有

〔註34〕注：志士守義者也。新編諸子集成《孟子正義》卷十二，〔清〕焦循撰，沈文倬點校，中華書局，1998年12月第四次印刷，頁410。

〔註35〕注：廣居，謂天下也。正位，爲男子純乾正陽之位也。大道，仁義之道也。得志行正與民共之，不得志隱居獨善其身，守道不回也。新編諸子集成《孟子正義》卷十二，〔清〕焦循撰，沈文倬點校，中華書局，1998年12月第四次印刷，頁419。

> 有爲之志，而輔以建侯之助，何職之掾，何位之俟哉？故濟屯者志
> 爲大。（〈屯・初九〉，頁 20）

這裡除了再次呼應上段所言時勢的前提考量外，也說明了「俟待以行」的藏
器待時觀，也點明了其究極目的——「志盡其正」的實踐工夫。而誠齋在此
爻所要表達的，最主要的還是在於「志勝職位」的觀點，因誠齋在南宋那個
末期，不但邪佞之輩盈朝，並且權奸專擅，所以深覺這些人竊位素餐，行徑
足以誤國喪民，故而有此士大夫不可無志、無志足以誤世的判論。這點在同
一爻的小象傳引述中可發現。

> 初九遠君無位，聖人猶許其有志，而況有志而近君有位者乎？震之
> 初以一陽爲二陰之主，故曰：貴；二陰賤而一陽下之，故曰：下賤。
> （〈屯・初九〉，頁 20）

屯卦之初的雜昧晦冥狀態，用以比喻那個混亂不堪的時局。誠齋因此認爲這
時便要大其志以濟屯，方能致大用於世。而像初九之爻的位離君遠，卻其志
可嘉。因而誠齋便推述出遠君之賢才不在其位，卻大有安邦定國的志向，如
果居近君之位的人臣有此進境，何患亂之不救？

　　而對於此有利情勢和良好的施展空間，卻不見得在其位者都具備正盛之
志的，就有如《禮記・少儀》裡所說的不義之私志，也有另一種是失其位而
縱己鄙瑣之志的，這可以從誠齋對於周易〈旅・初六〉「旅瑣瑣，斯其所取災。
象曰：旅瑣瑣，志窮災也」的解述來看。

> 初六以陰柔之資，宅卑下之地，此小人棄逐而在旅者也……小人无
> 道義以養其志，得志則驕溢，失志則困窮，故瑣瑣以取災也。然在
> 旅而爲鄙事，有志窮而爲之者，有志大而爲之者。（〈旅・初六〉，頁
> 209）

從誠齋對此旅卦的初六之爻之釋，可以發現的概念是「小人不可以久處約」
與「得志則驕溢」的情況，也可見所養不以道義，則徒增其私欲之志。因而
小人不論身處貧賤或位居權顯，其心態及行徑皆是逐其意欲，樂其所利而後
已。所以就此處以觀之，有此私意之志，不論其身處何位，都將無益於世，
甚而當有誤國殃民的可能。

　　因而所謂的「志氣」亦或「志願」，必然要基於理想。所以藉著從誠齋在
易傳中的諸多爻傳解釋，更可釐清出其心意之所由向，與對於濟世安民之在
位者立場的看法，這是與其爲政的立場並行而不悖。不但沒有背道而馳，反

而有相得相成的功效在。

這可以從〈臨‧上六爻〉裡「上六，敦臨，吉，无咎。象曰：敦臨之吉，志在內也。」所提出的觀點來看：

> 君子病無志耳，嗟乎！臨之世，二陽方長，而六五之君主之，六四
> 之近臣應之，上六無无位之賢者亦厚之，君子之逢斯世，何其幸哉？
> 下卦為內，志在內，從二陽也，上六何以從二陽，曰：陰從陽，上
> 反下，敦厚也。（〈臨‧上六〉，頁80）

這是就此卦爻位的所居來分析，以六五之爻乃君主，和六四近臣在下相應，而認為此週邊環境甚佳，在此境狀應該不能「厭然無志」，而該奮發有為，這在同爻之傳中亦有解釋：

> 君子有志不得行，无位也；蓋有位而不能行其志者，竊位之徒是也。
> 然則勿病无位，病无志。有志矣，有位，可行也；无位，亦可行也。
> 臨之上六是也，上六无位，而能以厚德樂善之志，從二陽之君子，
> 吉孰大焉，又何咎矣？故祈奚之免叔向，在於請老之後，非有位也，
> 呂強之庇黨人，乃无寵任之柄，非有力也。（〈臨‧上六〉，頁80）

這傳所述的重點，在於提出寧可無位而不可無志，寧可有志而不可無志，也提到專占權位而不行其志的竊位之徒。此真竊位素餐，以私其意，正如前段所述之私意妄為，若就實情來評判，也可謂「竊鉤竊國」之程度差別罷了。

而誠齋在此臨卦上六爻傳所引祈奚之免叔向的史實，這是敘述春秋時期，晉國在位的范宣子因聽信讒言，放逐外甥欒盈，並且殺其十餘黨，其中包括叔向之弟。所以叔向因此遭到囚禁，情況危急。而老臣祈奚聞知後，晉見范宣子，認為叔向曾有大功於國，且並不該無罪而受到株連。叔向因而被赦免。誠齋舉此主要在於強調即使無位，仍可「以志帥氣」發為義所當行之事，所以誠齋舉此兩史實為例，也勉人在無位之時當厚其德，樂成其善。所以成其事不必在其位，關乎一志罷了。

再從誠齋對於周易〈豫‧九四〉「由豫，大有得，勿疑，朋盍簪。象曰：由豫大有得，志大行也」之傳所引發的論述，可知其對於整個「志」、「才」、「位」、「社稷」的整體狀態關連的網絡。

> 動天地之大舉，以規天下之大功，其難有五：有志无位，志則不伸；
> 有位无主，位則不定；有主无助，主則不堅；有助无才，助則不立。
> 九四為動大舉之主，致天下之豫，我之由也，非兼五得以超五難，

> 吾未見其動之有濟也。小動猶難，況大動乎。九四以剛陽大有爲之
> 志，果決不疑之才，而居近君大臣之位，主之以六五柔順之君，助
> 之以眾陰上下之朋，小動小得，大動大得，何五難之有？大禹興治
> 水之大役，伊尹任伐夏之大事，周公決東征之大議，是也。故得曰：
> 「大有得，志曰：『大行』，皆大動也。（〈豫・九四〉，頁 67）

誠齋釋此豫卦的九四之爻，不但呼應到了前面屯卦初九爻所謂的近君之位其
權非輕、其志大有可行的立場，更也說明了雄偉心志之所以可經韜偉業之故，
不僅僅只關於一己之志，而必須將所有相關的條件連結，如「負才備志」、「有
位且志」、「君臣同志」、「群臣同助」……等才能力挽狂瀾、成就大功之業，
而這整體脈絡的關連缺一不可。回到原點，還是必須從關鍵的「志氣」出發，
才能夠從本源發起所有動力的開始。

（二）秉節之志

　　對於治理政事的看法，誠齋當然也考慮到雖非逆臣，但有才能之臣因爲
過于衿持固執而妄動的情況，這也說明了並非權奸能夠禍國殃民，即便是有
才有能，但是沒有通盤考量到全局，而憑意擅爲的，照樣也會有貽誤大事之
虞。這可以從誠齋對於周易〈無妄・六二爻〉「不耕獲，不菑畬，則利有攸往。
象曰：不耕獲，未富也」的引述解釋來說：

> 何必矜其能耕且菑，而妄動以變初之成哉。一矜而動，即動以人欲，
> 子玉變子文之政，參尊何之法：子玉爲能，參爲不能矣。然能者敗，
> 不能者安，六二順而中，不矜而能，則焉往不利。雖不耕、不菑、
> 不求，富貴在其中矣，未富者，實富而名未富。（〈無妄・六二〉，頁
> 98）

誠齋舉漢初之時的曹參之例，可從曹參繼蕭何爲相國以後，事事無所變更，
全部遵循蕭何所用舊法的情況來看，而此卦爻傳正是提出不專衿恃己，不逞
己所能，當能夠守成有餘。因若獨攬專權而與眾格格不入者，當其不得所處，
便是誠齋所謂的「動以人欲」了。如此一來，便不能適當地將國政治理得盡
善完備，甚而可能會出現被人欲所桎梏，導致諸多弊病。這可能是以己之能
爲能的在位者所無法想像到的後果。

　　其次，從誠齋在此無妄卦的六二爻中「六二順而中，不矜而能，則焉往
不利」的詮釋來看，知爲何可以不衿而能？最主要還是在於「既順且中」，若
能奉順天行，合乎中道，則會無往不利了，更何況是富貴自在其中，不忮不

求而自有所得。這相當能表現氣節與超凡的品行。

　　而對於這樣不固守己才，而卻能富有實，正是誠齋所要表述出來的志行之正。對於志節品行的觀點可以從誠齋對於周易〈節・上六〉「苦節，貞凶，悔亡。象曰：苦節貞凶，其道窮也。」的引發論述來看：

> 蓋君子之行，或過或不及。故聖人之言，或抑或揚。上六在一卦之外，此世外之事也；世外之士，過於節而行，一概苦節，亦何惡於人。然屬其節，極其苦，以爲眞正之操，而不屑一世，此世之所疾，故有凶之道焉。伯夷隘，是也。然人苦其苦而己甘其苦，不怨不懟，不感不偷，又何悔焉？聖人憫其人，而深戒之以凶，又嘉其節而深許之以悔亡。（〈節・上六〉，頁 228）

對於志節，誠齋認爲也有過其節而守者，而這其中有所差異：其一、若是因「苦屬節行」而以己之清操爲高，不屑於世的，這乃是是世人所忌諱而不以爲然的，其二、伯夷之能安於其所苦，不怨懟於世，也不因而感然悵惘，此乃眞凜冽冰雪的高節志向之士，所以聖人便嘉其節而祝福之。而誠齋對於此節卦的上六爻之傳，尚對此逸世的志節有其解析釐清的論點：

> 豈不曰：斯人也，而有斯窮也，不以非道而窮，蓋以道而窮者與。孔子曰：君子固窮，固之爲言固，當然也，又曰：伯夷叔齊，餓于首陽之下，求仁得仁，又何怨，然則上六之凶，何知非吉？而其窮，何知非通與？嗚呼！上六之道，其使人悲也，雖然可悲也，而上六則榮矣。貞凶悔亡之辭，學者務以其一廢其一，則上六之窮未爲終窮也，說者乃以上六之爻象之辭，比而同之，使其一意而申言，則易贅矣。夫象卦之辭，聖人不以苦節繩天下也，上六之辭，君子以苦節繩一身也，以苦節繩天下，不可；以苦節繩一身，又不可。（〈節・上六〉，頁 228）

誠齋藉由伯夷叔齊這樣的人品，來呈現並闡發出不同的氣節，就如誠齋所言的「而其窮，何知非通與？」，其實正在辨明出君子能處於其所然之命限，而「固窮不悔」，雖外人視之爲悲苦之士，認其乃爲困窮死節之民，然而卻不知如誠齋所說的「窮未爲終窮」。更何況能「求仁得仁」，以充分展現出其人以道爲最後依歸，又有何遺憾，和值得人同情之處呢？

　　其次，這是藉由聖人之「悲其所悲」來說明雖聖人知其爲「守志秉節」而立下了標竿，然而並非整個天下國家之眾民，都能「跟循」或「必得如此」

去效法的，所以才又說「以苦節繩天下，不可」，這在在都說明了常人並非如
伯夷叔齊之境界，並不須以此爲榜樣，而須知若心志清高，節操凜然，而處
於其命之所然即可。

上段落最主要表明了何以秉志守節而不移之故，是從完全不用世的觀點
來看待，而其實亦有其他大隱隱于朝中的超然之士，這可以從誠齋對於周易
〈履・九二〉「履道坦坦，幽人貞吉。象曰：幽人貞吉。中不自亂也」來看：

> 九二以陽剛之才，居下卦之中，可以進爲而行其道，蓋坦然而无難
> 矣。然猶守之以山林幽獨之操，可謂能正固而不以外物自亂其中者
> 也。居宗廟朝廷之上，而不改簞瓢捽茹之氣；在冠冕佩玉之列，而
> 不忘黃冠野服之心，世之富貴得而亂之哉？張良近之矣。（〈履・九
> 二〉，頁45）

這是誠齋藉由履卦九二爻小象傳的訓解來說明「富貴不能淫」的立場，因而
也提出了何以能不陷溺之故。重要的關鍵乃在於其「正固不亂」，既能如此，
則心中自有定奪，小者弗能移也。此更是另一種安貧樂道的超凡之志趣展現，
所以能坦然自適而與時並進的工夫也有可觀之處。

而對於志節的觀點，誠齋所以特別重視的原因乃在於，眼看家國社稷在
金國逼迫，苟延殘喘之情況下，許多同樣在朝爲官者，不加思索地一味求和、
卑躬屈膝於貪求安樂，所以誠齋會有此氣節的發述說，這並非偶然爲之，是
有其必要的堅持氣節立場之時，而這在誠齋對於周易〈恆・象傳〉「雷風，恆，
君子以立不易方」中的解釋，同樣也看得到。

> 終始變化者，恆之道，所以久而不窮，立不易方者，恆之節，所以
> 久而不變。（〈恆・象傳〉，頁121）

此表達了何以聖之清者要「篤命不遷」之原因，即能「安身立命」而不沈醉
耽溺於富貴之中的原因。而且這兩種型局，正是符合了「久而不窮，立不易
方」的恆久之道。這也可明瞭若能節操不變，則才爲眞實不假的君子典範。

（三）稟志以正

而以「志」所帥之氣，表現出於外的節操，已經在前些段落的內容說明
了。而就誠齋對於志氣所秉，抑或所統御，做爲一動力的來源觀點來看，其
收斂與放流的整體歷程，實可再從對於周易〈蒙・象傳〉「蒙，山下有險，險
而止，蒙，蒙亨，以亨行時中也。匪我求童蒙，童蒙求我，志應也，初筮告，
以剛中也，再三瀆，瀆則不告，瀆蒙也，蒙以養正，聖功也」來看：

何爲達乎中正也？以其求中正之志，就其剛明中正之人，斯達矣。
曰時中，曰養正；道之中正也，曰志應，求者有志，則教者必應也；
曰剛中，九二剛明中正之人也。始乎蒙，卒乎聖，原乎志而已。（〈蒙・
象傳〉，頁 23）

孔子的十五而志於學，所學究竟該以何爲目標呢？就誠齋的觀點來看，要達
至「剛明中正」，才能算是極其所至，而也必須有「壹志向學」的全心態度，
這樣的求學之志，教者才能善待之。當然就此觀點來說，這也讓人可立即聯
想到孔子於所求未嘗無誨的誨人不倦之仁，這是從有心學習的角度來看，而
可推知其乃相輔相成，相得益彰，互相關連。

另外一點，而若從誠齋對於周易〈賁・六二爻〉「賁其須。象曰：賁其須，
與上興也」的引述。則可以看出儒將賢臣之經世才幹，是有待珍藏其學志，
而須明君以察其才學而用之。

士有待而後發，未有不待而發；士有求而不應，未有不求而應。非
珍身也，珍道也；珍吾道，猶汙吾道，而況貶吾道乎。六二主一代
文明之大臣也，遠自坤之上六，惠然而來，以佐興文明之治者也。
然非六五文明以止之君，有化成天下之文，秉中正柔順之志，以求
六二之飾己，六二肯輕就乎，故曰賁其須。須，來也，亦待也，意
興於上，吾與於下而已。（〈賁・六二〉，頁 87）

這是誠齋對於賁卦六二爻的推論，因爲那是發自於中正之志，等待一展滿腹
經綸之內聖外王之道，當然是彌足珍貴。這表明了因得眞道，而有待所表現
出來的志節，而並非是沽名釣譽，或以退爲進以顯己身之清高。所以也可看
出其潔身自好而看重所習聖賢之業。其次也說明了所謂「志行」也可適用在
君王的身上，如君王皆有廣納賢才、禮賢下士之志，則何事不能集思廣義？
何難不能同舟共濟呢？這是飽涵學養之士，最希望能獲得與君王「有志一同」
開拓偉業的心願。

於是乎，提到這個君臣同心，其利斷金的共同志向，誠齋在其對於周易
〈革・九四〉「悔亡有孚，改命吉。象曰：改命之吉，信志也」中，還是有一
套對於「志」、「事」、「互信」這君臣默契間的脈絡。

事君在志，行志在事。志然而事亦然，君子不以志違事；志然而事
不然，君子不以事違志。君命曰可，君事曰可，奉命可也；君命曰
可，君事曰否，改命可也；吾既信吾矣，君獨不信吾志哉？豈惟君

> 信之，天亦信之。天信之，君信之矣。君信生於天信，天信生於自
> 信。雖然，改命不可許也，非誠有其志者，不可改也。(〈革・九四〉，
> 頁 181)

從誠齋對於此革卦九四之爻的闡發可知，對於所從之事，必須不違背其志；
對於志之所適，必須不能為非所事，而且若君命於君事相乖違，則可諫君，
而以己誠所發之志以動君上，因一己之誠信之志全來自天，故以此志以通同
發動彼志，則可看出這是其表裡相互通貫的一致工夫。可知誠齋這個「誠其
志以成其事，弗志違事」的基本原則，是相當透徹而有整體系統的，因此無
論是從志氣抑或志願，發而為志學或志行，若都可以一脈貫徹而究其實。則
如《尚書》中所言「作福作災，予亦不敢動用非德。予告汝於難，若射之有
志。」[註36] 可見「志」，可以作為誠齋誠正之學中進德工夫論的重要一環的。

五、才須稱位

　　此段的重點，最主要在於說明才幹能力，以及所居之位的相稱關係，當
然也會關聯到了前些段落所講的「志行」，因在誠齋對於處世觀中的思考脈絡
裡，這是為官進退的三個重要條件，這可以先從其對於周易〈未濟・九四〉「貞
吉悔亡，震用伐鬼方，三年有賞于大國。象曰：貞吉悔亡，志行也」的引述
來看。

> 臨難而坐觀，履險而不欲濟，无志者也。有志矣，患无才；有才矣，
> 患无位，有志无才者，欲濟而不能濟，有才而无位者，能濟而不得
> 濟。備斯三者，其惟未濟之九四乎。(〈未濟・九四〉，頁 242)

藉由未濟九四爻的象傳可以明瞭所謂的志、才、位必須三者兼備方有濟世之
功。而又以「才幹」為其重要條件所在，譬如誠齋在淳熙十三年這段期間，
王淮為相時，問其為相之道，誠齋答以人才為先而可看得出來。而當王淮又
問當時誰為人才時？他不久就上了《荐士錄》向朝廷推舉了朱熹、袁樞等六
十餘人，又以朱熹為第一，由此可看出誠齋對於賢才的薦舉是非常不遺餘力

[註36] 今文「射」作「矢」。石經：「□□□有志。」王應麟藝文志考云：「漢人引『若
矢之有志』。」儀裡既夕記：「志矢一乘。」志猶擬也。書曰：『若射之有志。』」
陳橋樅：「疑鄭君所引書是作『若矢之有志』，此亦三家今文之異字也。」。十
三經清人注疏《今文尚書考證》卷六，盤庚第六，商書二〔清〕皮錫瑞撰、
今盛冬鈴、陳抗點校意，中華書局，1989 年 12 月第 1 版，2004 年 2 月北京
第 3 次印刷，頁 209。

的。這可以先略透些誠齋性喜薦才提攜良士的端睨，也可以從而得知其對於「賢人在位」觀念的重視，而若又從誠齋對於周易〈師‧上六〉「大君有命，開國承家，小人勿用。象曰：大君有命，以正功也；小人勿用，必亂邦也」的小象傳所言小人必亂邦，更可反推論出其用才之觀。

> 故寵命有功，非至正不爲功，登用人才，非君子不爲才。(〈師‧上六〉，頁 35)

從君王的角度來看待，則登用人才的標準，有一個先決的要件，即是不以己之寵命作爲條件，而須先以君子之才來作爲錄用之衡量。誠齋這樣的觀點有一個思考的跡象可循，這可以從其對於周易〈蹇‧六四〉「往蹇，來連。象曰：往蹇來連，當位實也」的闡釋來看：

> 往則上入於坎陷之中，來則下接於无位之初六，進則无才，退則无與，此其實不可強也。不量其無才無與之實，而報虛以進，以求濟大難，祗以益難耳，此公果與邱孫接連以發季氏，而昭公出，訓與注接連以去宦寺，而唐室亂之事也，可輕往乎。(〈蹇‧六四〉，頁 144)

誠齋在這裡的詮釋立場，在於將君王所寵信卻無實才的近臣之弊，陳述出來，而所舉「訓與注接連以去宦寺」，這個事件歷史上稱爲「甘露之變」。主要的發展是鄭注正從鳳翔帶兵進京，得到消息，想退回鳳翔，但被監軍的宦官殺死。所以唐文宗和李訓、鄭注策劃的殺宦官的計謀徹底失敗，在這次事變後受株連被殺的有一千多人，因此對於唐朝內政聲威影響非常嚴重。故誠齋即云「唐室亂之事也」來點明出——若是寵信不才弱虛的近臣，希冀以靖定大亂，無異緣木求魚，只會徒增傷亡和無濟於事。而這又可以從誠齋對於周易〈師‧六三〉「師或輿尸，凶。象曰：師或輿尸，大无功也」解析的見解來旁證

> 六三以柔懦之資，而居九二賢將之上，才腐而士不服，令褻而下不承。(〈師‧六三〉，頁 34)

誠齋藉由師卦的六三爻之傳，來說明柔懦才腐，是無法獲得眾信，而勝任其職位，且能發號司令的，而若是仔細探求這其中的原因，便不難瞭解到眾士群臣之所以不能信服的最主要原因，乃在於此發號命令之人「柔懦才腐」，這樣「名不符實」、「徒占權位」之腐臣只會負眾望，而爲事不力罷了。當然這可再追究誠齋這樣推斷的脈絡來源，從對於周易〈中孚‧上九〉「翰音登于天，貞凶。象曰：翰音登于天，何可長也。」的引述來看。

> 天下之理，德之小者，不可以僥大任；才之下者，不可以慕高位；

無其資者，不可以過其望也。上九處中孚之外，非中孚之徒，無中孚
之實，爲中孚之聲，此妄而盜眞，詐而盜誠者也，而乃挾其聲之善鳴，
下欲以動夫眾，上欲以動夫君，而獵取高顯之位，求之亦不可得，得
之亦不可久，雖正亦凶，況不正乎？（〈中孚・上九〉，頁 232）

此卦乃誠齋對於中孚上九爻小象傳的引述，可以看出誠齋所認爲的才幹能力
卑下的小人，往往不知進退之道，一味只想獵取高位，以得富貴，而不知己
身是否有足夠能耐可以勝任，而常以其能言善道、迷惑君王，牟取不當之權
位，這恰好可以呼應前面幾段所舉出像李訓、鄭注般的亂行敗跡，也的確如
誠齋所分析出來的結果是「得之亦不可久」了。

於是，由上面所論述的內容可知小人之偏私腐懦，卻又竊位誤國，實乃
非社稷國家之福，而因此誠齋對此有相當的痛斥評判，這都可以瞭解其相當
重視國家人才的基礎面，然而也並非所有「不足成事」皆是陰柔小人之輩，
而全皆可歸咎於「性腐力懦」這單方面，這可以從誠齋對於周易〈蹇・六二〉
「王臣蹇蹇，匪躬之故。象曰：王臣蹇蹇，終无尤也。」的引述來看。

然則以六二之匪躬，而不聞濟難，非尤乎？曰捐軀在志，濟難在才。
六二陰柔，短於才也，聖人不尤之，嘉其志而恕其才也，程子以李
固、周顗當之，得之矣。（〈蹇・六二〉，頁 144）

從此蹇卦的六二爻可以知道，若要匡患濟難，除了不能偏寵小人外，若是「強
於其志，而弱於其事」的話，也無法畢盡全功，甚而可能無濟於事。這就是
就誠齋對於蹇卦九二的陰爻所提出「短絀於才」，這樣雖有志，但亦不足成事
的例子。於是也只能嘉許其志氣而寬恕其才略。此時若能如誠齋對於觀卦六
三爻傳所引述的「量己而爲進退，庶乎未失道也。……六三似漆雕開。」〈觀・
六三〉，考量其能力而知所進退、爲所應爲，則可無所歸咎，不失其道。

因而，可以推論出，若要擔當大任、背負社稷重責的，需要先有對於己
身的才幹、能力、統御力、人望有所深刻的瞭解才行，這可以從誠齋對於周
易〈屯・六四〉「乘馬班如，求婚媾，往吉，無不利。象曰：求而往，明也」
的引述來看

六四居上而陰柔，非濟屯之才，故乘馬而不進。初九在下而剛明，
爲六四之應，故求助則必往，此六四有自知之明，無疾賢之私者也。
魏无知、徐庶以之。（〈屯・六四〉，頁 22）

誠齋在此屯卦所舉的史例，主要藉由徐庶薦劉備臥龍諸葛，和魏無知推薦陳

平的事情來表達陳述，關於誠齋所舉魏無知之例可以茲引《史記卷五十六‧陳丞相世家第二十六》以明誠齋之所述：

> 還至雒陽，赦信以爲淮陰侯，而與功臣剖定封，於是與平剖符，世世勿絕，爲戶牖侯。平辭曰：「此非臣之功也。」上曰：「吾用先生謀計，戰勝剋敵，非功而何？」平曰：「非魏無知臣安得進？」上曰：「若子可謂不背本矣。」乃復賞魏無知。其明年，以護軍中尉、從攻反者韓王信於代，卒至平城，爲匈奴所圍，七日不得食，高帝用陳平奇計，使單于閼氏。圍以得開，高帝既出，其計祕，世莫得聞。〔註37〕

由此史實乃知陳平實爲不忘本之人，而魏無知深具識英雄之眼光，陳平有其雄韜謀略之胸懷和臨難獻奇計之功，所以誠齋所舉魏無知之史例，不但將其無私舉賢的自知之明呈現出來了，更將陳平眞才奇謀的才幹凸顯出來，這便是提挈出若有自知則明、自勝者強才方可謂眞正的賢治之才。且如此一來，經由眾臣集思廣益、群策群力，便將整個漢朝江山打出來了。由此可知誠齋對於是否能「穩坐其位」，第一個觀察考量的角度便在於其才幹涵養，及才學能否名符其實。因而可推知不應該擔憂的是有沒有居上位的機會，而更應該要反求諸己有沒有足以獨當一面的賢德和才能。若有眞才實學、道德內蘊，即使一時困窘，無法遂志，眾人遲早會發現而推舉他，進而敬重擁戴他的。例如子產最初執政之時毀謗攻訐四起，民眾非常厭惡其行，後來鄭國大治，民眾便轉而稱頌擁戴他了。正所謂「不患無位，患所以立；不患莫己知，求爲可知也。」〔註38〕

「才」是否能在適當時機，發揮其效用，能實稱其位，不負所託，誠齋在其對於周易〈大有‧九二〉「大車以載，有攸往，无咎。象曰：大車以載，積中不敗也」有其期待之處：

> 蓋軫輪輻之器，不厚不良者非大車；文武常變之用，不運不博者非大才。唯大車爲能輕天下之至重，遍天下之至遐，夷天下之至險，大才亦然。九二以中正之德，剛健之才，爲大臣，任大事，當大安危、大治亂，而能無往而或咎者，有大才如大車也。（〈大有‧九二〉，頁59）

〔註37〕《史記會注考證》卷八十四，頁 1012，〔日〕瀧川龜太郎著，民國 91 年 1月初版 3 刷，萬卷樓圖書有限公司，頁 814。

〔註38〕新編諸子集成《論語集釋》，程樹德撰，程俊英、蔣建元點校，中華書局，1997年 10 月第四次印刷，頁 256。

藉由此大有卦九二爻陳述的解釋，可得知若逢危亂之時，便得找扶傾支棟之才，便能夠來一肩扛起，敉靖諸侯之亂，平夷社稷之險，所以這大才須能厚，才會良以運轉，如同大車一樣，可以將眾民帶領到到康莊大道，這才能夠稱的上是剛健厚良的賢將良相。

六、過勿憚改

常人對於過錯，往往是得過且過，輕易讓其重蹈覆轍，而不加以對治，而卻又以「人非聖賢孰能無過」的觀點來自我寬諒。雖然在誠齋的處世態度中，並不多關於種種過錯類型之陳述，然而卻可以藉由誠齋在其易傳中，對於過錯的認知和內在消解處理之道，而瞭解誠齋這改過的歷程，是可以通達其誠正之學的內在核心思想的。茲就誠齋對於周易〈革・上六〉「君子豹變，小人格面，征凶，居貞吉。象曰：君子豹變，其文蔚也，小人格面，順以從君也」的詮釋來看。

> 至於上六，從革也。雖然，可革在理，能革在己，從革在人。聖人
> 盡其所能革，而不盡其所從革。君子革心，蔚然如豹文之不可掩；
> 小人革面，勉然順吾君而有所從。（〈革・上六〉，頁 182）

藉由誠齋對於革卦上六爻之傳的引述，可以發現聖賢愚肖之分判，最主要乃在於小人的改革己過，往往敷衍了事，常常只是做做表面的樣子，並非真實地有所反省，所以就只會於外表上勉強順從，而內心卻不知悔改，也因此而一錯再錯，此乃小人之所以為小人也。當然此傳的引論中最主要的是在於提出「能革在己」的樞紐，因人能扭轉己身之過錯，「洗心革面」是必備之功。也唯有從己身出發來修正，而非求諸於人，才是聖人所謂「盡己」之基本，這觀念實則同為《中庸・第十四章》所說：

> 正己而不求於人，則無怨。上不怨天，下不尤人。〔註39〕

因為聖人能盡其所能地「格過復性」，當然可以上通於天之理，下同於人之情而全然盡己，這也是此革卦上六爻所謂的「可革在理」的工夫，而在《誠齋易傳》中，誠齋的誠正之核心，最主要在於將儒家的心性之學中「損欲復性」的工夫做探討，並且非常重視克己復禮的工夫。而這可以再從誠齋對於周易〈益・象傳〉「風雷益，君子以見善則遷，有過則改」的中論來看。可以明瞭

〔註39〕朱熹，《四書集註》仿古字版，大孚書局有限公司，民國 89 年 2 月初版再刷，頁 10。

誠齋較爲整體的思考脈絡：

> 風與雷相資而相益，程子言之盡矣。君子體之，以風之長萬物而長
> 一己，故見善則遷，以雷之威萬物而威一心，故有過則改。風以長
> 之，則益一善而爲萬善。雷以威之，則損不善以益至善。然則君子
> 損己以益人，未至也；損己以益己，斯至矣。顏子服膺於一善，見
> 善而遷者也；有不善，必知，知不善，必不行，有過而改者也。改
> 過，故克己；遷善，故復禮爲仁，大哉益乎。（〈益‧象傳〉，頁 153）

由此可知，常人若可知道自己之錯誤，而勇於認錯，就屬非易了，往往常見
的便是囿於所知死不認錯，卻不知若可因此修正所犯之錯，而更加確切瞭解
自身之陋習，可在修身涵養的層面向上提昇，對於一己德行修養上就更大有
進展了。這就如見善則拜，明德則學。因若可常保過則勿憚改、聞過則喜、
見不善而內自省之心，則將如誠齋在此益的象傳中所說的「改過，故克己，
遷善，故復禮爲仁，大哉益乎！」，這就如《中庸‧第十四章》所說的：

> 子曰：射有似乎君子，失諸正鵠，反求諸其身。〔註40〕

而誠齋對於此益之象傳中有其獨見，那便是「君子損己以益人，未至也，損
己以益己，斯至矣」這句，但乍看之下，可能會令人驚異。因在一般人的觀
念裡，損己益人，將自己所有分享給他人，不就是民胞物與，博愛眾民的廣
大胸懷了嗎？何以說損己益人不如損己益己呢？誠齋在此處並非詭辭，而若
究其實，是有其精到見解的。因常人或許能分享一己的所藏，行善益人，或
所得，言語，或行爲……等然而誠齋此處所言的經由「改過克己」、「遷善爲
仁」的反身而誠，是顏子服膺一善而成己之功，此乃非常人可以達致的。

七、勤　勞

　　在誠齋處世態度中，對於位居人臣者，有一定程度的要求，因此誠齋也
會以「有德者必有其位」，其爲政之態度是否眞能夠表裡如一、名實相符。因
誠齋的觀念中：既然古之賢哲都恥其言而過其行，而且避其名而過其實了，
於是，在誠齋處世態度中，在「位」、「德」、「勤」這三個點所聯繫而成的架
構，也有些許可述之處。可以將誠齋在位時的爲政態度顯示出來，先從其對
於周易〈井‧象傳〉「木上有水，井，君子以勞民勸相」的申述來看：

〔註40〕朱熹，《四書集註》仿古字版，大孚書局有限公司，民國 89 年 2 月初版再刷，
　　　　頁 10。

> 水下有木，汲器之入也；木上有水，汲器之出也。汲器入而水德行，
> 汲器出而水功著，此井之象也。勞之、賚之，君子所以法井之德；
> 勸之、相之，君子所以法井之功。勞、賚，與也；勸、相助也。水
> 言與，器言助。有水無器，井能自活斯人乎？故汲引之功，不下於
> 冽泉；勸相之惠，不隘於勞賚。（〈井・象傳〉，頁176）

藉由誠齋對於井卦象傳的引述，最主要在於說明：君子之能勸相，有器乃有
水，可以聯想到在誠齋的勤勞政事觀念中，如何將眾多的民眾管理好。使其
能夠互相幫忙，同心協力，而這也得端賴領導君子的德行號召，方可以成就，
因此可想見，誠齋對於在位勞心領導者的要求也很重視，這可以從其對於周
易〈乾・九三爻〉「君子終日乾乾，夕惕若，厲无咎」的闡述可知：

> 九三危而無咎，信矣，亦有危而有咎乎？曰：有，蚩尤、后羿、莽、
> 卓，在上而驕其下，在下而憂其不爲上，驕則有懈心，何德之勤？
> 憂則有覬心，何位之懼？（〈乾・九三〉，頁3）

此乃舉誠齋對於乾卦九三爻的解釋，最主要用蚩尤、后羿、王莽、董卓爲臣
驕扈之例，來表達居上位卻野心勃勃、驕心橫溢，覬覦最上之位，以未得極
位爲憂。如此一來的話，怎能專心政事，而盡爲臣應盡之功，恐怕日夕所思
所慮的只在於如何攀龍附鳳罷了。因此誠齋續云：

> 聖人戒以厲之，未幾而許以無咎之可必，何也？於此有道，終日乾
> 乾然而無息，至夕猶惕惕若自懼，勤於德而懼於位，則危者安矣，
> 何咎之有？（〈乾・九三〉，頁3）

由此闡述可知，爲人臣者，不應當朝暮只思居位不高，權柄不重，更應當要
放在勤於修養己身的德智才幹，以靖定天下爲己之任，方是爲臣應有的節操，
這就如《論語・憲問第十四》所云：

> 子曰：「不患人之不己知，患其不能也。」〔註41〕

所以，一個身爲人臣所憂所患的，必須將著力點放在己身的才幹、能力、德
行、智慧上，想想是否足以去適任於所居之位。而這也又可以從《論語・里
仁》的篇章來看：

> 子曰：「不患無位，患所以立。不患莫己知，求爲可知也。」〔註42〕

〔註41〕新編諸子集成《論語集釋》，程樹德撰，程俊英、蔣建元點校，中華書局，1997
　　　　年10月第四次印刷，頁1013。
〔註42〕新編諸子集成《論語集釋》，程樹德撰，程俊英、蔣建元點校，中華書局，1997

由此可更加瞭解到誠齋的德行與祿位之關連。這裡也將誠齋的處世態度中，一己之私志與才能、居位、德行的關係，更加瞭解四者交互影響下的整體處世脈絡。

年 10 月第四次印刷，頁 256。

第六章　秉義與待時

　　此章將分兩節，第一節將就三個部分來論述，第一部份先就「義」來論，有義所當爲之事，有義之所不當爲之事。而第二段落，就「義的進退」來說「進而不躁」、「退而不怯」這是誠齋從「義之所處」展現出來的，顯現出其進退得宜的行止妥當。在此段落中，誠齋從巽卦初六之爻來說明，若小人用「巽」以進退，則卑順太甚，可見其爲邪諂，而此爻所謂武人用之爲志治，誠齋認爲「強者用之爲正」、「勇者用之爲謙」正爲剛中有柔，爲適得其所之義。最後一段落以蹇卦與旅卦的象傳內容裡的內容意義，歸結出「動靜皆義」的無往不適宜之境界。而第二節最主要的是就誠齋生活來瞭解，可發現誠齋是個相當重視存養之人，其存養之工夫，若是落在閒居之時，便是以三個地方來講，第一是先就其重視身體的血氣暢通來說，而最主要是回歸到其「充實以學」的涵養，這樣也是其儒者「藏器待時」的基本精神。而這是前一二段落將論述的主點。最後一部分將就「兼蓄包容」的觀點擴大抒發，先就「蓄德進道」而存養力行，再因「力行以仁」且「知仁同用」的實踐，回歸到「蓄德育民」的廣大成己成物之功效。從這三點可見其生活基本之則。

第一節　秉義而動

一、義所當爲

　　「義」的觀念在誠齋思考脈絡中，並非佔大的篇幅，在各象傳、大小象傳、各爻辭之傳中甚少提到，但它的特質卻顯現在一個身爲世用的儒者在進

退之時的重要取擇。對於用「義」這個立場出發，去警惕或提醒身爲人臣者所應作爲，是很重要的，而若廣義來看，則誠齋在各爻傳中所引的諸多史實的事件人物，其「爲所欲爲」，抑或「爲所當爲」都與義的觀念有關，所以也可說誠齋用「義」來做爲己身的準則規臬，用義來凸顯出「進退應否」的決定態度，也用義來連結所要表達的中心思想，如上述的誠、仁、學知，所以也會用義利來分判君子小人的行爲，於是乎，其重要性便不言而喻了。

　　就常人所常犯的過錯來說，往往因爲人欲而陷溺了仁義，然而能節制己身之欲的人，或許就可以暫時停頓下來，衡量一番。所以就行爲規範來說，當常先明何爲不義？再做「爲與不爲」的選擇。所以，當先理解「何爲不義」的重要含意：

> 不知弋不射宿，聖人不乘物之不虞，以爲己之能也，乘物之不虞以爲己之能，亦可羞矣。晉明帝戮王敦之尸，唐代宗竊輔國之首，是足爲天子之威也手？六五之公，弋取彼在穴，是矣。六五以陰處陽，故雖弱而猶有所弋以爲強也。（〈小過‧六五〉，頁236）

誠齋藉由周易〈小過‧六五〉「密雲不雨，自我西郊，公弋取彼在穴。象曰：密雲不雨，已上也」來引述出兩位君王卑劣可笑的「不義之舉」，而此兩史實之事例或鮮少聽聞，故茲因以明誠齋所指：

> 其後王敦終以逆，命加戮其尸。〔註1〕
>
> 冬十月辛酉，詔天下兵馬元帥雍王統河東、朔方及諸道行營、回紇等兵十餘萬討史朝義，會軍於陝州。加朔方行營節度使、大寧郡王僕固懷恩同中書門下平章事。丁卯夜，盜殺李輔國於其第，竊首而去。〔註2〕

兩例最主要均道出了身爲帝王竟然趁人之危，藉以順遂痛快一己之人欲，如此乘物不虞而爲己欲，且趁其無以還擊之時或不備之際行事，此等事件在在都降低了一個身爲君王的品格，所以是「爲所欲爲」的不義之行徑，徒增後世之人的批評及貽笑罷了。

　　而誠齋所認爲的「義所當爲」，應該回歸到常理之循序，而不是突而妄發異想來處理對治，這除了不合乎人之常情外，也將使己身的操守品節漸趨下流，所以就誠齋對於義的觀點來看，其內容以「有所爲有所不爲」來貫穿整

〔註1〕《搜神記》卷七，汪紹楹校注，里仁書局，民國88年1月初版三刷，頁108。
〔註2〕《舊唐書‧本紀‧代宗》，楊家駱主編，鼎文書局，頁270。

個義之所從所處。而這可以從誠齋對於周易〈噬嗑・九四爻〉「噬乾胏，得金矢，利艱貞吉。象曰；利艱貞吉，未光也」的部分引述來看，而詮釋重點句是何以「利艱貞吉」？

> 故得金矢以鑽乾胏，則骨去而肉可噬；得剛直，以去強梗，則惡可去而治可通。金言剛，矢言直，剛惡者爲乾胏，剛善者爲金矢，然猶曰利艱貞吉，蓋去惡實難，非正固，則必敗於怯，漏於疎。訓色變，怯也；蕃宣章，疎也，然有強梗者，天下之不幸，去強梗者，聖人之不得已。（〈噬嗑・九四〉，頁85）

誠齋此九四爻傳之重心在於提出「惡實難去」，要有「主善固正」之決心，「去惡必決」之堅定態度，而若是不剛不直地怯懦行事，必現敗績。這樣的觀點相當能夠展現赴湯蹈火在所不辭的「義所當爲」，如此勇猛去如強梗之惡，實乃「知其不可而爲之」仁者精神的呈現。

仁者，必定具備勇邁的氣魄，來體現出其實踐義行的剛直無懼境界。而誠齋最後一句又說「聖人之不得已」，更加充分的將仁者所藏「不忍人之情」表述出來，故當主善必堅之時，已通盤權衡考量了，並非一時氣憤而行血氣之勇的。

而當爲其所當爲之義時，在身爲人臣的立場上，則也當思「事之所至」的任當與否，這可以從誠齋對於周易〈坤・六三爻〉「含章可貞，或從王事，無成有終。象曰：含章可貞，以時發也，或從王事，知光大也。」的論述來看：

> 六三含其光明而不衒，或從王事而毋必，此所以光大也。或云者，非不任事也，非求任事也，程子謂義有所當爲，則以時而發，若含而不爲，非盡忠也，其論至矣。無成，謂不居；有終，謂不盡。（〈坤・六三〉，頁15）

從此坤卦的六三爻傳之闡釋來看，可知誠齋以爲「人臣之義」，該勇於任事，而非「含而不爲」。因身爲人臣若是行徑如此，乃怠惰之態，尸位素餐之徒。另外「爲與不爲」之外，還有一個重要的考量點在於「時」，因事態之機若至，則應承時之來而實踐之，義所當然者自在所不辭。因若不能夠趁時而爲，便是不忠於其事，不能即時盡忠，則不能盡到所應行之義，也就無法畢竟全功，而壞其事，所以誠齋在這裡也將「時義」的重要性提挈出來，以明及時行義之功。而「義」除了必須即時進行外，若遭逢「義」與「命」的抉擇。又該如何取捨呢？

> 易之戒，義也；三子之遭，命也。命不可逃，義不可越，使三子越義
> 以逃命，命可逃乎？命不可逃，則孰若守義以聽命，三子守義以聽命，
> 雖曰有咎，吾必謂之无咎矣。……仲雍、伯夷、叔齊則躍與否？無咎
> 與否？皆所不能圇也，所謂賢者過之與？（〈乾・九四〉，頁4）

誠齋即認為，像這三子面臨到「越義」與「逃命」的抉擇，而三子便聽天由
命，堅定其所把持的「義」，即使因此犧牲性命，仍然無怨無悔，因為這即是
將「守義」發揮到極致，因此也等於是道德性命的發揮，而沒有任何可以歸
咎之處。

因此，上面是先就誠齋對於「為之不義」的批判史例、「為與不為」的考
量原則、「當於所為」所代表的堅毅質直，「時至義行」的關鍵性實踐，「守義
盡性」之道德精神的發揚，作一個「義所當為」的基本論述，當然這也可見
誠齋對於這些細節思慮的周密了。

二、義之進退

上面將誠齋對於「義所當為」的基本考量先提出，誠齋針對周易〈蹇・
象傳〉「山上有水，蹇，君子以反身修德。」有著面臨困局，深陷蹇難之時的
「當所不為」。

> 地上有山，險也；山上有水，險之險也。君子當重險之世，非德不
> 免，非德不濟，反身修德以俟之而已。（〈蹇・象傳〉，頁143）

亦即是說，若已瞭解如此卦的險之又險之意向所指，置身處於險苛多難之境，
且一己之抱負所為，或而尚未能順遂之時，最佳的方式，便是回歸到「反身
修德」，而反身修德中，因誠齋受《中庸》「居易以俟命」的觀點影響相當深
刻，所以此蹇卦象傳中所說的「以俟之」。應當是指此意，而所謂非德不濟，
此「濟」的意思應是《詩・邶風・匏有苦葉》「匏有苦葉，濟有深涉。」〔註3〕
的渡處之意，或《尚書・說命》「若濟巨川用汝作舟楫。」〔註4〕之濟。當然
也可從《周易・繫辭》「萬民以濟」的「渡」來看，而主要以「度過安處」之
意較通達於誠齋在此蹇卦象傳裡的含意。所以也可以推出：若是能「反身修
德」，至少可以避免或度過艱難時期。

〔註3〕《詩經詮釋》，屈萬里著，2000年10月第十三刷，聯經出版事業公司，頁60。
〔註4〕《十三經注疏》卷第八，清嘉慶二十年重刊宋本，〔清〕阮元用文選樓藏本
　　　校勘，新文豐出版公司印行，頁140。

　　而實際落在一個仕宦者的立場來直接面對、直接應對，又該如何進退有
節呢？這得從誠齋對於周易〈巽‧初六〉「進退，利武人之貞。象曰：進退，
志疑也；利武人之貞，志治也」的解析闡述來看：

> 天下之理，可以進則進，而不爲躁；可退則退，而不怯。初六陰柔
> 在下，而過於卑巽，是小人也，進退皆疑，而莫之適從……然則巽
> 之初六，無所可用乎？其惟利武人之貞乎？蓋陰柔一也，弱者用之
> 爲邪，強者用之爲正；卑巽一也，怯者用之爲諂，勇者用之爲謙……
> 故巽之初六，用之進退，而其志疑；用之武人將帥，而其志治。說
> 卦巽爲進退，故疑，又其究爲躁卦，故武。（〈巽‧初六〉，頁 212）

「進而不躁」、「退而不怯」這將誠齋認爲的「義之所處」展現出來，這樣的
常理觀顯現出其進退得宜的行止。然而就此爻來說，若小人用「巽」之以進
退，卑順太甚，則可見其爲邪諂，而此爻所謂武人用之爲志治，可就誠齋對
於「強者用之爲正」、「勇者用之爲謙」來思考，而其思路應是就剛中有柔，
雖柔而不妨剛之正言，至於勇者往往剛猛直毅，用巽則可以兼謙柔之懷，這
都是對於進退取捨相當有益的。

　　當然，前幾段也對於進退之時機的掌握，而略提其重要性。這可以從誠
齋對於情勢的衡量，卻何以考慮再三來說，從誠齋對於周易〈遯‧象傳〉「遯
亨，遯而亨也，剛當位而應，與時行也。小利貞，浸而長也，遯之時義大矣
哉。」的引述來看。

> 孔子去魯，而行之遲，孟子三而出晝，而猶曰速，聖人之心在天下
> 如此，故曰遯之時義大矣。言其進退之時，去就之義甚大，而未可
> 躁也。（〈遯‧象傳〉，頁 123）

從此遯卦的象傳裡「進退去就未可躁」還可看出其「不忍離去」之情。而這
樣的情感，是因「聖人之心在天下」而非在一己之身，所以能致。所以就這
「去就之義」可以看出對於如何做出最終的取捨抉擇，都將是因聖者以天下
之憂爲己憂，後天下之樂而己樂來思量其進退；所以眷眷焉而思索再三、甚
而懷存是否再有可爲之處。而從此也可呈現出「大義在抱」的一面，而的確
能如此胸懷敦厚，實屬常人之所不能，的確是難能可貴的。

　　而必須附帶一提的便是，除了上述的寬廣柔懷外，其實在聖者的心中，
有令人望塵莫及之處，這點可以從誠齋對於周易〈晉‧初六〉「晉如摧如，貞
吉，罔孚，裕無咎。象曰：晉如摧如，獨行正也，裕無咎，未受命也」來作

瞭解，茲擷取部分論述。

> 屹然於進退之初者，不貽凶於身；怡然於疑信之間者，不見咎於人。
> 初六處進為之初，未受命於上，當是之時，必進則躁，必退則激，
> 未見信而必見其信，則諂而黥，必也屹然而立，則躁激消；怡然而
> 裕，則諂黥泯。惟出六順而靜者能之……以孟子進退有餘裕當之得
> 之矣。（〈晉·初六〉，頁129）

這就說明聖凡之辨。而誠齋從屹然高聳堅立不可動搖之意，來表達出不患貽
棄之無畏，凜然堅毅之氣節，令人望之儼然而欽佩。而「寬仁裕處」，則可將
怨黥之忿以及諂媚之邪消解泯除，這可看出誠齋自有其進退之義的秉持原
則，因此無有可懼。再由其以「義立則裕」來從容面對他人因不解而慍怒怨
黥於我之情境。這可以相當鮮明地呈現出誠齋仁者具備勇之毅然巍立，和寬
裕有餘之恬然。

三、動靜以義

對於如何消解忿懷邪情言，若從容中道以行義，則沛然有餘裕，而不激
躁而失其行舉。此乃誠齋不疾不徐之平穩心態，而何以能如此？其中必有所
守，這可以從周易〈旅·象傳〉「旅，小亨，柔得中乎外而身乎剛，止而麗乎
明，是以小亨旅貞吉也，旅之時義大矣哉。」的闡述解釋來瞭解。

> 旅者人之窮，何大乎時義也，時在彼，其繫在遇；義在此，其繫在
> 守。遇，非我所能為也；守，我所能為也。聖賢君子，不幸而為旅，
> 盡其所能為，聽其所不能為而已。（〈旅·象傳〉，頁208）

從此旅卦象傳的文意抒發來看，有其感嘆之處。可是不難思及誠齋之「有所
為有所不為」的基本原則。所以這正是其已盡其所為，而後權衡當為之計。
這最主要也是藉由「旅」的意識，來表達知所困窮，並不因而錯亂妄為。

當然前節也提到為臣者，在衡量一己之狀況後，最重要關鍵的是在時機的
分辨掌握。所以，誠齋這裡的重要觀念便在於「義在此，其繫在守」，這可以聯
想到孔子周遊列國的精神，正是盡其所能，聽其所不能為的弗違天命之理。

何乃「應理所當然」？除上面所述的聽天命以外，當然要提誠齋「盡人
事」之工夫的思考脈絡。這從其對於周易〈蹇·象傳〉「蹇，難也，險在前也，
見險而能止，知矣哉，蹇利西南，往得中也，不利東北，其道窮也。利見大
人，往有功也；當位貞吉，以正邦也。蹇之時用大矣哉！」的解釋來窺見其

義以動靜的工夫架構。

> 處寒之道二，曰靜，曰動，濟寒之道四，曰擇，曰避，曰才，曰德。
> 坎險而艮能止，可謂智矣，此處險以靜也，靜而審，則動而濟，非
> 終止也。靜而終止，是坐敝舟而不求涉者也；動而不審，是暴虎馮
> 河者也。往而得中，此濟險以動也。（〈寒·象傳〉，頁143）

對於誠齋在處於困寒之局的「擇」與「避」還有「德」的這三個基本原則，已在誠齋「義所當爲」的思慮決定，及「義之進退」的時機自處，和「反身修德」的歸反諸己作了分析。而「才」的對應與否，將在下面一節探討，此處要就「動靜之義」，以何種工夫核心來涵攝「所擇所避」的從容之道。

誠齋在此寒卦象傳中所言「動而不審」極可能會「動益添亂」，甚而會愈動愈亂，凶危立現之象。若先就此處之「審」來看，需就兩方面意義來講，第一義同於《莊子·徐无鬼》「水之守土也審，影之守人也審，物之守物也審」的「審」字之意，所以此處應表「安定」〔註5〕之狀。其次，因誠齋又云「往而得中」這表示這動需有「審」，而因此這「審」字亦通同《淮南子·說山訓》「所先後上下，不可不審。」〔註6〕的知明之層面。因「既知且明」則必能循天命之理而行，也就是因爲有這「知明」層面的「審」，所以可以想見此「動」因「安定循理」而得中，若不具此「知明」的層面，則容易像漫無頭緒般，莽撞地肆意妄行，將導致誤陷誤投，卻不及所「應處應行」之事，甚而會徒增危險，是爲非常不智之舉。所以誠齋用「暴虎馮河」來警惕之。從此處可聯想誠齋這「知明安行」的「審動工夫」同於程明道所云：

> 所謂定者，動亦定，靜亦定；无將迎，无內外。苟以外物爲外，牽
> 己以從之，是以己性爲有內外也。且以性爲隨物於外，則當其在外
> 時，何者爲在內？是有意於絕外誘，而不知性之無內外也。既以內
> 外爲二本，則又烏可遽語定哉？〔註7〕

動靜皆可安，動靜皆可行，之所以如此乃在於「既知而明」、「無分內外」地存

〔註5〕 新編諸子集成《莊子集釋》卷八中，徐無鬼第二十四，此處據成玄英疏：審，安定也，〔清〕郭慶藩撰，王孝魚點校，中華書局出版，1997年10月第八次印刷，頁869～870。

〔註6〕 新編諸子集成《淮南子集釋》卷十六，何寧撰，1998年10月第一次印刷，頁1125。

〔註7〕 《答橫渠張子厚先生書》《河南程氏遺書遺書》《二程集》，〔宋〕程顥、程頤著，王孝魚點校，2004年2月第三次印刷，頁460。

乎一性所致。於是便可「既明則無所不知」。而且，既然「如此一體」，當然可以安然自適，人物皆無內外了。所以更可知道「動中之審」是其必備工夫要件。

其次，若不具備有「知明安行」之「動」，只會愈動愈亂，但也不可一味用「靜」，因「靜而終止」，則只會變成凋蔽，若舟之不涉濟。所以誠齋用「艮止坎險」的象徵，來表達出以「靜」治亂的工夫路向。而若就同樣的立場去面對「險難患亂」來說，「動而能審」即可以致成功，然必得再就誠齋對於周易〈恆・上六〉裡「振恆，凶。象曰：振恆在上，大无功也」的詮釋來看：

> 處靜者，如奉盈，懼其動也；處動者，如操舟，願其靜也。處動者猶願其靜，處靜而願其動也可乎？上六居守恆之世，當處靜之時，爲在上位之臣，爲宜鎮以安靜之治可也。今乃挾陰邪之資，居震動之極，必欲振而搖之者，志於要功而已，聖人探其志而折之曰：大无功也。（〈恆・上六〉，頁122）

這裡提到的關鍵處便在於「處動者猶願其靜」的見解，這不但提挈出了「靜」在誠齋工夫中的樞紐性，也算是先決性，當然也表明了「動中有靜」的不可偏廢立場。若究其實，因這裡蘊含著「靜中調運動行」的工夫，所以能如前所提的「知明安行」，故而誠齋在此恆卦上六爻的解釋裡，就會順理成章地重視處靜而不願「妄亂」而動的觀點。

所以，從前面段落的裡，呈現何以能不疾不徐的從容中道，已先勾點出對於時機動靜的洞澈見解，進而分析誠齋所定義的「擇、避、才、德、動、靜」，釐清其「見得思義」、「自其所處」、「才位相稱」、「反身修德」、「動靜得宜」的整體之「動靜以義」的工夫流程，可知誠齋對於「義」在其秉持原則中的重要關鍵。

第二節　動靜待時

一、藏器待時

上一章進退觀的論述，最主要是從「慮患全己」到「居立有節」的明哲保身立場，再經由「行己有矩」的規循推論出「進德不息」，誠齋思想架構所具備的「退而修己」原則就如上所述了。也就是說，上章從其行矩態度來看誠齋的安身立命原則，而此篇章將藉上章的主要論點，延伸出不同主題的思

考。如此一來才更可窺知誠齋學說之完備。所以若是就誠齋的生活來瞭解，可發現誠齋是個相當重視存養之人。而誠齋認爲常人也不能偏廢一般日行所需，而忽略到形體血氣，以免影響日常生活之處。

> 上六居說媚之極，有啓口之象，是小人之在上，近君用事，以口才而感動九五之君者也。……夫吾之一身，感之至易者也，感而非其道，雖一身不能相使，如咸之自拇自頰是也。蓋血氣流通，精神洞達，則一身輕於一羽，血氣壅閼，精神漂離，則一指重於百鈞。而況天地之於萬物，聖人之於萬民，與夫父子、夫婦、兄弟、朋友之間乎？故咸之六爻，有不感而應，有感而不應，有應感而思其應，有思感而不勝其應，有不感不應而爲无用之感應，有非道之感而不許其應，然則咸感之道豈易乎哉？（〈咸‧上六〉，頁 120）

這是誠齋就周易〈咸‧上六爻〉「咸其輔頰舌。象曰；咸其輔頰舌，滕口說也」的主要引述，這可以從兩個角度來瞭解，這三個程序來觀察誠齋對於此卦的解釋所要表達的觀念架構。第一、形體安養則身心舒爽，第二、身心安適則精神洞達，第三、精神洞達則感通萬物。

從第一點和第二點來看可知道：誠齋認爲「血氣流通，精神洞達……血氣壅閼，精神漂離」這是顯示出誠齋對於形體的顧慮，並沒有因爲強調修心養性，而偏廢了外在身體的保養，這點從先秦儒家也可看出端睨，像孔子雖然不曾講養氣，然而從其所提到的君子三戒中，也可透露些消息，因爲少時的血氣未定戒之在色，戒色正可以養精神之元氣，戒逞兒鬥狠可以養平和順適之氣，戒貪利欲得，則可以培養出見得思義的正氣。無論如何，誠齋這裡所講的血氣會影響精神是無庸置疑的，而且從誠齋「一身輕於一羽」或「一指重於百鈞」這樣的用辭來看，可見血氣會影響身形的負荷，進而影響情性的不適得其所，最後導致精神漂離。反之，卻可以讓身形得到舒暢，最後促進精神的通逐。

而第三點便是誠齋認爲保養形體最終的目標在通達萬物，也就是說，誠齋藉由這樣的外在形體保養，進一步推進到「身心晏如」，而心性安適之時便能感而逐通天下之志。因此所處的任何關係（像父子、夫婦、兄弟、朋友）都能夠快速地即時感通彼此情意，因而能夠融合相處，而沒有任何因血氣壅塞而窒礙了彼此往來互動。這是從血氣關連到人之身心、精神的思考方向，而要如何才可以讓人之身輕體安、無所負擔呢？

> 升而未降，則天下望雲而俟雨；蘊而未施，則君子藏器以待時，待

時者夫何爲哉？飲食以自養，宴樂以自怡而已。此顏子簞瓢陋巷之
日，謝安游宴東山之時也。（〈需‧象傳〉，頁 27）

所以藉由誠齋對於周易〈需‧大象傳〉「雲上於天，需，君子以飲食宴樂」的
解釋可知到：保養身形的方式，重點可以放在飲食與宴樂，《禮記》中記載不
少對於飲食之講究，另外又例如在《論語》中提及孔子「食不厭精，膾不厭
細。」〔註8〕顯現出其對於飲食品質的要求，當然若就誠齋此處自養而言，應
是以顏回來說，道出顏回安貧樂道，好學自養而樂在其中之意。再描述出東
晉名士謝安的宴樂自怡、自適安然、無處不佳的悠哉情懷。這說明了聖賢善
於將一己個體生命，悠游徜徉在無爭無奪的自然生命裡，陶冶蘊蓄、自得其
樂。能如此心曠神怡，該是「胸中自有貞定」、「所藏者道大」所致。

由此看來，存養不只是侷限於外在飲食的調節，能真正使個體生命獲得
昇華的，對於顏回來說，可能是「申如自處」、「安時處順」以養平和，對於
先秦儒家的孟子來說，可能要有浩然之氣，這浩然之氣是以直養而無害的。
所以若就此來說，則可培出仁義剛質之德。而像謝安風流灑脫也可說是逍遙
自得的闊達，而若謝安之風範，應該是日常涵養、有待以動的。所以，由此
更可進而瞭解誠齋藉由需卦象傳的飲食宴樂，來攝歸到一己之身的蘊蓄涵
養，再由這樣具體的表現形式，來指向藏器待時的思考。而上述皆是從聖賢
名士的日常涵養的「貞定無累」，這當然也是《中庸》裡「君子居易以俟命。」
〔註9〕的最佳寫照了。

何以說這樣不同方式的自適安處，抑或正氣浩然的呈現，都可以不流於
俗、塊壘無傷地展現出生命的活力呢？可從誠齋對於周易〈履‧初九〉「素履，
往無咎。象曰：素履之行，獨行願也」的闡解來看：

履之初也，必有平生雅素之學，然後可以有行，故往而無咎，何也？
非利其身也，行其志也。无其素而欲行，欺也；不于其志而于其身，
污也。故古者學而後行，後世行而後學。顏子，陋巷之禹稷；仲舒，
下帷之伊呂；孔明，草盧之管樂，不如是，不爲素履。（〈履‧初九〉，
頁 44）

誠齋認爲的「雅素」即是前面各段一直在提的涵養的工夫，而就誠齋對於此

〔註8〕 新編諸子集成《論語集釋》，程樹德撰，程俊英、蔣建元點校，中華書局，1997
年 10 月第四次印刷，頁 689。

〔註9〕 《禮記譯注》，楊天宇撰，上海古籍出版社，1997 年 4 月第一次印刷，頁 904。

〈履・初九〉的引述看來，可了解到其重視由內而外的「先陶冶後志行」的
程序，亦即是說，沒有所蘊所藏，也沒有所充實之學，則是欺詐矇騙當世的
混淆視聽之徒；所以說「无其素而欲行，欺也」，再加上若所涵藏只是意圖妄
求富貴顯達，而非志在社稷人民，則只是玷染其心志，而所用非是了。像誠
齋所舉的這幾個史例，其有共同的指向──「藏器待時」，而從「顏子陋巷之
禹稷」來看，其所言的的應該是《孟子・離婁下二十九》中所說的：

> 孟子曰：「禹、稷、顏回同道。禹思天下有溺者，由己溺之也；稷思
> 天下有飢者，由己飢之也，是以如是其急也。禹、稷、顏子易地則
> 皆然。今有同室之人鬥者，救之，雖被髮纓冠而救之，可也。鄉鄰
> 有鬥者，被髮纓冠而往救之，則惑也，雖閉戶可也。」〔註10〕

從《孟子》之言可見誠齋的思考脈絡。誠齋藉由禹、稷、顏回，以見君子雖
處於不同時空卻能夠有「易地皆然」的民胞物與之同情。故而可見其德之同、
其道之通是突破時空限制而存在的。而從此〈履・初九〉裡所提的「仲舒，
下帷之伊呂」也別有誠齋意欲凸顯的地方，根據《史記・儒林列傳》記載：

> 董仲舒，廣川人也。以治《春秋》，孝景時爲博士。下帷講誦，弟子
> 傳以久次相受業，或莫見其面。蓋三年董仲舒不觀於舍園，其精如
> 此。進退容止，非禮不行，學者皆師尊之。〔註11〕

這將一個儒者日積月累、行之有年的「專一不舍」和「進德以養身」的堅毅
精神表現出來，讓世人欽佩其專精之業、廣博之學。這是就其以經典、以先
王禮法來涵養其身的例子。的確有其令人佩服之處。

　　上兩段是從聖人抑或鴻儒的角度來呈現不同風貌，其實在大儒文士外，
掌軍從政的一代名相孔明也有其不凡的典型特質。

> 亮躬耕隴畝，好爲梁父吟，身長八尺，每自比於管仲、樂毅，時人莫
> 之許也，惟博陵崔州平、潁川徐庶元直與亮友善，謂爲信然。時先生
> 屯新野，徐庶見先主，先生器之，謂先主曰：諸葛孔明者，臥龍也，
> 將軍豈願見之乎？先生曰：君與俱來。庶曰：此人可就見，不可屈致
> 也，將軍宜枉駕顧之，由是先主遂詣亮，凡三往乃見。〔註12〕

〔註10〕　新編諸子集成《孟子正義》卷十七，〔清〕焦循撰，沈文倬點校，中華書局，
　　　　　1998 年 12 月第四次印刷，頁 597。
〔註11〕　《史記會注考證》卷八十四，〔日〕瀧川龜太郎著，萬卷樓圖書有限公司，
　　　　　民國 91 年 1 月初版三刷，頁 1291。
〔註12〕　《三國志集解》三十五，蜀書五，諸葛亮傳第五，盧弼著，中華書局出版，

從一代王佐軍師孔明尚入仕之前，就志向非凡、胸懷萬丈、已備兵權萬里的豪情壯志，可以看出其必有所稟賦，才能「雖人不信而不慍」、「雖人不信而信於知己」，於是《三國志》中將其「身藏待動」的臥龍意象托襯得相當巧妙，這用來指稱諸葛亮可謂相當妥貼。誠齋舉這史例可以顯示出，若誠有真才實學、志向遠大，必然殷實貞篤，不但不畏人之不己知，且可以信於知己。

當然，以上所舉的幾個例子，最主要在於藉由提出不同典型的古聖先哲、名士鴻儒、抑或忠臣名相，來呈現出「涵養有素」後的不凡氣象，這在在都顯示出令人希聖希賢的景慕、和能令人引發出見賢思齊的嚮往。而這裡也提及了「雅素之學」的重要概念，這是誠齋相當重視的思想重心正是下一節的內容。

二、充實以學

在誠齋的涵養工夫中，以前面所提到的「藏器待時」為其基本原則，為自我期許的動力，而所舉諸多赫赫有名之例中，最主要在於說明涵養這「實質」的重要性，而常人往往放失自己向上進德的機會，而不加重視，因此而離所稟善性之本質越遠。

> 吝疾者諱醫，吝過者諱師。四之困蒙，而負吝於親賢，所謂困而不學，民斯為下者與。然則聖人真絕而不教乎？是教也，非絕也，仲尼之於陽貨、孺悲，皆所不見，疑絕也，然瞰亡取瑟，是亦不屑之教誨也，使二子而改，則困而知之，與生而知之，學而知之，一也，如吝何？（〈蒙‧六四〉，頁 25）

誠齋藉由周易〈蒙‧六四爻〉「困蒙，吝。象曰：困蒙之吝，獨遠實也」引述出「不學之過」這樣的主題。而這在誠齋的比喻中是與「吝疾者諱醫」相提並論的，所以可見「不學之過」的弊病非同小可，因這表示其過錯可能有其必要於對治。不然，何以為過？

由誠齋「吝過者諱師」的論述，道出了常人害怕改過，往往易於重蹈覆轍，不知幡然覺醒，也不肯虛心地學習，善加利用機會師法他人之善，完全故步自封，造成師心自用的壁壘，築成剛愎自固的城牆，因而常造成不能與人溝通。就這「無言」來說，第一種情況便是，不知自己為何者所蔽，囫圇吞棗，逆來順受，僅讓情況含糊枉過。其次，雖不認同此人作法，但一時為

1982 年 12 月第一次印刷，頁 755～756。

其狠愎所驚，不知該如何用較妥切適當的方式來規勸，或制止。第三、遭逢如此情況之人，挺身抗對，但不明所以地厭惡、反視對方，但殊不知這種作法，易造成彼此不解、甚至憎恨，較不具功效性，反而多致紛爭、誤解和徒增困擾。而這些是無言以對後，所鬱而難消之憤情的情狀，這說明了「因畏犯錯」而剛愎自恃所致的人與人之隔閡、衝突。

　　當然上述是先僅就「吝過諱師」的弊病，來敘述常人恥於問師，因而無法獲益，而如《尚書商書・仲虺之誥》中也提到。

　　　能自得師者王，謂人莫己若者亡。好問則裕，自用則小。

〔註13〕
所以能否於己有所長進，端看是否能多問飽聞，所以因「吝過諱師」導致的問題，演變到如此「頑固自蔽」所造成的交互溝通上之障礙，這是經常所見，並非偶發，甚至屢見不鮮的。由此可知這樣的情狀所導致的疾患，並非單方面所能解決的了。

　　再從正面之觀點立場看來，如此自用自傲之人若無困於心、衡於慮，是無法思考、過濾、修改一己的過失或錯誤的，也往往藉由與他人的衝擊、應對的差異中，才會返回自我以省思，所以仲尼之所以行不屑之教，用意乃在於「默化」，因此儒家內聖工夫中自有其妙用無窮的化解能力，來化解那個困滯之處，而因人施教、因事制宜，做出明確而清楚的之方法，往往收到一針見血之效。因若就此爻之傳的詮釋來看，誠齋從「吝過諱師」到「困而不學」最後用「不屑之教」之潛移默化工夫，表面上看起來似已收當頭棒喝之功。可是這「學知」的含意，其實在誠齋此爻之傳更有鞭辟入裡的精思，因若如誠齋所說「聖人真絕而不教乎？」而其實是「真教」，而這「潛移默化」中所經驗過的歷程，並非單方面可完成。然而誠齋深明此義，所以說「困而知之，與生而知之，學而知之，一也」，然後又知道及其所至，則同一也。但這就必得將誠齋的核心思想再詳盡分析，先就「學」來看：

　　　學以取善，故萬善集；問以明善，故一不善不入。居以寬，故處心大而裕；行以仁，故及物公而普，學問、德之府；寬仁，德之輿。（〈乾・文言傳〉，頁11）

對於周易〈乾・文言傳〉「君子學以聚之，問以辨之，寬以居之，仁以行。易

〔註13〕《十三經注疏》卷第八，清嘉慶二十年重刊宋本，〔清〕阮元用文選樓藏本校勘，新文豐出版公司印行，頁112。

曰：見龍在田，利見大人，君德也」誠齋這裡提到「學問」的觀念，需著力用功之處乃在於「學以取善」。而「學集萬善」為其達至之功，因為所著力處以博廣而學，來廣大德行之府，所以可以聚集無可勝數的良善。

而無庸置疑地，為了可以達至這樣的良善，也須明所存藏為何，要不然，誠齋何以言「學以取善」，假若所學乃不善不肖、詭謀奇術，徒然遺害於世，那就又何必為學？所以誠齋一心所嚮之學乃在於聖賢良善心性之學，這點與其同時代的大儒朱熹觀點有相同之處，可資引以佐證：

> 讀書，不可只專就紙上求理義，須反來就自家身上推究。秦漢以後無
> 人說到此，亦只是一向去書冊上求，不就自家身上理會。自家見未到，
> 聖人先說在那裡。自家只借他言語來就身上推究，始得。〔註14〕

> 聖賢之言，須常將來眼頭過，口頭轉，心頭運。〔註15〕

也就是藉由閱覽攝取聖賢之言於一己之身後，再討論其言教於友朋之間，最後可以領會於心，而有所得。這如同《孟子・萬章下》所云的：

> 以友天下之善士為未足，又尚論古之人。頌其詩，讀其書，不知其
> 人可乎？是以論其世也。是尚友也。〔註16〕

至於誠齋認為涵養「學問」中之「提問」也不可偏廢，因為可藉以反過來思考一己是否因廣泛的學習而有囫圇吞棗、不求甚解，卻因此不繼續追究，而無法領悟的，若能如此下著力點，則所涵藏之學問當無罔殆之蔽，久而久之，日漸精闢而有深度。這點也受到先秦儒家的影響，有可會通之處，這可從《孟子・離婁下》的概念來看：

> 君子深造之以道，欲其自得之也。自得之，則居之安；居之安，則
> 資深；資之深，則取之左右逢其源。故君子欲其自得之也。〔註17〕

君子志於道，而明道之法，必須靠勤學領悟，藉由領悟乃能了解其中之奧義，懂得其中奧義，始能更進一步的深入，而唯有這樣日積月累的精益求精，才

〔註14〕《朱子語類》卷第十一，學五，讀書法下，宋黎靖德編，王星賢點校，中華書局，2004 年 2 月第五次印刷，頁 181。

〔註15〕《朱子語類》卷第十，學四，讀書法上，宋黎靖德編，王星賢點校，中華書局，2004 年 2 月第五次印刷，頁 162。

〔註16〕新編諸子集成《孟子正義》，〔清〕焦循撰，沈文倬點校，中華書局，1998 年 12 月第四次印刷，頁 726。

〔註17〕新編諸子集成《孟子正義》，〔清〕焦循撰，沈文倬點校，中華書局，1998 年 12 月第四次印刷，頁 558～559。

能學有所得，大有進展。其好處本身受益最多。可知誠齋之所學乃爲己身之修養深造，藉己身勤學，加上友朋講益，和熟悉、體會先聖賢哲之言爲其進學的方式。

　　而誠齋對於此乾文言傳所引述出來的「問以明善」，關涉其核心思想「明誠」的工夫，從這地方解析，就指涉出人性之所涵「仁義禮智」的「知」，這也牽涉到《中庸》誠者成己成物之「成物」的層面。茲引《中庸・第二十五章》來看：

　　　　誠者，非自成己而已也，所以成物也。成己，仁也；成物，知也。

　　　　性之德也，合外內之道也，故時措之宜也。〔註18〕

亦即是說誠齋的「誠正」核心思想中，這個關於能「成物」的「知」佔關鍵的地位，而誠齋所說的「知」，不是「知士無思慮之變則不樂」的知，也不是「秉人之知謀以爲明察」之知，因上述兩種「知」是世俗智辨的知。要瞭解到誠齋對於乾卦文言傳這裡所謂「問以明善」的問學，是要學其所不能學、知止乎其所不能知。而「所明之善」如誠齋所云，可達至「故一不善不入」，乃因「所問得其眞」，進而「所知乃眞知」，如此一來「所學乃眞學」了，這就是誠齋誠正之學中涵攝「知」這個思想核心的脈絡，而當然從《中庸》裡「合內外之道」的誠，能「故時措之宜也」，也自有其貫通之處。這得從《中庸・第二十章》來看：

　　　　博學之，審問之，愼思之，明辨之，篤行之。有弗學，學之弗能，

　　　　弗措也；有弗問，問之弗知，弗措也；有弗思，思之弗得，弗措也；

　　　　有弗辨，辨之弗明，弗措也；有弗行，行之弗篤，弗措也。〔註19〕

從這裡來理解便不難發現，若問非得之眞知，則弗措之，而誠齋在此乾卦的文言傳之所以要說「問以明善」的主要原因，乃在於將「辨之弗明，弗措也」的重要關鍵突顯出來。所以這點也正是其所以需要問的原因。因「辨之不明」則應「問」，而若「問得其知」，則爲「眞知」，既爲眞知則爲「眞學」，如此「眞學眞知」則無一不善可入了。

　　當然，這裡還有可以繼續分析的地方，即「問得其眞知之處」，這當然要從誠齋的「誠正」之學來講，可引《中庸・第二十章》裡所謂：

〔註18〕朱熹，《四書集註》仿古字版，大孚書局有限公司，民國89年2月初版再刷，頁22。

〔註19〕朱熹，《四書集註》仿古字版，大孚書局有限公司，民國89年2月初版再刷，頁19。

反諸身不誠，不順乎親矣；誠身有道，不明乎善，不誠乎身矣。誠

者，天之道也；誠之者，人之道也。誠者，不勉而中，不思而得，

從容中道，聖人也，誠之者，擇善而固執之者也。〔註20〕

在誠齋的思考中，要求得其實情、得其真知，必須在於「誠身有道」，所以才
在這乾卦文言傳的引述中云：「學以取善，故萬善集，問以明善，故一不善不
入」，而上面《中庸》所說的「不明乎善，不誠乎身矣」，就是在說這樣「不
誠不明」則無以明善。而又因：

自誠明，謂之性；自明誠，謂之教。誠則明矣，明則誠矣。〔註21〕

前面幾段將誠齋從「中庸之性」涵「知」與「仁」論述過，可瞭解在誠齋觀
念中，「得其真知之所以明」，及「誠則明、明則誠」的脈絡來源。因為「知」
既可作為成己和成物之工夫，但也須建立在互動的關係中才可以成立：

教者无求於學者，然後先王之道尊；學者有求於教者，然後教者之

言入，道尊則傳而行，言入則信而堅，故无求非傲，有求非訕。（〈蒙‧

卦辭〉，頁23）

誠齋在蒙卦卦辭傳中所論述者，乃是就《周易》「匪我求童蒙，童蒙求我」的
卦辭來闡釋的。而誠齋這裡所要強調的是「學者有求於教者，然後教者之言
入」和「言入則信而堅」，前句先從「尊學重道」的概念分解出來，而後句則
將「知」作為聖人成己成物的工夫之一。所以前段引文中誠齋才在蒙卦的六
四爻之傳中說「然則聖人真絕而不教乎？是教也，非絕也。仲尼之於陽貨、
孺悲，皆所不見，疑絕也」誠齋之所以認為「是教非絕」之因，乃是因為聖
人之真知真學，而彼輩卻視之無物，或不誠以待，則即便聖人真誠以對待之，
彼輩若自始至終皆以欺詐狡猾之態相待，彼等如此故作姿態，分明是「不誠
以對」，聖人見此或未可一時改變，而轉以它法，讓其自我反省；譬如像陽貨
如此邪傲不誠之徒，若究其實，乃因其己身蒙蔽愚昧所致，可見既自蒙而且
自困，既自困又攘斥外援，必歸自咎。所以若擴大層面來說，「困而不學，民
斯下矣」，並不是聖人不教，而是障阻甚多所致，這並非單一方面可以一時改
變的。而這觀念可以從《中庸‧第二十五章》來看：

〔註20〕 朱熹，《四書集註》仿古字版，大孚書局有限公司，民國89年2月初版再刷，
頁18～19。

〔註21〕 朱熹，《四書集註》仿古字版，《中庸右第二十一章》，頁20，大孚書局有限公
司，民國89年2月初版再刷。

　　誠者自誠也，而道自道也。誠者，物之始終，不誠無物。是故，君
　　子誠之為貴，誠者，非自成己而已也，所以成物也。〔註22〕

藉由《中庸》這裡的「誠者，物之始終，不誠無物」呼應了前面的「成物之
知」，這裡提示到了若以誠待人，則一切原為一己之蒙蔽者，將煙消雲散，而
轉疑成真。可知物之始終，乃在於誠者為物之始終，而誠者既為物之始終本
末，則成己與成物可相通。

　　所以可知誠齋此處所說之「知」可以推擴達到《中庸》裡「至誠之道，
可以前知」的知，是《中庸·第二十四章》「禍福將至，善，必先知之；不善，
必先知之，故至誠如神」〔註23〕的知，當然這是因為聖人平素脩胸中之誠，
以應天地之情，所以能有如此進境。

　　另外一點，誠齋這乾卦文言傳的「行以仁，故及物公而普」中的觀點在
說明：除前幾段所論述的學問之知的存養以外，也要親身去力行，要不然則
成為一不動的存在。這地方可以辨明之處即在於：博學之知的工夫中已經牽
涉到其他一體的共性：

　　子夏曰：「博學而篤志，切問而近思，仁在其中矣。」〔註24〕

可知士人治學的所顧慮到的，不該只限於所為所治的學問，而要更加重視學
養。有所涵養，就層次上來說，是比知識豐富還來得重要。因為知識的層面
只有包括所認知、所熟習、所運用的範圍。假若有周公之才，然驕傲無行，
也可說是不值得推崇尊敬了。所以這裡也須要再加上涵養的工夫。就學養包
括「蘊蓄修養」的層面來看，必配合這個「行之以仁」來講，因所蘊蓄的乃
在於使其內化而成一己生命的煉化融合，若僅就一般所識或所學看來，搜攬
零碎之見，片面認知地撿拾，僅僅只能算是外在層面的增加與堆積，不但可
能會壅塞住真知之性，甚至也有泥堵住認知的危險。而且不可能因博覽之後，
不經由人之內在肯定、通同感受而有真知之得，這實際上是因為其未能真實
體悟。而從另外一角度看來，這樣的內化鎔鑄的工夫，常人以為是抽象而不
予理會，殊不知如此一來。則可以變化氣性，實因腹中詩書氣自華，並且忽

〔註22〕 朱熹，《四書集註》仿古字版，頁 22，大孚書局有限公司，民國 89 年 2 月初
　　　　 版再刷。
〔註23〕 朱熹，《四書集註》仿古字版，頁 21，大孚書局有限公司，民國 89 年 2 月初
　　　　 版再刷。
〔註24〕 新編諸子集成《論語集釋》，程樹德撰，程俊英、蔣建元點校，中華書局，1997
　　　　 年 10 月第四次印刷，頁 1310。

略到這是「篤實」之效的漸漸茁壯，若能日積月累地涵養，將大有一番進境。
所以誠齋說：

> 高宗自以其德弗類，而學於傅說，武王自以不知彝倫，而訪于箕子，
> 所以聖愈聖與？此所謂蒙以養正，聖功者也。晦其中正，而養之以
> 蒙，如霧蒙日，乃所以養日，其明不費，故其照不匱。非做聖用功
> 之深，孰能與於此？（〈蒙・六五〉，頁 25）

此卦之傳的引述原是周易〈蒙・六五爻〉「童蒙，吉。象曰：童蒙之吉，順以
巽也」闡釋可以用「蒙以養正」來作出發點。而誠齋這裡與其相通之處乃在
於，他也認為若是能充實於內、因所蓄者大，再蒙以畜養，則將會有「韜光
養晦」之效。當然也需釐清一點，這蒙卦之蒙，在此處的作用並非是蒙蔽
之意，而是因為恐其「中正誠明」的光華強盛，而需涵藏存守才能有不息之
功。故而誠齋在這裡又說「其明不費，故其照不匱」，就是在表示出這樣用功
之深的工夫呈現，具備了不虞匱乏之效。當然以誠齋的思想脈絡來看，「中正」
是孚誠一貫的方式，而自誠明能盡性之功，也跟其所學有極大的關係。是故
可以再推原出其本質的內融之工夫。於是誠齋亦云：

> 山之體小於天，而能韞天道；人之心靈於山，而能聚天德，君子之
> 畜其德，聚天德也，何以聚之？誦堯舜禹湯文武周孔之言，行堯舜
> 禹湯文武周孔行，多聞多見而默識心通焉。識其在彼，體之在此，
> 賢一變，至於聖，聖一變，至於天。（〈大畜・象傳〉，頁 102）

這是誠齋釋周易〈大畜・象傳〉中「天在山中，大畜。君子以多識前言往行，
以畜其德」之言，主要是從天在山中的意象，來表達出仁人君子如山般，卻
充貯容蓄天之德行，而引述出「聚集」之內容。然而這也就先呼應到前段關
於「尚論古之人。頌其詩，讀其書」及朱子「聖賢之言，須常將來眼頭過，
口頭轉，心頭運」的觀點，藉由誦習先聖之言涵養己身，加上效法先聖容止，
最後加以消化融合於一己個體的身上，這個由藏收到內斂，再從知而化的過
程，還可從誠齋常熟習的儒家經典《禮記》和《中庸》來看，才能瞭解誠齋
的思考模式。先從《禮記・學記》來引證其施力點：

> 大學之教也，時教必有正業，退息必有居學。故君子之於學也，藏
> 焉，修焉，息焉，遊焉。夫然，故安其學而親其師，樂其友而信其
> 道，是以雖離師輔而不反也。〔註25〕

〔註25〕十三經清人注疏，《禮記集解》，〔清〕孫希旦撰，沈嘯寰、王星賢點校，中

也就是說，誠齋在此〈大畜‧象傳〉裡所說的「君子之畜其德」相通於「君子之於學也，藏焉，修焉，息焉，遊焉」。因此大畜象傳中所表達出來的「學知」觀點要「先師後行」，若無師法學習的對象，要先以先賢聖哲和良朋益友為主，再進而「識其在彼，體之在此」，反省己身與先賢聖哲和良朋益友之學問、行止是否有相應之處。

　　當然這也必得提到在師師友的過程中，內部所要消融的歷程步驟，這又得從誠齋的誠正之學來源——《中庸》來作出發。茲引《中庸‧第二十三章》：

> 其次致曲，曲能有誠，誠則形，形則著，著則明，明則動，動則變，變則化，唯天下至誠為能化。〔註26〕

前面說到誠所涵之知與仁，形之於外則著，甚而明，而藉由這樣上學下達、存誠學知，則在己之一身有變化之消融功效，若從行之於天下來講，則又有動而變化天下之功。這從莫現乎隱、莫顯乎微的誠明之德來含括「明誠之化」的基本原則，可以說是在本身可達致「默識心通」之故，這是誠齋誠正之學的樞紐精神。

　　而誠齋在其易傳〈乾‧文言傳〉「學以取善」、「問以明善」、「行以仁」、「故及物公而普」或〈大畜‧象傳〉「默識心通」、「賢變為聖」、「聖變至天」這樣環環相扣又相互貫通的關係，可以用張載《正蒙‧乾稱篇第七》的見解來作參照。以明相同之處：

> 至誠，天性也；不息，天命也。人能至誠則性盡而神可窮矣，不息則命行而化可知矣。學未至知化，非真得也。〔註27〕

張子瞭解到整個「誠」、「性」「不息」之天命及「行」、「知」、「化」、「學」的關係，這是學之得真知，且如天命般不息後，同天理流行般自然而然地變化，這才可達至如「所過者化」、「所存者神」的上下與天地同流的境界，所以誠齋才在〈蒙‧六五爻〉「晦其中正，而養之以蒙，如霧蒙日，乃所以養日，其明不費，故其照不匱」中歸結出「不費不匱」這樣「光華照發」得其時之中正、「發而中節」的見解，提挈並點明出這樣的「內化存養」之工夫的特殊之處，當然這些工夫歷程，正顯示出誠齋之精進不已的學知觀，和深刻存養的

　　　　華書局出版發行，1998 年 12 月第三次印刷，頁 962。

〔註26〕朱熹，《四書集註》仿古字版，大孚書局有限公司，民國 89 年 2 月初版再刷，頁 21。

〔註27〕《張載集》，里仁書局，70 年 12 月，頁 63。

體悟，可以知世俗所不解之知、行常人之所不能行之行。《中庸‧第七章》云：

> 子曰：「人皆曰予知，驅而納諸罟擭陷阱之中，而莫之知辟也；人皆
> 曰予知，擇乎中庸而不能期月守也。」〔註28〕

用這工夫因應於化而解於物也，所以其理不竭，所以另一方面則可以展現出「誠」所相應的天命不息精神，當然也可聯想到誠齋在易傳中對於爻傳所闡釋的見解，跟張載在《正蒙‧乾稱》的思考脈絡有極大相通之處了。

　　從上述由問與學、知的關係，可瞭解到存養和涵蓄，最後真實地融入一體生命的工夫，不但可明白到誠齋的整體觀點架構，更可知其人涵養明誠之工夫，與張載的思考結構有相當程度的類同，實際上受《中庸》的思想影響相當的深厚，也更可知其學重點乃在於一己個體生命的內化融合、默識心通，進而「不費不匱」地潤澤於他人，所以可以成己成物。於是從這個概念來延伸，就可以將涵養的層面更加的擴大，如此一來，就更可進一步地瞭解誠齋這經由內聖到外王的領域的詮解了。

三、蓄民育衆

　　上節的主要觀點在以全面的由「學知」所涵攝於「誠」，將誠齋思想的發展作了詳盡的解釋。而可以知道這個作為修身的重要課題「誠」及「知」，所信、所發，通於彼此交流互動上與真實感應上，也要求之於己，方能有與天地同流、誠中形外的能力，正是《中庸‧第二十章》所謂：

> 故君子不可以不修身，思修身，不可以不事親；思事親，不可以不
> 知人；思知人，不可以不知天。〔註29〕

藉著謹脩而身，而能慎守其真誠，則物與人，無所隔閡。若不修己身而求之人，不免本末倒置，所以應即時具備「修誠存真」之動力，而邁向進德之業。這在誠齋對於周易〈大畜‧九三〉「良馬逐，利艱貞，曰：閑輿衛，利有攸往。象曰：利有攸往，上合志也」的論說中有所衍述，而提到的是關於如何「志行進道」的看法：

> 如君子之畜德者，亦志乎進以行道也。九三居健之極，上九居止之

〔註28〕朱熹，《四書集註》仿古字版，大孚書局有限公司，民國89年2月初版再刷，頁5。

〔註29〕朱熹，《四書集註》仿古字版，大孚書局有限公司，民國89年2月初版再刷，頁15。

極，健極而塞者通，止極而嚴者寬，而況九三有初九、九二迫其進

於下，有上九引其進於上乎？……然聖人必戒之曰：「利艱貞者，言

必難進，而進必以正也。」〈大畜‧九三〉，頁 102）

此卦之傳在誠齋的引述，應將重心擺在最前面二句「如君子之畜德者，亦志

乎進以行道」，才恰可呈現出「蓄德進道」的重要關鍵。當然，誠齋在此卦的

後面提示到，雖艱，必進以正的修身進德觀，而這在在地都將誠齋進德之所

要達至的目標指涉出來。可引《中庸‧第二十章》來看：

子曰：「好學近乎知，力行近乎仁，知恥近乎勇。知此三者，則知所

以修身，知所以修身，則知所以治人，知所以治人，則知所以治天

下矣。」〔註30〕

這正是將前面分析論述的「誠仁之學知」到「存養力行」，作一個具體的究極

指向：修身治人。而這個「以知能勇」和「力行以仁」，正能全面體現「知仁

同用」的實踐義。

　　然而也必須回歸到「蓄德育民」來作主要綱領，而以「容民畜眾」來作

前述的鋪展。這可以從誠齋對於周易〈師‧象傳〉「地中有水，師，君子以容

民畜眾」的述說來看。

　　君子之容民，如地之容水，能容受之，斯能蓄聚之矣。故孟子曰：「天

　　下莫不與也」，天下莫不我與，則寇敵誰與哉？（〈師‧象傳〉）

誠齋藉由如地容水的意象，來譬喻君子容納人民之德。畢竟人若能同人之所

同，民胞物與，深明不仁則害人，不義則傷彼，則將能容受畜聚天下之民，

而當然藉由這可聯想到為君之道，這可引《中庸‧第六章》來看：

子曰：「舜其大知也與，舜好問而好察邇言；隱惡而揚善，執其兩端，

用其中於民，其斯以為舜乎！」〔註31〕

因若能像舜之為帝般隱惡揚善，及人們所有之過，所犯之錯，皆能包容納受，

則將可以體現知仁之誠，而用中於民，達其功效。所以從這裡就可以知道，

在誠齋的觀念裡不但要能「包容聚蓄」，更要能「納收育化」，才能算是明誠

之君。而這樣的程序可以先從誠齋對於為君與臣之關係來講。茲引誠齋對於

〔註30〕　朱熹，《四書集註》仿古字版，大孚書局有限公司，民國89年2月初版再刷，
　　　　　頁 16。

〔註31〕　朱熹，《四書集註》仿古字版，大孚書局有限公司，民國89年2月初版再刷，
　　　　　頁 4。

周易〈謙‧六五〉「不富以其鄰，利用親伐，無不利。象曰：利用侵伐，征不服也」的衍申述說來看：

> 五以君上之尊，體謙柔之德，歉然不有其崇高富貴之勢，此一卦謙德之盛也。推不富之心，納天下之善，則其臣鄰翕然舉善以歸之。高帝不如三子，故能有三子，兼天下之智，合天下之勇，焉往不利哉？（〈謙‧六五〉，頁65）

此處以誠齋對爻辭之傳的闡發爲主要論述。因其提到了「歉然而不自爲富」的謙體之德。而「歉然」一詞，誠齋應是從《孟子‧盡心》「如其自視歉然」所作的解釋，爲「不滿」之意，便可知若是君王「不自以爲滿」的話將可以就推擴出「不因己以爲足」，而虛心以納順，從天下之良善。則所有臣子都將使盡全能以報答之。於是，若能如此下賢禮士，將能達致「歸良以納善」的成果。

前段是就「君有所容臣有所善」的觀念，提挈出誠齋對於君臣「容受共進」的良善關係，而對於包藏畜養的工夫，其層面還不僅於此，可從誠齋對於周易〈蒙‧九二爻〉「包蒙，吉，納婦，吉，子克家。象曰：子克家，剛柔接也」這樣納歸子民的立場闡述來說明：

> 善教欲寬，不欲苛；善學欲遜，不欲速。初六、六三、六四，群蒙，皆陰也，故稱婦焉。九二以剛明之才，當開達之任，受群蒙之歸，則宜寬以俟之，故稱包納焉，包則有容而无擇，納則有受而无卻，皆寬也。人皆有聖賢君子之質，奈何絕之以苛，三后之化頑民，所謂无忿疾於頑，有容德乃大，是也。（〈蒙‧九二〉，頁24）

誠齋對於蒙卦的九二爻之傳，可說是將從學與教和行與化的關係，作整體的連結。誠齋認爲「善教欲寬」、「寬以俟之」這樣「育行教化」的推廣，這也可以呼應到前面誠齋對於乾卦的文言傳裡「居以寬，故處心大而裕；行以仁，故及物公而普。學問，德之府；寬仁，德之輿」的層層推進，而最相關的在於這「居以寬」的爲君心量和「行以仁」的普及他物，也就是說，誠齋這個「寬容納受」的知養觀是相通於蒙卦九二爻這「受群蒙之歸，則宜寬以俟之，故稱包納焉」，因此才能成就「無卻全受」、「無擇皆容」的工夫，這是相當能舍諸人而求諸己，而體現出「有容乃大」之德。當然這和《中庸》第三十一章中所言的也能互相佐證。

> 唯天下至聖，爲能聰明睿知，足以有臨也；寬裕溫柔，足以有容也；

發強剛毅，足以有執也。〔註32〕

另外一點，能容受接納愚頑之輩，可謂不易，也可知誠齋這樣的觀點是從「人皆有聖賢君子之質」的仁誠涵養來論述的，因仁君具備智明，則可教而化眾民，所以誠齋才先提「九二以剛明之才，當開達之任」，顯示出其明達知民。若究其實，就是因「學養涵藏」之知廣，所以所來皆無所逆。而能受「群蒙之歸」的要素是既知且明，既明則受歸之眾則廣。這樣的相得相成理論一直是誠齋涵養教化的主要見解。

所以本章可見誠齋這樣以人為本的立場，而這樣的工夫，從先秦以來，成為儒者的鮮明修養工夫。這種深厚的工夫非一朝一夕可達而成。而先以進德為涵養的必備，涵養需要學知來保含內藏，最後從「知仁之誠」的核心思想來看誠齋認為該如何教化眾民，以實踐「誠」。如此一來可知其承繼《中庸・第二十六章》中所云：「故君子尊德行而道問學，致廣大而盡精微」脈絡，而明瞭誠齋這「行仁以立德」之歷程。

〔註32〕朱熹，《四書集註》仿古字版，大孚書局有限公司，民國89年2月初版再刷，頁 27～28。

第七章　君臣與政治

　　本章將分為兩節來探討。將詳細地以誠齋所舉之史實事件人物，來深究其政倫觀和歷史觀。而第一節的前頭，就審慎的辨別名實來提醒君王觀察臣民是否名實相稱，其次也警惕同樣在朝為官之士人，應該要辨別名實，以免所從非人，而遭池魚之殃。至於第二點則規勸君王要看所用將相是否志行正直，可否是思慮周全，而不師心自用，以免覆叛反逆的為亂，當然也舉例說明如此之輩，終究功敗名潰。最後一點則將君臣相互間的關係作分析，指出君臣間同氣相投，若是君王陰沈則所近之臣也邪佞。最後說明君臣若能互誠以待，同心協力，將可以同舟共濟，興盛家邦。第二節第一點主要將古往今來的朝代更迭的興衰做為證據來論述，以警告君王即使能暫時太平，並非可以永處安穩。第二點將誠齋所定義的君王聖明、賢能、平庸、昏昧、殘暴等類型歸納出來，另外也提出一個在上位者的應行之宜、應培之德，以及如何「尊賢納諫」、「善與人同」。第三點則以為君應深明「不以群間孤」來舉用高潔才幹之士，以及應該如何用才適任，而最後以提振民力、培育民德為君王為政之重點結尾。

第一節　君臣之遇

一、審名辨實

　　自古以來，科舉取士，便造就了不少仕宦之士，而中國傳統士大夫，往往喜歡結交朋友、互相酬唱、談書論事，以相為樂，從交互往來中，藉由彼

此宴會以增才學之益，或談論些詼諧逗趣奇事，以豐富增廣視野，都算是禮尚往來，使賓主盡歡。但是，也有負面的影響，這熙來攘往的聚會，往往也會造就出沽名釣譽之士，或有些是名不符實，可是因眾所歡悅、彼此互相標榜，於是，便如雪球效應般，成為當地享負盛名之士，這種慢慢累積聲譽，而名不符實況的風氣，歷來常見，若根據南北朝時期的北朝人劉晝，所稱的即是：

> 世人傳言，皆以小成大，以非為是，傳彌廣而理逾乖，名彌假而實逾反。則迴犬似人，轉白成黑矣。〔註1〕

因為群眾效應的原理，由眾多世人所謂的「傳聞」而變成「傳言」，闊散而渲染開來的便是許許多多、更不合乎於真正實際的情況，最後「傳言」可能會變成「傳說」了。

> 俗之弊者，不察名實，虛信傳說，即似定真。〔註2〕

的確，這是世俗所常常會發生的弊病，也就常在虛往假來的時候，似是而非、以假亂真了。

> 是以古人，必慎傳名，近審其詞，遠取諸理，不使名害於實，實隱於名，故名無所容其偽，實無所蔽其真，此為正名也。〔註3〕

這樣所謂的名實觀，主要在於說明：「實由名辨，而名非實也」但是若能謹慎辨別鑑察，認清：「名以定實，實為名源」，〔註4〕大致上就不會出差錯，大部分就應該可以名實相符，可是也不能偏廢「名」的作用，因為「有實無名，則實不可辨」。

還可以從另外的角度來觀察，就是用「志氣」。仕宦之後不論是在朝為官或是在各州縣為政，專愛做大官而不做事的便會現出原形，也就是所謂喜歡逢迎、結交權貴的諂諛汲營之輩，這就沒什志氣可言了。所以若要判別名實，往往可以從他們的志氣表現出來，真正的「有志」之士，聲譽出類拔萃之時，處之安然、盡心知性以成己成物，名滿天下對他們來說是平常自然的情形。

〔註1〕 新編諸子集成《劉子挍釋》審名章十六，傅亞庶撰，1998年9月第一次印刷，頁155。

〔註2〕 新編諸子集成《劉子挍釋》審名章十六，傅亞庶撰，1998年9月第一次印刷，頁156。

〔註3〕 新編諸子集成《劉子挍釋》審名章十六，傅亞庶撰，1998年9月第一次印刷，頁156。

〔註4〕 新編諸子集成《劉子挍釋》審名章十六，傅亞庶撰，1998年9月第一次印刷，頁155。

誠齋對於名實志行的看法是：

> 處下位之極，而其名實氣志，已足以感動六四近君之臣，此必有不
> 介而合，不沽而售者。……蓋士之從人，患不在審，而在於果，近
> 臣賢且正乎，四皓從子房；近臣不賢且不正乎，兩生拒叔孫。不然，
> 有從无審，如固從憲、冀，邕從卓，劉、柳從叔文，吉乎？故曰，
> 志行正也，非不欲行志也，惡不正也。（〈咸‧初九〉，頁 78）

也就是說，誠齋對於在野的賢德之士觀點，著重在於其若能德高望重，且能
處之泰然的話，實屬名實相稱、志氣高邁，必然會有不介而合、不期而成的
無心而合於道的相符相契。

　　進一步說，一個仕宦之人，所思所慮的重點要放在其後果的影響性，誠
齋舉了漢初的四皓，當四皓在商山避秦隱遁之時，劉邦建立了王朝，統一了
天下。當漢高祖劉邦要廢掉太子劉盈，另立趙王如意時，劉盈的母親呂后想
到一計，也就是經由張良策劃，懇請四皓出山。於是"偕入漢廷，一語吾主"，
終於讓劉邦改變了廢太子的初衷，而使劉盈登上了帝位。誠齋舉這個典故，
最主要在於強調君王所親近之臣，應該將重心放在其是否有賢能之才、品德
兼備，且所志所行對社稷有功有益。而這看法的內容應來自於程子所論：

> 事君需體納約自牖之意。人君有過，以理開諭知，既不肯聽，雖當
> 救止，於此終不能回，卻須求人君開納處進說。牖乃開明處。如漢
> 祖欲廢太子，叔孫通言嫡庶根本，彼皆知之，既不肯聽矣，縱使能
> 言，無以易比。惟張良知四皓素爲漢祖所敬，招之使事太子，漢祖
> 知人心歸太子，乃無廢立意。及左師觸龍事，亦相類。〔註5〕

另外，誠齋也舉了若是不知好好辨別名實，所從非人，很可能也會跟著遭受
池魚之殃，像班固因爲跟從竇憲，蔡邕跟過董卓，劉禹錫和柳宗元與王叔文
密切往來就是：

> 韓皋憑藉貴門，不附叔文黨，出爲湖南觀察使。既任喜怒凌人，京
> 師人士不敢指名，道路以目，時號「二王、劉、柳。」〔註6〕
> 順宗即位，王叔文、韋執誼用事，尤其待宗元……會居位不久，叔

〔註5〕《河南程氏遺書卷第二上》《二程集》，〔宋〕程顥、程頤著，王孝魚點校，
　　　　2004 年 2 月第三次印刷，頁 14。

〔註6〕《舊唐書‧列傳卷一百一十》，楊家駱主編，鼎文書局，民國 65 年 10 月初版，
　　　　頁 4210。

> 文敗，與同輩七人俱貶。宗元爲紹州刺史。在道，再貶永州司馬，
>
> 既罹竄逐，涉履蠻瘴，崎嶇埋厄，蘊騷人之鬱悼。〔註7〕

事態較輕的，則可能官位不保，遭貶放到蠻瘴荒野之區去無病呻吟、以慰困苦罷了。但有時不但可能遭受身敗名裂，更可能陷己身於不祥之境，像班固便被連及下獄，然而，這是僅僅就光審辨不明就可能導致這樣的凶危了。而爲禍尚不甚巨。

那如果君王或人臣所親近之臣屬，不但不夠賢德，而志行不正且包藏禍心、蓄意謀害的話，那就更危險了。誠齋便舉了像叔孫豹這樣的人倫慘劇來爲例，春秋時代魯國有個輔相，名叫叔孫豹，叔孫豹有兩名兒子孟丙和仲壬。叔孫豹誤交奸佞豎牛，因爲豎牛嫉妒他們，且知其父子之間有代溝，挑撥離間，加以誣陷，搧動叔孫豹一一處死其兩子。最終連叔孫豹也難以倖免於難，舉此例主要是要說明，無論是君王或是人臣，如果不知審邪辨奸，誤信志行詭劣、心術不正之徒，只會讓其有機可乘，進而禍殃及身、甚而身滅命毀。

總而言之，對於所親近結交之人不可不謹慎，否則一旦等到殃身滅己之時，後悔就爲時已晚了。由這個朋黨結聚，而引發的諸如此類活生生、血淋淋的悲慘事件，在中國歷史上層出不窮。對於廣結黨羽之弊，誠齋也提及：

> 以一陰承九五，孤進而不黨也，不曰誠於君乎？人之以盈自裕，莫知
>
> 以盈自仆：人知以黨自助，莫知以黨自蠹。(《中孚・六四》，頁229)

若是只有認知到成群結黨的共同利益，貪求眼前的名利權位，利欲薰心，判斷力被權力慾望所蒙蔽，沒有顧及到這種禍患共體的必然性，而不明所從、限於所溺，一定會容易忽略了自身的安危。若能明辨奸邪，而不與之爲黨，深知與其爲伍將會導致日漸自蠹、漸趨下流，而代之用持盈保泰來收斂身心，以忠、以誠充實己身的內德智識，必定可以以智破邪而遠離禍害，進而身安裕充、無往而不利。

二、邪辟自用

在朝爲官、爲相、或者是鎮守疆場，爲一方之將，受命於君王，照理說應該要赤膽忠誠以報答其君之恩才對。但是，權力往往使人得意忘形、讓人貪婪腐化的例子也是不少，可以從誠齋對於周易〈恆卦・上六〉「振恆，凶。

〔註7〕《舊唐書・列傳卷一百一十》，楊家駱主編，鼎文書局，民國65年10月初版，頁4214。

象曰：振恆在上，大无功也。」的解述來看。

> 上六居守恆之世，當處靜之時，爲在上之臣，謂宜鎮以安靜之治可
> 也。今乃挾陰邪之資，居震動之極，必欲振而搖之者，志於要功而
> 已。聖人探其志而折之曰：大無功也。桓溫枋頭之役，殷浩桑山之
> 師，是已，功安在哉？（〈恆・上六〉，頁122）

誠齋從恆卦的上六之爻，認爲應當以恆常固守安平之世，宜靜不宜動，應該
不要任意舉兵興伐，於是從晉書中舉了晉代當時雄據一方、擁兵自重的桓溫
和殷浩爲例說明了具有野心的權臣將領急於建功立業，不知衡量時局情勢、
妄作非爲的情況：

> 冬十月，中軍將軍殷浩進次山桑，使平北將軍姚襄爲前鋒，襄叛，
> 反擊浩，浩棄輜重，退保譙城。〔註8〕

殷浩同之前的桓溫一樣，都是野心勃勃、好大喜功的將領，但卻是被功利霸
業沖昏了腦袋。誠齋在此，用居震動之雷最上的第六爻，也是陰爻，來說明
桓溫陰邪的心思，狂妄自用，最後終於落得功敗名潰的下場。不但了失敗了
還犧牲了許多無辜的將士生命。

　　所以，誠齋認爲君主對於將相、人臣的要求，最終且最主要還是回到一
個基本的考量面，那就是是否能夠志行正直，是否思慮周全，而不師心自用、
胡作非爲，而陷軍民於無謂的犧牲之中。當然這是就恆卦第六爻的陰動之雷，
來說明極其所動，而所存不正、一意孤行的後果。但這樣的後果往往都造成
無法收拾的下場：

> 天下之禍，莫大於人欲，人欲肆；則下皆有違上之心。君子徐行後
> 長者，而民由有紾其兄之臂：君子不敢齒路馬，而民猶有犯屬車之
> 塵。禮作而後上下分，上下分而後民心息，民心息而後天下定。故
> 辨上下者，非私其上也，安其上也；非安其上也，安其下也。上下
> 相安於綱常之中，而不淪於禽獸夷狄。大哉禮乎！而或曰起僞，又
> 曰忠信之薄，彼未見禮亡之禍爾。（〈履・象傳〉，頁44）

爲人臣者好專己意、爲所欲爲，可見其不明君臣之綱常倫理。前段也提到，
好大喜功、剛愎自用、武斷獨行的桓溫就是心中無君，不對其有恩之主以禮
相敬，而以一己之私欲爲重，狂妄放肆、逞威濫爲，正所謂勇而無禮之匪類。

〔註8〕 《晉書》卷八〈帝紀第八・穆帝〉，鼎文書局印行，民國65年10月初版，楊
　　　　家駱主編，頁199。

　　誠齋在此舉履的象傳來闡發君臣若能相安於綱常之中，便不會有悖禮之士，沒有背道而行、妄作內亂的國家，才不會淪落到被邊族統治的下場。這與「禮」是有密切緊要的聯繫關係的，從這卦的象傳也提到「禮作而後上下分」的觀點，也就是要動之以禮，要動之以禮便要莊重其意，而且這個禮是要以仁做為其核心，《論語・衛靈公》中便提到：

　　　　子曰：「知及之，仁不能守之，雖得之，必失之；知及之，仁能守之，
　　　　不莊以涖之，則民不敬；知及之，仁能守之，莊以涖之，動之不以
　　　　禮，未善也。」〔註9〕

就是說，即使這些位居人臣的公侯將相，就算有認知到禮的存在，卻只將其作為外在形式的行為規範，而僅僅止於表現禮的行為舉止，不知道禮是要以仁為依歸，而無法「攝禮歸仁」的話，那僅僅是膚淺的表面工夫，是虛偽的，更而可推知其存心不正的了。

　　當然，在這裡也回應到了最前第二章關於儒學思想傳承的部分，也就是誠齋在承續荀卿「隆禮重法」的地方。誠齋認為禮義教化是必要的，刑罰法治也是必要的，所以他認為禮法均重，而先禮後法。可是又必須「涵仁發禮」，所以他在《履・象傳》這裡又將「大哉禮乎！而或曰起偽，又曰忠信之薄，彼未見禮亡之禍爾。」——提出來批判了一番。也就是說，雖然誠齋認同荀卿隆禮重法、禮法均重、先禮後法的觀點，但對於治亂世用重典誠齋是不予苟同的，因其認為這樣的化性起偽，其並不是以人性為出發點思考，非仁人忠信之心，故雖然在那個危亂之世，也強調法的必要性，但也在孟荀的人性論中做出正確的判斷。

　　提到人臣之禮，要以仁為依歸，歸於孟子所重的仁義，誠齋即認為：

　　　　陳善閉邪，正使致君以堯，格君於天。如伊尹、周公。（〈蒙・九二〉，
　　　　頁24）

對於如何讓君王可以成為英明之君，而不變成昏庸之主，誠齋舉了伊尹和周公之史例。商湯因能信任伊尹、與伊尹並肩合作、勵精圖治、愛護百姓，非常受到百姓的擁戴。以致成為明君。另一例舉周公，可稍作說明。周公因為輔佐武王伐紂，封於魯。但是周公沒有到所封之國，而是留在朝廷中，輔佐武王，想替周朝建立制度，安定社會，但是沒幾年武王駕崩了，所以又繼續

〔註9〕 新編諸子集成《論語集釋》，程樹德撰，程俊英、蔣建元點校，中華書局，1997
　　　　年10月第四次印刷，頁1120。

攝政輔佐成王，其實，周王朝建立不久之際，正面臨著嚴重的困難與潛伏的危機，因爲殷商朝舊王族後裔中有許多想要反叛復國。以王位世襲制中父死子繼的原則來看，周公留下來輔政，顯然有讓人認其爲圖謀不軌的嫌疑。所以就引起周室集團內部的猜忌矛盾，結果殘餘勢力即與周室內部的反叛勢力勾結起來作亂，最爲人所知的是紂王之子武庚和「三監」管叔、蔡叔、霍叔等人。結果周公東征平定三叔之亂，滅五十國，平定東南，歸而制禮作樂。因此誠齋之所以舉伊尹、周公之例，最主要就是在於要講出伊尹、周公是用何種方式來勸君、輔君。

而誠齋的觀點，則是認爲應該以「陳善閑邪」之道來規勸直諫，但是如何而可用此陳善閑邪之道呢？說到陳善閑邪，應該可以呼應到在筆者在前面理學思想承接的部分，因爲誠齋得力於伊川的思想頗多，所以在個人生命的存養方面，也就是「陳善閑邪」的地方，可以說是與伊川的思路也有相當大的關係，今筆者從《程氏遺書》中舉兩例來略述伊川對於閑邪的工夫論：

> 閑邪則誠自存，不是外面捉一個誠來存著。今人外面役役不善，於不善中尋個善來存著，如此則豈有入善之理？只是閑邪，則誠自存。故孟子言性善，皆由內出。〔註10〕

> 只爲誠便存，閑邪更著甚工夫？但惟是動容貌，整思慮，則自然生敬，敬只是主一也。主一，則既不之東，又不之西，如是則只是中；既不之此，又不之彼，如是則只是內。存此，則自然天理明。學者需是將敬以直內，涵養此意，直內是本。〔註11〕

伊川所說的是「閑邪存誠」，而誠齋是以「陳善閑邪」來發揮，前段有提到，雖說誠齋得力於伊川的地方甚多，尤其《伊川易傳》和《誠齋易傳》在合併刊行之時，是世稱爲《程楊易傳》的，這顯示出其中有相當程度的傳承關連性。而楊萬里在其《誠齋易傳》中也屢屢引述程子之言以佐證，但《誠齋易傳〈蒙‧九二爻〉》這裡所說的「格君於天」的「格」和「致君以堯」的「致」來和伊川朱子重視的下學上達的工夫路向，卻明顯的有極大的差異了，因伊川或者是朱子，其格物乃爲的是窮理，若依以往「其大旨同於伊川」來看是

〔註10〕 《河南程氏遺書卷第十五》《二程集》，〔宋〕程顥、程頤著，王孝魚點校，2004年2月第三次印刷，頁149。

〔註11〕 《河南程氏遺書卷第十五》《二程集》，〔宋〕程顥、程頤著，王孝魚點校，2004年2月第三次印刷，頁149。

否也要將其歸類於「至」的意思？但實則不然。誠齋對於〈乾・文言傳〉裡對於大德之人，認爲其有兼天地造化之體用，而且其德與天地合其大的表述，現在先舉牟宗三先生對於伊川分解的思絡的加以引述

> 伊川雖未覺其以《大學》表下學之切實與其老兄所說有若何不相應，亦未曾以其老兄所說之境。依其質實的直線分解的思考方式，遂將太極眞體、太虛神體、乃至於穆不已之體，只分解地體會爲只是理，將性體亦清楚割截地直說爲只是理（性即理也）。性與廣泛的存有之理合流，而復與格物窮理之理接頭而以格物窮理之方式把握之，則原初講性體以爲道德實踐所以可能之超越根據之義亦漸泯失而不見；而于心體則弄成疲軟、浮動、恍惚，而處於泛而不切不定之境，有時看來很好，有時看來又不然，未若性理觀念之清楚。〔註 12〕

由此可知伊川格物窮理的「格」是建立在認知心瞭解萬事萬物上之意，而誠齋在這裡所說「致君以堯」、「格君於天」的「致」和「格」卻是不同於伊川的，因誠齋所謂的格君於天，無庸置疑的是來自於孟子「惟大人能格君心之非。」〔註 13〕的「格」之意義，現舉另一例：

> 君子欲止其君之不善，而反顧在我之德未能無不善，是以不善止不善也，大人正己而物正，推而格君之心非，焉往而不止？（〈小畜・象傳〉，頁 40）

由此可知，無論誠齋在〈蒙・九二爻〉裡的「格君於天，如伊尹、周公」或是其在〈小畜・象傳〉裡的「大人正己而物正，推而格君之心非」，這「格」的字意都該算是「正」的意思，而若是如此，這意義跟後來王陽明《傳習錄》中「格物如孟子，『大人格君心之格』，是去其心之不正，以全其本體之正」相同，另外誠齋對於周易〈革・九四〉「悔亡有孚，改命吉，象曰：改命之吉，信志也」中所引伸述道：

> 吾既信吾矣，君獨不信吾志哉？豈惟君信之，天亦信之，天信之，君信之矣，君信生於天信，天信生於自信。（〈革・九四〉，頁 181）

也顯而易見的地方在於：這從人和天和物關係的工夫流程，其所說之心都屬於《詩經》裡「唯天之命，於穆不已」的天理實體之心，或《中庸》、《易傳》

〔註 12〕 牟宗三先生全集，《心體與性體》第二冊，聯經，頁 268。

〔註 13〕 新編諸子集成《孟子正義》，〔清〕焦循撰，沈文倬點校，中華書局，1998年 12 月第四次印刷，頁 525。

裡面誠體神化、寂然不動，動而遂通之眞幾，也就是孟子所謂的本心、孔子所說的仁體，上下與天同流的天理，也就是本心自身即是天理的意思。所以說誠齋在這點上是屬於心即裡的縱貫系統，而且從《誠齋易傳〈蒙‧九二爻〉》的這整個句子來看，可知道誠齋所謂的致君以堯的「致」是向前推致的意思，而向前推致又有著孟子所謂擴充之意，所以這個致君於堯的「致」，應同於王陽明致良知的「致」。筆者從《誠齋易傳》中可茲舉些相關於這個「致」字來佐證：

> 聖人因一人之行，而得致一之理，故仲尼繫之曰：言致一也。天地之化醇，男女之化生，亦若是而已矣。（〈損‧六三〉，頁151）

總而言之，誠齋同於孟子仁義本心的地方，即在於這個「格君於天」的「格」，而這個「格君於天」的「格」可以跟「致君以堯」的「致」相得益彰，這樣說來，誠齋的思考也是先秦傳統儒家有相同的脈絡，也就是說，雖然歷來有人以其書常引程子之言就認爲其爲伊川易傳同脈絡，但是誠齋在理學思想的脈系應該以逆覺體證的工夫爲其傾向。所以在這裡，也可以說是誠齋和伊川朱子的的思想脈絡有所差異之處。

　　君臣的相處之道，必須建立在一共同的理念上，要不然若是時有牴觸、就會有許多干犯聖顏之處，而有被貶放、下獄甚或處死之虞，所以在改革的目標上，誠齋認爲：

> 天下之壞，有大壞之壞，有補而未全之壞。大壞，革之可也；補而未全，徐之可也。補壞之才，有革而補之之才，有徐而補之之才。革而補之，強於才者也；徐而補之，弱於才者也。（〈蠱‧六四〉，頁73）

這裡提到了用才和才能高低，來決定是否能夠革補時政之弊的觀點。先以天下的局勢好壞來看，他認爲：若是局勢已壞到不可收拾，當然就得取而代之以新政，若是尙可彌補的，則補之以徐。對於人才的觀念，誠齋以強才弱才來看，其基本原則可說是「強才革補，大刀闊斧；弱才徐補，慢職怠疏」，但若以〈蠱‧六四爻〉來看還有：

> 六四以陰柔之才，居近君之位，此大臣之弱於才而膺補未全之任者也，可以徐，不可以亟；可以寬，不可以迫，故曰裕父之蠱，勸以寬也。又曰往見吝，曰往未得，戒其迫也。高帝革秦爲漢，漢不秦矣，亦未三代也，補而未全者也。惠帝欲有爲，曹參欲无爲，非不爲也，自量其不如蕭何，而不敢爲也，故能成清靜寧一之治，此蠱

之六四寬裕而不敢勇往者與。(〈蠱‧六四〉，頁 73)

以六四陰爻來說明陰柔之才的才能有限，無法一下子畢盡其功，在施行法政以改革時弊之時，只可以從長計畫。極其所盡的莽撞行事，容易會有虎頭蛇尾，為山九仞、功虧一簣之憾。誠齋在此爻舉漢朝惠帝時蕭規曹隨的例子，來說明才能的限制。當然，曹參當上了宰相時，非常有自知之明地說出自己的確不如蕭何，而也讓惠帝瞭解其不如高祖，所以應當要居善則守成、循理固守即可，這是先就柔弱之才來講，當然也有英才之說：

> 然位高德重，必惕勵而後吉，果能惕勵而不自盈，以上九之才，犯險猶必濟，況平世乎？故大有慶也。程子以伊、周當之。(〈頤‧上九〉，頁 108)

「位高權重」固然令人擁有權力，但若能「位高德重」，才更能令人欽佩嘆服，且誠齋舉頤卦的上九之爻，乃居上卦的最上的陽爻，又為山之頂，故其平素有所涵養者、實力才能都非凡，所以誠齋才說就算犯難遇險都能化險為夷、不足為懼，更何況經世統民，必可將國家治理得有條有序、大有吉慶可享。誠齋舉此卦之爻以說明具有大德者，有治世的才幹，必然可以大有一番作為，而以伊尹、周公為例來說明其為聖賢之資的上才。

三、君臣關係

　　為臣剛直規諫其君上固然不錯，但也要所奉之君是英明有容、不剛愎自用的才行，不然也不易與之相處，所以剛強急諫者過於剛強易折，不若剛柔並濟。因此，誠齋對於如何對待剛暴之君有其看法：

> 然柔順以承剛暴之君，免禍而終吉，可也，而能行其志者，何也？志乎忠愛，而純乎天理，自有以潛感而默悟也。故三老之悟武帝，不如田千秋之一言；五王之復唐嗣，不如王方慶之一對。柔順之伏剛暴，速於剛暴伏剛暴矣。(〈履‧九四〉，頁 46)

對於誠齋所舉的「三老之悟武帝，不如田千秋之一言」就是史上所稱「巫蠱之禍」的事件，誠齋以此例表示這事件發生的其間，武帝盛怒難檔，因當時怒不可抑的剛暴情狀，再加上終究敵不過佞臣悠悠之口，所以釀成悲劇，這件事情發生後，漢武帝逐漸發覺此案頗多誣陷之情狀，而高寢郎田千秋又上書為太子訟冤。於是在征和三年時，武帝後悔感悟了，族滅了江充，腰斬了劉屈，並梟其妻之首，而且在宮中建了一座思子之宮，來表達其哀思。田千

秋以柔伏剛，潛感默悟而讓武帝能在最後瞭解事情真相，而不被讒邪之臣蒙
在鼓裡，可算是沒讓太子死得不明不白了。誠齋舉〈履‧九四爻〉最主要也
由從九四之爻正在兌之上，且陽居陰位，是不正的，這是會有多懼之情狀即
在此，然而有驚無險之處在於承接九五之爻，而且應對到初九之爻，所以這
難能可貴之處，也就在於雖然伴君如伴虎、危險程度已經到達如臨深淵、如
「履」薄冰了，可是上有所承，下有所應，當然沒有危及自身的凶險了。

　　然而這是臣子對於剛暴之君王的勸解方式，那身處便佞小人間，該如何
自保呢？

> 九三、九四之謀，同利相趨、同害相死之人也，二人皆有覬其上之
> 利，是故九三恃初九以為戎，九四恃九三以為墉，一伏戎於下，一
> 乘墉於上，以仰逼九五之尊，其志皆不利六二之應九五而有牽乎己
> 也。六二肯我同，而後九五之勢孤，九五孤，而後九三、九四之援
> 合，今六二秉大臣中正之德，堅與君同心之操，懷不可奪，……六
> 二以一柔弱君子，而能抗九三九四兩剛強之小人，陰消其一，而使
> 之不興：深媿其一，而使之自反者，中正而已矣。人臣苟中正矣，
> 何強不弱，何弱不強哉？（〈同人‧九四〉，頁 57）

總地歸結起來，若是文弱之臣，雖不與強權往來、又想明哲保身，以繫報君
臣同心之義的話，還得顧慮到明槍易躲、暗箭難防這一點。因小人往往深喜
玩耍權術、變弄心機來誣陷對其「明顯地」有威脅性的臣子。所以誠齋認為，
若是身處這樣的危勢，最好的對治方式，就是不與其同一見識，也不與其有
正面的衝突，以客觀態度立場處之、平靜其心以應對之，再加上心中「自返
中正」的既定原則，如此一來，雖外柔而內實剛，便可達到強中有弱、弱中
有強而絜矩得當了。

　　上段在闡述文弱之臣身困於險境，該如何而能自求多福。但小人群黨之
時，如果再掌握有相當充分的權力，就往往是勢力強大了，像誠齋前舉唐文
宗在歷史上的一例，就活生生地說明了佞宦窩集或蟄伏的恐怖勢力。所以不
僅僅只有當朝之臣會面臨到被群小誣陷，君王也不能掉以輕心，否則將會被
玩弄在股掌之間而不自知：

> 邪眾而正寡，小人長而君子消，三也，可以不靜而輕作乎哉？當是
> 之時，君臣必也自揆其才，互量其力，而安處其時，小有所過，則
> 可：大有所過，則不可。卑有所就，則宜：高有所舉，則不宜。（〈小

過·象傳〉，頁 232）

誠齋在小過這一卦的象傳論述說明了君臣均必要「有自撲其力，靜俟安處」
的定心之力。

因此，如果君王對於這種邪佞之輩有所深刻認知，而不被矇騙，這可以
功過分明，君臣一心，那朝政將會一清，因此，可以用誠齋對於周易〈困·
九五〉「劓刖，困於赤紱，乃徐有說，利用祭祀。象曰：劓刖，志未得也；乃
徐有說，以中直也，利用祭祀，受福也。」之中述見之：

> 九五以剛中之才，正大之德，為困世之君，則上有拯困之君矣。九
> 二之大臣又有剛中之才，九四之近臣，又有陽剛之志，則下有拯困
> 之臣，君臣同德，患不為爾。一有為焉，孰小人，刑之以劓，刑之
> 以刖；孰為君子，錫以紱冕，享以精誠。小人去而君子伸，始乎困
> 而徐乎說，脫天下於困窮之淵，而躋天下於福慶之域，是易之道也。
>
> （〈困·九五〉，頁 174）

所舉的是困卦的九五之爻「劓刖，困於赤紱」，誠齋藉此爻的劓刖表明其對於
奸佞之厭惡而欲以懲治。當然，誠齋的用意也在於建議君王，若是可以真正
落實做到「懲惡賞善，功良罪佞」這個大原則，那一個國家的朝政將可以因
此而革新，甚而可以說是「始乎困而徐乎說」，而這樣的好開始，也將連鎖效
應式地將帶領國家社稷脫窮解困。然對於此爻辭的解釋，誠齋顯然因其秉性
剛質所致，而如此抒發，若據清李道平所撰的《周易集解纂疏》所引崔覲曰：
「劓刖，刑之小者也。於困之時，不崇柔德，以剛遇剛，雖行其小刑而失其
大柄，故言劓刖也。赤紱，天子祭服之飾。所以稱困者，被奪其政，唯得祭
祀，若春秋傳曰『政由甯氏，祭則寡人』，故曰『困於赤紱』乎，故曰『利用
祭祀』也。」，〔註14〕此意乃在論述國君需自省己過，以免因小失大。

而誠齋此引發之論，其義跟伊川的《易程傳》看法也有所不同，茲引在
下：

> 「五」君位也，人君之困，由上下无與也。赤紱，臣下之服，取行
> 來之義，故以紱言。人君之困，以天下不來也；天下皆來則非困也。
> 五雖在困，而有剛中之德，下有九二剛中之賢，道與德合，徐必相
> 應而來，共濟天下之困，是始困而徐有喜說也。利用祭祀，祭祀之

〔註14〕十三經清人注疏，《周易集解纂疏》，〔清〕李道平撰，潘雨廷點校，2004 年
4 月第三次印刷，頁 425～426。

事，必致其誠敬，而後受福。人君在困時，宜念天下之困，求天下
之賢，若祭祀然，致其誠敬【一作至誠】則能致天下之賢，濟天下
之困矣。(〈困·九五〉，頁 174)

伊川所釋的意思是就人君必先如同祭祀般致其誠敬，以收感化賢才之效，以
期匡扶社稷之功。所以若就上舉論述，可知誠齋跟伊川看法不盡相同，多有
自出機杼之處。

　　當然，對於奸佞諛臣會有如此憤慨厭惡，致有對小人「刑之以劓，刑之
以刖」的怒言，也不能歸咎其過。試想，在那種國家岌岌可危，君王卻還在
耽樂偷安、而身旁的群小，下賊上心、奉順以承上意，竟置社稷及人民於不
顧，一步一步將眾人趨入險境。這怎麼能不令人擔憂，甚至義憤填膺呢？對
於諛臣之害，誠齋即認為：

挈一鼎者，聽於耳；挈天下者，聽於君。耳者一鼎之主，猶君者天
下之主也。然主鼎有二道，鼎實中則正，過中必溢；鼎鉉剛則舉，
不剛必墜。主天下有二道，持盈以中正，則為天下之利；不中不正，
則驕心生，明皇之季是也。用臣以剛直，則為天下之利，不剛不直，
則諛臣進，元帝之貢、薛、韋、匡是也。(〈鼎·六五〉，頁 186)

誠齋對於鼎卦的六五之爻所釋之意，應是從晉鄭玄云：「金鉉喻明道，能舉君
之職官也」。〔註15〕再加上伊川《易程傳》「五在鼎上，耳之象也，鼎之舉措
在耳，為鼎之主也。……六五居中，應中不至於失正，而質本陰柔，故戒以
貞固於中也」。〔註16〕

　　當然，在對於用臣之道方面，誠齋認為應該要選剛直可靠的，而以提挈
一鼎為例來說，若是沒有牢固若金之鉉，覆鼎的危害性相當大，這就好像善
柔便辟之諛臣的不牢靠，而誠齋所舉出的是漢元帝時的四個忠臣，可藉由史
書上的記載來略作說明：

元帝多材藝，善史書，……少而好儒。及即位，徵用儒生，委之以
政。貢、薛、韋、匡，迭為宰相。〔註17〕

〔註15〕〔清〕李道平所撰的，《周易集解纂疏》所引〔晉〕鄭玄云：「金鉉喻明道，
　　　　能舉君之職官也」，十三經清人注疏，《周易集解纂疏》〔清〕李道平撰，潘
　　　　雨廷點校，2004 年 4 月第三次印刷，頁 451。
〔註16〕程頤，《易程傳〈困·九五〉》，文津出版社，民國 79 年 10 月二刷，頁 425。
〔註17〕《漢書·元帝紀》〈本紀第九〉，楊家駱主編，鼎文書局印行，民國 65 年 10
　　　　月初版，頁 68。

誠齋所謂的貢、薛、韋、匡，指的就是貢禹、薛廣德、韋賢、匡衡這幾個儒臣，誠齋認爲其中不乏具剛中、正直之性的忠臣，而可以用赤誠的品德來輔佐元帝，今可舉薛廣德這一例來說即可：

> 薛廣德字長卿，沛郡相人也。以《魯詩》教授楚國，龔勝、舍師事焉。蕭望之爲御史大夫，除廣德爲屬，數與論議，器之，荐廣德經行宜充本朝。爲博士，論石渠，遷諫大夫，代貢禹爲長信少府、御史大夫。廣德爲人溫雅有醞藉。及爲三公，直言諫爭。始拜旬日間，上幸甘泉，郊泰時，禮畢，因留射獵。廣德上書曰：「竊見關東困極，人民流離。陛下日撞亡秦之鐘，聽鄭、衛之樂，臣誠悼之。今士卒暴露，從官勞倦，願陛下亟反宮，思與百姓同憂樂，天下幸甚。」上即日還。其秋，上酎祭宗廟，出便門，欲御樓船，廣德當乘輿車，免冠頓首曰：「宜從橋。」詔曰：「大夫冠。」廣德曰：「陛下不聽臣，臣自剄，以血汙車輪，陛下不得入廟矣！」上不說。先歐光祿大夫張猛進曰：「臣聞主聖臣直。乘船危，就橋安，聖主不乘危。御史大夫言可聽。」上曰：「曉人不當如是邪！」乃從橋。〔註18〕

薛廣德爲了力諫君上，竟然可以用自剄來表達其意志之堅決，這顯示出其忠心耿耿，而且爲了讓皇上信任，甚而道出「以血污輪」這樣以死獻忠之言，由此可見，君王身邊若有正直堅貞之忠臣，其裨益是不言而喻的。反之，君王若不能仔細審辨、喜好邪媚之臣，那包圍在其身邊的，都將是善柔、便佞、媚悅的小人之輩，而若君王本身剛峻嚴直、英明果斷，應不至於讓阿諛奉承之臣有可乘之機，因爲君臣相交在於同氣相投，而在相處的態度方面，誠齋則認爲：

> 初九居下而不輕從近臣，宜也；九二當剛長之運，感六五之君得大臣之位，吉矣，無不利矣。何嫌何疑，而未順君命乎？蓋君之於臣，非致敬盡禮，道合志同，則不足與有爲也，可以順命，則赴之如決流，如轉規；未可以順命，則守之如介石，如移山。（〈臨・九二〉，頁78）

這是誠齋對於《周易》臨卦的九二爻「咸臨，吉，無不利。象曰咸臨吉，無不利，未順命也。」中對於是否該順從君命的思量。而這對於君臣間的關係，若就誠齋熟習《孟子》而言，可引孟子對於君臣關係的立場看法，來對照一

〔註18〕《漢書》卷七十一〈雋疏于薛平彭傳第四十一〉，楊家駱主編，鼎文書局印行，民國65年10月初版，頁3047。

番。茲引《孟子‧離婁下》：

> 孟子告齊宣王曰：「君之視臣如手足，則臣視君如腹心；君之視臣
> 如犬馬，則臣視君如國人；君之視臣如土芥，則臣視君如寇仇。」

〔註19〕

然而若就誠齋對於君臣關係的觀點，只有對於君王較多的關切和期待，或自
勉勸誡，利見親賢臣遠小人而已，沒有像上面孟子所陳述的二者之關係，所
以也可見其老臣忠君之情。

　再就臨卦九二爻來說，誠齋就先用「致敬盡禮」來引出以敬相待，克盡
臣節的融洽之法，這是以「敬心」來互信，以「盡禮」來互敬為基本原則而
發的，再經由「志同道和」的共同軌道進行君臣協力之舉。而對於誠齋來說，
君臣之道的極致發揮莫過於此了。先從誠齋對於《周易》萃卦六二之爻的引
述的解釋來看：

> 君臣之聚會，始於相求，終於相信，臣固求君也，然君之求臣，甚
> 於臣之求君，觀湯之於伊尹，先主之於孔明，則見矣。然則何道以
> 求之？星辰非能自高也，引而高之者天也；賢臣非能自進也，引而
> 進之者君也。（〈萃‧六二〉，頁 166）

誠齋藉事興情，以物自比，而認為如果沒有天在其上的話，星辰將無以光輝
閃耀，這也正說明了君王是臣子所以能盡忠報效、燃放一己生命光輝的主要
憑依，千里馬式的賢臣也要伯樂式的君王才可以極其所能而大展鴻圖，而最
大的關鍵還不只如此。

> 君臣交孚，是以盡其誠以大有為，而盡外飾之虛文。臣有所當為，
> 則遂事而不為專，上有所重發，則衡命而不為悖，皆用論之義也。
> （〈升‧九二〉，頁 169）

這觀念如同《中庸‧第二十章》：「修身則道立，尊賢則不惑，親親則諸父昆
弟不怨，敬大臣則不眩，體群臣則士之報禮重，子庶民則百姓勸。」〔註20〕
因若能君臣交孚，便能以高度的共向群策之力來興盛家邦，同心協力地為社
稷謀福，這樣的力量當然並非一人或幾人之力即可完成的，可見其關切篤誠

〔註19〕新編諸子集成《孟子正義》，〔清〕焦循撰，沈文倬點校，中華書局，1998
　　　年12月第四次印刷，頁546。

〔註20〕朱熹，《四書集註》仿古字版，頁2，大孚書局有限公司，民國89年2月初版
　　　再刷，頁16～17。

之心，像這樣的君臣融洽之情可以達致安康境界的景況，也如其在《誠齋易傳〈晉・卦辭〉》中所云的「晉之世，上則天子近乎德，有不已之明；下則諸侯進乎順，有不已之報。近乎德，如日之出於地，愈升愈明；進乎順，如地之承於日，愈下愈高，下順上而不已，故上燭下亦不已。」便可知這是凝聚共同心力且有萬民之利的主要條件了，也因這樣的君臣同心且君明臣賢，其動力以及所致之果將源源不絕、福澤廣大且綿長。

第二節　致治之方

一、局勢應對

　　傳統儒家思想非常注重道統和治統的相關，最主要表現在於政親人和，而政治和人倫間的協調關係往往決定了王朝的穩定度。所以一個儒士最大的自我實現，就在於將其理想抱負發揮在社會國家，學而優則仕，讓一己生命的光和熱推動社稷的前進，使國家邁向康莊，治國平天下可以說是儒者的終極理想。

　　大抵上一個王朝建立之後，剛開始或許還仍有些紛亂，但往往在經過一段時期後就開始步向安平階段。對於身處南宋內亂外患頻仍、南宋前二帝被擄，卑屈向金國稱臣納貢，士人有恥辱之感，尤其自宋金和議時，雙方以淮河中流為界，這年誠齋當使臣奉命到金國結盟，其實當時宋國與金國雖稱兄道弟，但國家地位是矮人一截的。另外一點便是那時的淮河以北都已經屬於金國的領土，所以誠齋其實是非常悲憤，而有極深刻的感觸的，因此他對於治亂之情況有其看法：

　　　　故曰位乎天德，天時之極者，暑極不生暑，而生寒；君位之極者，

　　　　治極不生治，而生亂，故曰與時偕極。（〈乾・文言〉）

這是從〈乾・文言傳〉的天時迭序來說明治亂往往會相互消長，而由開國到昇平，由昇平到興盛，由興盛到敗亡，只有四個歷程，有些甚至開國沒多久便滅亡了，所以誠齋認為君主必須有「憂患興國，治亂互偕」的認知，切不可認為昇平之時就可耽於欲樂、荒廢政事，更何況像南宋幾乎已經到了生死關頭的階段了。但是能夠體認這種憂患存在的君主，似乎並不多，誠齋在〈乾・上九〉也很有進一步得引伸：

上九亢矣，病也，亢而不知焉，病之病也，自古亂亡，皆不知者也。
知之，斯能處之。故亢者，不知喪亡之幾，而不知退者也。聖人唯
能知之，故能不失其正以處之，又何亢之有？（〈乾·上九〉，頁 12）

南宋那個時期雖然還不到「病入膏肓」，可是已經到了「病得不輕」的地步了，
可是往往就因此疏忽而掉以輕心。僥倖行險、得過且過的這種心態也會出現
在盛世：

陽彙而進，陰引而退，九五以陽剛，居中得正，而位乎天位，險者
夷，難者解，天下治平矣，於此何爲哉？涵養休息與天下相安於無
事而已，不可移濟險之道爲履平之道也。萬物需雨澤，人需飲食，
天下需涵養。「雲上於天」，物之需也；「需者，飲食之道」，人之需
也；「需於酒食貞吉」，天下之需也。酒食者，養天下之謂，成、康、
文、景得之矣，有險樂險，則媮，周平王、晉元帝是也；无險行險，
則擾，秦始皇、漢武帝是也。（〈需·九五〉，頁 29）

誠齋認爲即使天下治平了，也不可變更濟險之道，認爲往後一切就永遠都可
以這樣平穩了。而舉此爻的傳，最主要在於後面這句「有險樂險，則媮，周
平王、晉元帝是也；无險行險，則擾，秦始皇、漢武帝是也。」舉周平王有
險樂險，最主要因當時局勢是天子地位逐漸下降，諸侯日漸跋扈，不把天子
看在眼裡，而周平王樂於安逸，不積極圖治，就輕易遷都洛邑的事情。晉元
帝偏安江南後也沒整頓內政、妥善控制好將領。諸如此類的例子，一再在歷
史上重復演出，令人不勝噓唏。

　　而無險行險的妄爲行徑，則像秦始皇即位之後，派蒙恬率兵出擊匈奴，並
將戰國時秦、趙、燕三國北邊的長城連結起來，修築西起臨洮、東至遼東的萬
里長城。這些勞民傷財甚至虐民的暴政都讓民眾有命何以存之感，至於漢武帝
也好不了多少。當漢武帝決定採取主動攻勢，北伐匈奴之時，在霍去病、衛青
等名將的率領下，漢朝大軍先後曾經遠征塞外達九次之多，雖然因此把匈奴的
主要勢力消滅擊潰了，但所資所費幾乎耗掉了整個大漢帝國的精力和漢初以來
休養生息已久的帝國實力。除此之外，更別說漢武帝是多麼竭精殫慮地向四方
開拓，如出兵大宛揚威西域，將西南夷收爲郡縣，大舉敉定百越，夷滅朝鮮。
這些有很多不必要的好大喜功。而且從他不間斷地從事耗民傷財之舉，雖使國
土擴大，但也埋下了許多民怨，和造成許許多多家庭的亡夫喪子之痛。這對穩
定國家是極爲不利的。這就是誠齋所謂擾民的大失策了。

　　那要怎麼樣才能算是真正把國家社稷的實力，用在正確的對外方向上呢？誠齋其實算是主戰派的一方，若作個比喻，南宋的偏安下，感覺即是像個彎腰駝背的佝僂佬，金國正是其芒刺在背的痛處，如果不深思熟慮、提振精神，後果實不堪設想；所以這時的國家，已經處於非得用兵不可的地步，而必須喚醒眾群，起而捍衛國家，當時的情況可不能再以「苟且偷安」、「一味趨從」的心態處之。

> 上九以剛明之極而居上，此王者除元惡以大正其國之世也，其成王顯顯令德，四征不庭之時乎？程子謂去其首惡，而非及其醜類，得之矣。（〈離‧上九〉，頁 116）

誠齋在此舉了〈離‧上九爻〉加以論述，乃是對於危機的有感而發，從這卦的傳，可聯想其所處的時代背景是在險難之中，但是誠齋還是秉持著樂觀以看待之，不輕言輕意斷送大好江山於其所惡之敵——金國。但這一爻中，上九爻騎乘陰爻之上，又居離卦最終，且離卦乃「以陰麗陽」為其成意，陽為陰所麗，所以可以光榮而歸。這個爻位所代表的意義，讓誠齋聯想到這種處境，對於整個家國大業，又可以抱有光明的希望在，此以勉勸君王勇於抗敵。所以一方面，雖然強敵環恃於邊圍，誠齋還是希望，有朝一日可以「除元惡」。雖然傳中所舉的周成王是平定內亂，而不是討伐外患，不過不管是內憂或是外患，同樣是一國之患，不趁機拔除，只會每下愈況，以後更難收拾。

　　所以從誠齋積極正視、勇於面對的抗敵態度，可知道他的對外策略。可是，也別以為誠齋只是一心想收復國土，而疏於瞭解實際情況，對於分析國家的情勢，誠齋也是不含糊的：

> 一卦五陽而一陰，五陽必爭赴於一陰；一水眾漁而一魚，眾漁必爭取於一魚。九三居九二之後，而必爭，爭則必傷，傷則欲進而不敢進，自危而不力爭。能不進而自危，雖不得魚，亦无後災，故无大咎。曰行未牽者，猶幸其不牽於魚而必進也。孔明說先主，謂中原已為操所得，而江東已為吳所得，吳不可圖，而可以為援。（〈姤‧九三〉，頁 163）

先就其整體卦象來說，姤卦的整體還是以一陰檔五陽的「女壯」意象為主，誠齋對於〈姤‧九三〉的解釋，則以以眾多漁人爭捕一魚的例子來表示，對於這爻可以進一步解釋：

> 本爻過剛不中，剛遇初六之柔，而為九二所隔，故如「臀无膚」，不

便於行也，是以其行趑趄不進。雖厲（危）而無大咎。〔註21〕

也就是說，因九三爲這個九二爻所隔，所以最後必須遏止其欲，而自知該有所節制，不該再耗費太多精力。在這於事無「補」的地方。誠齋最後引述到劉備三顧茅廬於孔明，商討天下大事，而孔明將當時的群雄勢力分佈、天下大抵情勢，歸納出當與東吳結盟，而不可與其爲敵的最佳策略。附帶地呼應了前面先固本守成，以免大耗戰力，而徒增疲軟的窘境。這是說明了誠齋對於整個國家情勢的觀點。而這也是基於「自量有危，則危不至」的周延性考量，所以是安穩漸進之方式。

前面所述，主要說明了誠齋對於深處危及、頹勢、抑或弱小待興的國家應有的作爲，當然也可以從誠齋的文論〈國勢〉中可發現，他認爲中國古代國家中有很弱的，而且領地不大的卻仍生存下來，也有那種剛開始吞併眾多國家，不可一世，卻傳不過三代的，像秦國便是一例。又提到五胡十六國時，有的舊昔頹垮，經一番整頓之後卻強大起來的。同樣都是開國王朝，爲何會有只傳一世跟傳了七八百年的天壤之別呢？誠齋提及：

> 漸於陵，非進於位之漸也，進於功業之漸也，故文皇之治，不見於
> 貞觀之初，而見於三年之後。開元、元和亦然。（〈漸・九五〉，頁
> 197）

盛業非一蹴可幾，而關鍵點在於君主及臣民的共同一心，而誠齋也認爲人的作用性和影響力其實是所有問題的核心，所以在其〈國勢〉中便提到：

> 臣聞善立國者，以人成天，而不以天敗人。蓋國之所以廢興，短長
> 者，天也。而所以使廢興短長者，非天也，惟人也。〔註22〕

他認爲興國，非人不可，而舉漸卦的九五爻來引出其歷史的佐證，這就得將唐太宗的行事稍敍一番。誠齋認爲這是因爲太宗已經先認識到「亡隋之轍，殷鑒不遠」，「刻民以奉君，猶割肉以充腹，腹飽而身斃，君富而國亡。」的原因，所以太宗積極圖治。在廣納群賢部分，太宗任賢納諫，像有魏徵、房玄齡、杜如晦、褚遂良、徐世勣、李靖等良相賢臣。而且太宗勇於接受諫言，擇其善者而從之。在爲政方面，太宗自奉儉樸，去奢除侈，遣散部份宮女，停止各地珍貢。在派選官吏方面，太宗親自選拔任命刺史，並記其功過，以

〔註21〕《周易經傳象易闡釋》，朱維煥著，台灣學生書局，西元 2000 年 9 月增定版，頁 319。
〔註22〕《誠齋集》卷第八十四〈國勢〉四部叢刊，上海書店，1989 年版，頁 13。

備升貶。對科舉制、政制、兵制等各方面多改革，譬如太宗行三省合議的中央政制。倡導文教方面，太宗設弘文館，興國子監，修撰經史，集中圖籍。終於在太宗在位的貞觀年間，出現了這麼樣一個政治清明、經濟高度發展、社會安定，文化輝煌的太平盛世，歷史上稱此為「貞觀之治」。這說明了太宗能在最初之時有先見之明，且行之有年，才能漸漸累積雄厚的國力。

再就誠齋所提「開元、元和亦然」言，在憲宗時，始有元和中興之名，所謂元和中興，是指革除德宗時之弊政，因為德宗之時，藩鎮跋扈地作亂，迫使德宗出奔奉天。而另外一點，代宗、德宗年間，回紇、吐蕃數度侵略攻伐，唐朝面臨危機，尤其是對藩鎮的姑息政策。但憲宗一即位不久，就用了杜黃裳為相，振舉綱紀，使力制裁跋扈的藩鎮，先後討平劍南西川節度使劉闢、夏綏留後楊惠琳、鎮海節度使李錡，這三藩鎮平定之後，君王聲威大振。之後又命宰相武元衡、裴度督師，李朔為將，討平民風獷悍、戰鬥力強的淮西節度使吳元濟。於是淄青、成德、盧龍等節度使均來朝，憲宗的中興事業，使唐朝壽命得以再繼續延長下去。誠齋在此處用了憲宗元和中興之例，說明沒有先前的「勇於對治」是無法挽救邁向頹勢的局面的。

在施政方面，就如前幾段所述，誠齋認為君臣必得循序漸進、共同經營。但宮廷內部往往也波濤洶湧、潛伏著許多看不到的危機，而其中以勢力勾結的危害最大。

> 險難之濟否，視君子小人之眾寡；小人眾而君子寡，則一君子不勝眾小人。群臣皆小人，而人主孤，則一賢君亦不勝群小。九五以剛中之德而履尊位，又有九二剛陽之大臣以佐下風，可以濟險有餘矣，然而僅能无咎者，如水之不盈而未平也。何為其不盈而未平也？陷於上六、六四之中而未出也，唐之代宗、文宗是也，代宗陷於藩鎮之險而未能出，惟郭子儀可以出之；然子儀自陷於朝恩、輔國讒波之中。（〈坎·九五〉，頁113）

誠齋舉〈坎·九五爻〉加以闡述，若純就卦爻來說，坎卦之九五爻其象居中得正，九五爻居上坎之中，所以說《周易》九五爻辭「坎不盈」。有危險的地方在其困於坎險之中，但因此爻居上卦之中，處正之位，所以又曰「祗既平」，有脫出險困的解難之象。誠齋由九五、九二之爻聯想到九五之君、九二之臣皆陷於二陰之中，而聯想到權奸為禍。因為實際上，若集團性的惡勢力的匯集成一種力量，其影響力和破壞力是不容忽視的，而且如果惡勢力太強，正

面直攖其鋒，只恐怕身陷其中，朝不保夕。如此鋌而走險的行為，凶險難料，因為邪眾善寡，難敵眾惡。而且如果不痛下決心、策劃周密點去大力掃蕩的話，也只有坐以待斃。由此情況可想見，雖然九五陽爻有剛中之德，但寡不敵眾，難以盡去大患。

　　那君主要如何以史為鏡，以知得失呢？要不然籠罩在眾多勢力間的糾結，陷入動彈不得的處境，可是難以脫身的。這可在下一段中對於君德的論析中瞭解誠齋的看法。

二、君　德

　　身為一國之君必須以身作則，將內聖外王的工夫篤實踐行才是，而國君每日上朝，聽進奏和規諫，藉以曉天下之事，以治天下之政即誠齋之云：

> 上六以資之柔，居豫之極，昏冥於逸豫之樂，其咎成；而無咎者，極而能變故也。知逸豫之不可長，幡然而能變，安知逸豫之主不為憂勤之主乎，渝，變也，豫而能變，則為太甲，為齊威王；不變者，小則漢成帝、唐明皇，大則太康、唐莊宗。（〈豫・上六〉，頁68）

誠齋藉由豫卦的上六爻來闡述憂勞興國、逸豫亡身之道理，當然以這上六爻「冥豫」來說是既昏昧而且沈浸在豫樂，但物極必反，豫卦到了這個上六之爻，就如誠齋所述「而無咎者，極而能變故也」所以這所居上六之爻，有反過來超越昇華之象，因此沒有大礙。藉此爻象的意義，誠齋也把古往今來的君主拿出來作引述，像太甲居桐宮三年，因為悔過自責，所以伊尹迎回太甲，而把政權還授於他。自此之後，太甲修養君德、奉理守法，諸侯都來歸服，也讓社稷因而邁向穩定安寧。而齊威王是戰國時期齊國的國君，在其即位初始，齊國曾經一度出現了彼此互相攻伐，國政難治的局面。面對這樣艱困煩擾的處境，齊威王廣納諫言、大刀闊斧地使用賢才。任命鄒忌為宰相、選田忌為將、以孫臏為軍師，積極整飭吏治，用心改革弊政，不到幾年間，國力終於逐漸變強。而且因為國富民強，使得許多鄰國來朝。在公元前 341 年，齊國更把魏軍打敗於馬陵。這兩例都說明了，若是能夠及時改過，即使是曾經耽溺於逸樂或是面臨處處危機、困窘不已的處境，都有全面翻盤的希望。而關鍵點在於這個身為君主者，是否有心要改過自新、力挽狂瀾。

　　前段所述的是誠齋在易傳裡面所說的幡然能變、大有可為之君，而也將反面的例子提了出來，像提到漢成帝和唐明皇這兩個差點就亡國的例子。其實在

成帝之前是有經歷過昭宣中興的治世的，成帝之父元帝，元帝爲人寬大恭儉，不但體恤民情、尙改革一些制度。若是成帝能克紹箕裘，力圖整治，漢朝應可持續昭宣之世的好景況的。不過成帝昏昧的地方就在於不知朝臣、宦官、外戚明爭暗鬥，敗壞朝政，漢朝實在是個外戚宦官干涉朝政相當嚴重的時代，又加上成帝荒淫無度，個性不夠剛斷果決，以致於權力逐漸落入在外戚王氏手上，漢成帝並沒有體認到當時西漢的國勢已經因爲天災不斷、朝綱不振而日漸沒落了，而漢成帝又過於奢侈荒淫，所以天災再加上人禍，這人禍也就是人君之過，造成人民生活十分困苦。班固就認爲：「漢世衰於元、成，壞於哀、平。」〔註23〕而唐玄宗的例子可就更家喻戶曉了，唐明皇寵愛貴妃、沈溺荒淫、不理國事，寵信外戚、不明所以，最後導致安史之亂，也差點死身亡國。至於說到太康，太康是位亡國之君，史稱「太康失國」。再提到後唐莊宗，後唐莊宗李存勗性喜猜忌功臣宿將，就連賢臣郭崇韜也被殺害。此外，後唐莊宗又寵任伶官，沉緬於聲色，橫徵暴斂，弄致民不聊生，終於眾叛親離，最後因爲指揮使郭從謙作亂，莊宗中流矢死。舉這幾例也在說明，若是不知悔改，事情演變令人難以想像，興國、亡國關鍵繫於國君是否能夠及時醒悟。

誠齋是非常盛讚堯舜周文之治的，對於前幾段遂引發出君主若不修明自身，則逸豫亡身、率天下漸入於頹危之險境。對治這種耽於享樂、不務朝政情況誠齋便提出：

> 堯以心惟危，故逸樂漫遊之過絕；湯以禮制心，故聲色貨利之念消。
>
> （〈大畜・六五〉，頁103）

爲何要舉大畜的六五之爻引述出堯、湯之制心之道。若究其實，身爲君王，孰不饗宴、歡樂、馳騁田獵呢？但重點不在於享樂的本身，應該有所節制，堯制約己欲的方式是知其過度則會縱放人之性情、有害身心，商湯則用禮來約束己身而消聲色貨利之欲，若就大畜的六五爻來說，六五爻是陰居陽位，是爲失位，唯其可下應于二，故可曰「吉」。然而，何以吉？可再說明一下。六五之爻辭原爲：「豶豕之牙，吉」而陸德明《經典釋文》曰：「牙，鄭讀爲互」，根據近代學者高亨先生《周易古經今注》曰：「互者，蓋交木爲闌以閑豕也」，朱維煥先生就前所釋加以延伸論述認爲：

> 本卦九三、六四、六五、上九爲大離象，離錯爲坎，坎爲豕。（〈說

〔註23〕《漢書・佞幸列傳第六十三》，班固撰，顏師古注，鼎文書局，民國65年10月初版，頁3741。

卦傳〉）上卦爲艮，艮爲手（〈説卦傳〉）九三、六四、六五互震，震
錯爲巽，巽爲木，爲繩，〈説卦傳〉此以手持繩、縛木爲闌以閑犢豕
（幼豕）之象。六五體上艮居尊位，下應乾進之中，當大畜之時，
上艮畜乎下乾，防閑之義見矣，故吉。〔註24〕

由這種欄木以限幼豕狂暴躁衝的狀態，就猶如誠齋所謂湯武「以禮制心」閑
伏其逞欲妄動的情狀，所以要是能節之有當，則久而久之必然可以遣除多餘
的聲色逸樂了。

　　然而要成爲一個聖君，「以禮制心」只是最基本的工夫，不但要能克服己
身多餘的好利私欲，更要充實己身德行，而在充灌、畜養後又要有相當程度
的認知，沒這認知，前面得工夫等於是白費了，在君主培德觀中，誠齋認爲
一般都可以因接受規諫而克己復禮，然而若是只有「一曝十寒」式的得過且
過、姑且爲之以敷衍了事，則盤桓不進，所以對於這節約身心，以「禮」陶
冶己身之德行方面，誠齋則認爲：

> 君德剛健，則有進而无息；君德篤實，則有韞而无竭，韞而進，進
> 而韞，蘊於中者充實，則溢於外者輝光，輝光而進，進而无息，則
> 輝光者日新其輝光矣。（〈大畜・象傳〉，頁 101）

也就是說，從大畜卦的象傳中，誠齋認爲所習所蘊的重點，必須放在是否能夠
「剛健篤實」，而且這種蘊蓄必須要持之以恆、必須要盈科而後進，必須要由內
充實到飽滿碩大而形於外，才算具備，而迸放出輝光，有此輝光更可持盈保泰、
剛健不息，誠齋這樣的觀點應承自《孟子》所謂「充實之謂美，充實而有光輝
之謂大」而加以發揮的，而且重點在於誠齋說「蘊而進，進而蘊」的貫通路向。
此種由內而外、由外返內的內外融通的工夫方式，應屬體用一如的進程。

　　君王即位之初，往往自我期勉成爲英明之君，但成爲暴君者有之，昏君
者更比比皆是，平庸之君更是多得不可勝數，更遑論要成爲智德兼備之明君
了。所以說要成爲聖君或賢君，顯然不容易。雖然說賢君已經可以算是是明
君了，但在誠齋細微的觀察分析下，還是可以有些微差距可以區分出來的，
誠齋便認爲：

> 九五以乾之陽剛，居兌之中正，爲一卦説隨之主，應六二正中之臣，
> 此聖君至誠，樂從天下之善也，吉孰大焉。孚，誠也，嘉，善也。堯

〔註24〕《周易經傳象易闡釋》，朱維煥著，台灣學生書局，西元 2000 年 9 月增定版，
頁 199。

之舍己從人，舜之聞見一善，上也；高祖從諫轉圜，太宗導人使諫，

次也。堯舜，聖之隨；高祖、太宗，賢之隨。(〈隨‧九五〉，頁71)

這是誠齋就孟子所言「大舜有大焉，善與人同，舍己從人，樂取于人以為善」
的德行來說的，而又說漢高組劉邦和唐太宗對於臣屬規諫聽得進去，能因此
改變原意。實則因漢高組和唐太宗性情都是豁達大度、勇於改過，所以能從
善如流、知人善任，而他們不如堯舜之處在哪呢？在於堯舜能博通眾善，善
與人同。然而漢高祖和唐太宗都已犯失策抑或過錯了，得再經由臣子從旁規
勸諷諫，才得以醒悟。就高祖和太宗來說，必須經由一事一物的反省，而慢
慢地循序漸進，而成其賢善。但堯舜所從、所順、所隨是人與天同一，這就
是《中庸》所說：「舜其大知矣乎！舜好問而好察邇言，隱惡而揚善，執其
兩端，用其中於民。」〔註25〕清焦循《孟子正義》對這《中庸》「執其兩端，
用其中於民」有其看法，曰：「其兩端，人之兩端也。執兩而用中，則非執
一而無權。執一無權，則與人異；執兩用中，則與人同。執一者，守乎己而
不能舍己，故欲天下之人皆從乎己。通先下之志者，惟善之從，故舍己從人，
樂取人以為善。」〔註26〕所以誠齋說對隨這九五爻便說：「舜之聞見一善，
上也」，舜這個「善與人同」是直通於人而同時即於天，上與天同，下與人
通，是上下與天同流的。這就是聖之所以為聖之故，也是聖賢的分判。另外
可以再引下文作佐證：

此聖人贊六五之損己從人，有損中之益之盛德也。六五以山嶽配天
之德，宅大中至正之位，為損卦之君，而其中空洞寬廣，謙柔挹損
以從在下之群賢，天下之有善者，所以皆說而願增益其高大也。或
益之者，或之為言，非一人可指之謂也，一人益之，十人朋而從之，
龜筮亦皆從而弗違之。「人謀鬼謀，百姓與能」，此所以為大吉而自
天祐之與，此大舜捨己從人之盛德也。(〈損‧六五〉，頁151)

誠齋在損六五爻的損己從人之象，以虞舜為其象徵來代表說明可說肯切，但
需要釐清的一點是，這裡所說的「損己」並非己身有所不正，或者有偏邪，
而需要藉由別人來修正自己，誠齋這裡也說了「謙柔挹損以從在下之群賢」，

〔註25〕新編諸子集成《四書章句集注》，朱熹撰，中華書局，2003 年 6 月第七次印刷，
頁 20。

〔註26〕新編諸子集成《孟子正義》，〔清〕焦循撰，沈文倬點校，中華書局，1998
年 12 月第四次印刷，頁 241。

這句的含意和層面是「謙和以處」、「紆尊降貴」之意，也就是說聖人一出於天，而應之於人，順天而從民之所冀。

所以這種雖然位居尊位，卻謙沖自牧，不但與天地合其德也與賢者眾善相通，更可讓人遙望其德愈尊，而行愈謙；位越高，而心彌卑的聖者胸懷。由此可推想，誠齋對於君王的要求，不僅僅只在於賢君，而希冀其可達聖明之君。在那個國勢衰頹、綱紀不振，邊患辱國的情況中，誠齋有滿腔熱血，除了希望可以殫精竭慮，以一己之所有挽局勢外，更希望自己所事奉之君主能以「進賢入聖」自期。

> 六五為離，一卦之主，明之至也。有坤六五之文德之盛也，有文明
> 之德，居至尊之位，而牧之以謙柔，如射文明之羽而不再發，言發
> 無不中也，此其所以下得乎人之譽，上得乎天之命。（〈旅・六五〉，
> 頁 210）

也就是說，君王若能達到「賢明」固然已經是「卓越登峰」了，但試想，登峰之後，仍舊「有天可望」、「有日在其上」，所以誠齋的旅卦六五之爻也提出了這個聖明的「明」，和像「發無不中」、「上得乎天之命」的天，是「如射文明之羽而不再發」必得因發而中，也用來說明聖君能夠順天應人，清明之政可致，而且能夠承天景命，下得人和之譽。

三、用才適任

前幾段誠齋將君王聖明、賢能、平庸、昏昧、殘暴等種種類型作了引述，而誠齋認為君主除了要將自己的德行修好之外，可以積極地廣納人才，以免有遺珠之憾：

> 盡致泰之道，其綱一，其目三，何謂一？曰包荒以宏其度，何謂三？
> 曰用人之際不以全責偏，不以近忘遠，不以群間孤，剛果之才偏於
> 勇，責其不全，則天下有廢才；幽遠之事壅於簡，搜之不博，則天
> 下有逸士；孤立之賢塞於朋，主之不力，則天下有厄賢，是三人者，
> 有一不能兼容，豈包荒用人之度也哉？（〈泰・九二〉，頁 48）

在那個亂世，正是急需用人之際，所以誠齋藉由泰卦的九二爻，將其所認定的綱目張舉出來，總綱就是包容廣大，也就是標準不要過於繁瑣苛求，要廣包眾才、以圖家國天下的大治，但這樣說來也只是個廣義的原則，於是針對時政、內外局勢，有三個條目：

　　認為「用才」第一個原則，不能爲了求全而責偏，因而以偏概全，忽略了其強項，假設或有經世治國的特立之才，然而卻有往舊之過或夙昔之疵，誠齋認爲應該要認定「瑕不掩瑜」的原則，才不會因此讓有經天緯地之國士，終老於鄉野之中。

　　其次，誠齋認爲雖然不能「捨近求遠」，但也不能「以近忘遠」，因爲身居亂世的有道之士，往往也是最有可能藏諸名山、隱遯保生的，若是因爲搜羅不夠廣博，就會有遠逸之士無法見用於廟廷之上，而且因爲召集不力，沒有求賢若渴的精神，而讓這樣的經世之才無法致用，不但是埋沒其才，也更是國家社稷的一大損失。

　　而第三個原則就是「不以群間孤」，也就是說，有許多被狐群狗黨所排擠、傾軋的，可是確實有眞才實學，可以肩負重擔，但是或許其剛毅不撓或特立不群，讓群小忌憚而進讒，因此抑鬱不得志的。關於這種情況，誠齋認爲國君應該是要明辨其才，而納入使用。這觀念有同於《論語·堯曰》：

　　　興滅國，繼絕世，舉逸民，天下之民歸心焉。〔註27〕

由此引述的必須用人唯才之觀點，可知如此除了不僅能興家邦、安社稷，更可收天下人民之心。所以，更須有進一步的認知便是──家國大業、社稷的扶傾不是光靠單單一個在上位領導者便可以匡濟的。必須要讓眾多的智士賢才去惜才相舉、集思廣益，群策群力以凝聚其力，才有最大的推動成效，而關於這點，在另一卦爻誠齋也提到：

　　　九二以剛陽之才，居謙柔之地，以下比於初六，此大臣之能下士而
　　　得助者也，持是道以當大廈將顛之世，則廢可興，衰可扶矣。……
　　　蕭何必薦韓信，鄧禹必薦寇恂，所謂大廈非一木之支，太平非一士
　　　之略也。（〈大過·九二〉，頁 109）

在應該患難與共、同舟共濟之時，除了君王要有識人之明外，群臣更應該要有舉推賢士、獎掖後進、共同爲國的精神，像誠齋此爻舉蕭何必薦韓信之例來說。蕭丞相夜追韓信可見其獨具慧眼，惜雄才之意深，最後幫劉邦打下了天下。如果沒有韓信，劉邦可能要更久的時間才能得到天下。又舉在劉秀推翻王莽，恢復漢朝的過程中，功不可沒的鄧禹之例。而鄧禹便是推薦寇恂之人，寇恂的足智多謀，可從其殺掉高峻的使節皇甫文看得出來。兩兵交戰，古有不殺使節之

〔註27〕十三經清人注疏，《論語正義》，劉寶楠撰，高流水點校，中華書局，1998 年
　　　　12 月第三次印刷，頁 763。

不成文規定，若殺使節，是很容易激怒敵方，引起一觸即發的戰況的，而當將士問寇恂爲何敢殺掉高峻的使節，而最後高峻卻反而投降了？寇恂對他們說：「皇甫文是高峻的心腹，現在他到這裡來，言詞之間，氣勢沒有屈服之意，必然不想投降。然而他是高峻的最依賴的智囊，殺了他，高峻就失去了給他出主意的人，所以會投降。」分析完後，眾人都佩服寇恂的見識。

　　舉這兩例最主要在於說明，即使是國家的棟樑之材，若沒有「伯樂式」的智士爲其謀，將無法浮出檯面。所以爲臣之道，也可以替君上選薦賢才，要知道獨木難撐大廈之理，所以更須要匯集眾力，才可免於困危之境。

　　人才必須見用於世，誠齋所以會有如此的堅持，也可以再舉誠齋對於「君枉臣才」的感嘆來看：

> 九三以陽明之質，居井下之上，當一井之半，則泥者去，注者浮，淺者深，此治之井，甘潔之泉也。可食而莫之食，可汲而莫之汲者，以其猶未出井之上也。淳可用之才，當在下之地，而枉其養人之才德，故爲之惻然於心，而歎其上之不我燭也。（〈井・九三〉，頁 177）

就井之象言，誠齋對於井卦九三爻的引述是「淳才枉用」，臣子將會有歎上不燭己的挫折，當然，這應該要算是誠齋即事生情、有感而發的。何以如此說呢？可以就其屢屢因爲直諫，而得罪君王的事件來說，在宋乾道七年，孝宗有意欲起用外戚張說擔任軍國要職（簽書樞密院事）；侍講張栻極力勸阻不可，而且嚴屬質問虞允文，結果被排擠，出守袁州。而秉性剛直的楊萬里「抗疏留栻」，[註28]並致書虞允文規以正理。留栻雖未成功，但他這種爲公忘私、遇事敢言的精神，卻值得人們稱道，「公論偉之」。[註29]此後，楊萬里遷太常博士，不久又升太常監丞，兼禮都右侍郎、轉將作監。另一事譬如在孝宗淳熙十四年，誠齋因上疏力爭張浚配享廟祀，得罪了孝宗，因而出知筠州。又在光宗即位的淳熙十六年，楊萬里被召回擔任秘書監。紹熙改元，同年，因進孝宗《聖政》書，誠齋爲進奉官，孝宗對他仍懷舊怨，遂出爲江東轉運副使，經管淮西江東軍馬錢糧。這樣因爲剛直勇諫，干犯聖顏之事，讓君上對誠齋懷怨而不用，因而對此卦九三爻辭之傳「……井渫不食，行惻也；求

〔註28〕新校本《宋史》〈卷四百三十三・列傳第一百九十二・儒林三・楊萬里傳〉楊家駱主編，鼎文書局印行，頁 12863。

〔註29〕新校本《宋史》〈卷四百三十三・列傳第一百九十二・儒林三・楊萬里傳〉楊家駱主編，鼎文書局印行，頁 12864。

王明，受福也」有深刻的切身之感發。所以除了對於己身遭遇有特別的聯想以外，也在於說明王者若能夠前嫌盡釋、明智用才，將是所有萬民之福。

四、振民育德

那怎麼樣才是萬民之福呢？在上位者，身爲一國的樞領，應該抱持如何心態去爲萬民造福呢？誠齋認爲：

> 夫惟盡天下之貞固，從文王之容德，不得已而後放伐也，故自君而升爲王，如歷階而升也，宜其吉而大得志與。垂拱而天下治，是吾志也；拯民於水火之中，是吾志也；貴爲天子，富有天下，豈吾志哉？（〈升‧六五〉，頁170）

這用升之六五爻的意象來說明「自君升王」、「歷階而升」的含意，而誠齋認爲，這種拯民於水火的「勇於改革」心態，臣民爲一共同生命體的狀態，才是君王容蓄之德的最大表現。所以誠齋對此爻傳說：「貴爲天子，富有天下，豈吾志哉？」就是說明擁有天下，不如富得臣民擁戴，這觀念應來自《孟子‧梁惠王下》相通，茲引之以見義：

> 王曰：「寡人有疾，寡人好貨。」
>
> 對曰：「昔者公劉好貨，《詩》云：『乃積乃倉，乃裹餱糧，於橐於囊。思戢用光。弓矢斯張，干戈戚揚，爰方啟行。』故居者有積倉，行者有裹囊也，然後可以爰方啟行。王如好貨，與百姓同之，於王何有？」〔註30〕

這是孟子提醒齊宣王與其富有一身，富有天下，倒不如藏富於民，與人民同富而不是將人民之所藏，搜刮爲己所用。這個勸君仁民愛物、與民共福的觀點還見於：

> 雖有仁心仁聞，而天下不被其仁恩之澤者，奪民之財爲己之財而已，故鹿臺聚而商亡，鹿臺散而周王，財散則民聚，此仁心之實也。然仁不孤立，必有義焉，何謂義？教民理財，義也；僅己出令，亦義也；禁民爲非，亦義也，此所謂聖人用易之意，體乎天地之道德，以爲聖人之仁義也。（《誠齋易傳‧繫辭》，頁279）

前段誠齋對於《周易‧升‧六五》的小象傳所云：「貞吉升階，大得志也」的

〔註30〕新編諸子集成《孟子正義》，〔清〕焦循撰，沈文倬點校，中華書局，1998年12月第四次印刷，頁139。

闡述，說明了「如歷階而升也，宜其吉而大得志與。垂拱而天下治，是吾志也；拯民於水火之中，是吾志也；貴爲天子，富有天下，豈吾志哉？」這樣的觀點，而此處則更認爲除了拯救民眾外，還必須要有「得志則與民同樂」的民胞物與、共享安康之道，因爲唯有如此，才可算是君王給予臣民的最大之福，而不是一人之享。

　　然而君王在與臣民共有天下之後，日子一久了，難免會安於逸樂，所以，必須要提振出盎然生氣來：

> 無事而不動，山也，山下有風，則風薄山而事生，風落山而事壞，君子當有事而壞之時，起而飭之，則將奚先？飭壞在振民，振民在育德，振者，作而起，育者，養而施，風言振，山言育。（〈蠱‧象傳〉，頁72）

從此蠱卦中，可看出誠齋對於「飭壞在振民」、「振民在育德」這兩句的見解最有感發，他認爲整個社會瀰漫著衰靡頹圮之風時，就是執政的在上位者該提振起民眾精神之時了；然而，要提振鼓舞民眾，更懂得要去教導化育，讓其素質提昇，這其實是誠齋爲官多年，再加上出身於民眾階層，所以對於民之所欲，常能體認。

　　誠齋對於人性的瞭解和把握，在爲政的初期就已經表現出來了。隆興元年，孝宗甫一即位，便思有所作爲，志在恢復中原，在此之時，張浚被起用爲相，拜相位之後，推薦楊萬里任臨安府教授。誠齋因爲父喪，沒去走馬上任，在家裡守著喪。服喪期滿後，改任隆興府奉新縣知縣。誠齋在這個任期之間，他禁止衙役入鄉擾民，百姓如果有拖欠賦稅者，將其姓名公佈於市，結果達到了「民懼趨之，賦不擾而足，縣以大治。」〔註31〕這方式，初次地顯示出其政治才能和不擾民的政治主張。因爲與其讓衙役入鄉強押擾民，不如使其知禮而守法，正如《論語‧爲政上》「道之以政，齊之以刑，民免而無恥。道之以德，齊之以禮，有恥且格。」〔註32〕的「有恥且格」這個由內而外的自發力量，而朱熹對孔子這段句子注得貼切：「政，謂法制禁令也。齊，所以一之也。免而無恥，謂苟免刑罰，而無所羞愧。」〔註33〕也正好跟誠齋

〔註31〕 新校本《宋史》〈卷四百三十三‧列傳第一百九十二‧儒林三‧楊萬里傳〉楊家駱主編，鼎文書局印行，頁12863。

〔註32〕 新編諸子集成《論語集釋》，程樹德撰，程俊英、蔣建元點校，中華書局，1997年10月第四次印刷，頁68。

〔註33〕 朱熹，《四書集註》仿古字版，頁2，大孚書局有限公司，民國89年2月初版

此一施政的想法不謀而合，也凸顯了儒家的「禮」這個由根源上出發，來渙解其蒙蔽已久的情性，所以可收到預定之成效。

　　而要適度振民、化育人民，又要不過度勞擾人民的方式，這在其姤卦的九四爻中也有提到：

> 九四非无剛陽之德，以包納初六。然曰包而无魚者，四與初遠而不相及，一也；四以陽處陰，又無中正之德，二也；四无君主之位，三也；四與初宜相應者也，宜應而不應，三失故也。无德以得民，无位臨民，而又遠民，宜吾民之歸九二而去我也。君而无民，无民而舉事，安得不凶。起者，舉事之謂。（〈姤・九四〉，頁163）

在誠齋的基本觀念中，重點要放在「提振民心」、「化育民情」，關鍵在振其「心」、化其「情」，而非勞其「力」。所以，無事而擾民是不智之舉的。像誠齋對於這姤卦的九四爻所云「包无魚，起凶」的闡釋就是「起」，舉事之意思，沒事而故意舉事，必定會侵擾人民。另外，像他曾寫過一些反映勞動人民生活的詩，譬如《農家歎》、《憫農》、《憫旱》、《旱後郴寇又作》、《觀稼》、《初夏即事十二解》《秋雨歎》、《插秧歌》或者像《圩丁詞十解》寫築堤圩丁，以及《竹枝歌》七首寫縴夫雨夜行船，諸如此類之詩作非常的多，都從不同角度，表現出對農民艱難生活的感同身受，並寄予同情。另外一點就是──因為其正直敢言，常常遭到貶放，誠齋晚年閒居在鄉里更長達15年之久，所以可說誠齋一生與民眾相處的時間是相當久的，而其深深瞭解民眾窮苦情況，也歸咎出：

> 厥初生民，无窮民也。民奚而窮也？民之欲无窮，而財之生有窮；以有窮奉无窮，民於是乎始窮，聖人憂焉，故受之以節。節者，約侈而歸節也，節則裕，裕則通，故曰節亨；亨者，通也。然有財之窮亦有節之窮，財之窮，自不節始；節之窮，自過於節始。過於節則人情苦之，而不可久，於是節之說又窮。聖人憂焉，故受之以中；中者，非不節，亦不過節，故曰苦節不可貞，又曰其道窮也，又曰中正以通，中則通矣，雖然，中無形也，無形則難守，於是中之說又窮，聖人憂焉，故受之以制，先之禮，後之法，禮一立，則截然不可踰；法一立，則凜乎不可犯。上下有分，名器有等，然後財不傷民，民不害矣。（〈節・象傳〉，頁225）

再刷，頁7。

藉由對節卦象傳的申論，歸納出「約侈而歸節」，這種量入爲出的觀念還可陪養出「儉以養廉」的民情，因爲財之生有窮，而人民之利欲無窮。所以，以有窮奉無窮，殆矣。但是也不能過度嚴約節制，誠齋認爲若是過度節制的話，人民只會過得更苦，所以若能節之以適當之中，那麼人民不受到壓迫，即是通達人情，也算是政通人和了；從誠齋對於節卦象傳的引述，也可以看出因爲他對於民眾的親近熟絡和瞭解民情，所以可以做出正確的施政判斷。

　　而誠齋心目中嚮往的君王臣民共有天下是何情況？這可以從他對於〈萃・象傳〉所敘述的內容來看：

> 萃者，天下生聚全盛之極也，天地聚而陰陽合，萬物聚而食貨充，君臣聚而大道行，萬民聚而天下熙，此豈一人一日所致哉？聖人於其時也，前必揆其所從，後必稽其所終，不揆所從，其散孰聚？不稽所終，其聚復散，昔者天下之散也，何從而聚也？刑錯不試之治，生於反商政之日；煙火萬里之富，生於除秦網之時，是可忘哉？
>
> （〈萃・象傳〉，頁164）

在誠齋理想的治世觀念中，不但萬物萃聚而食貨充足，君臣相會聚而互相慶祝，萬民熙來攘往，舉國歡騰，這是在誠齋深處內憂外患的心情下，最大的希望。他舉了周民之聚，生於商紂暴政消亡之時。另外一例舉漢民之匯集生於除秦暴政之時，最主要就在說明，爲君者應該要戒愼恐懼，若失民心，則水可載舟亦可覆舟，也提出福禍聚散並非「一人一日所致」了。

第八章　君子與小人

　　此章最主要先從誠齋所定義或體認的小人行徑與作為論述，而先從恃寵僭上說明小人易近難遠，緊接著以沈溺於酒池肉林、遊宴荒樂以荒怠君王國政，見出小人逐於其樂的習性，再以如何阿諛見出其寡廉鮮恥的態度，也從另一種角度來刻劃出小人兇狠自愎的險惡模樣，最後以小人毀壞家邦乃在於揜覆賢將良相。其次，從用行舍藏的君子志節和面對小人的態度來呈現出君子風範。而緊接的第三節則以辨別正邪凸顯君子「和而不同」、「不流於俗」的品行涵養。

第一節　小人行徑

一、屈甚伸烈與恃寵僭上

　　誠齋退居鄉野間後，仍然相當關心當朝時政，對於當時韓侂冑肆無忌憚地攬權，但憑私意用事，相當不滿。〔註1〕而對於小人諸多劣等行徑，可以說

〔註1〕韓侂冑用事，欲網羅四方名士相羽翼，嘗築南園，屬萬里為之記，許以拔擢。萬里曰：「官可棄，記不可作也。」侂冑憾，改命他人。臥家十五年，皆其柄國之日也。侂冑專僭日甚，萬里憂憤，怏怏成疾，家人知其憂國也，凡邸吏之報時政者皆不以告。忽子自外至，遽言侂冑用兵事，萬里痛哭失聲，亟呼紙書曰：「韓侂冑奸臣，專權無上，動兵殘民，謀危社稷。吾頭顱如許，報國無路，惟有孤憤！」又書十四言別妻子，落筆而逝。萬里精於詩，嘗著易傳行於世。光宗嘗為書「誠齋」二字，學者稱誠齋先生，賜諡文節。新校本《宋史》〈卷四百三十三・列傳第一百九十二・儒林三・楊萬里傳〉楊家駱主編，鼎文書局印行，民國65年10月初版，頁12870。

是深惡痛絕，所以在《誠齋易傳》中常可見痛批奸佞之言，而就誠齋的觀點來看，這些鄙劣作為，是其來有自的，可以從其對於周易〈泰‧六四爻〉「翩翩，不富以其鄰，不戒以孚，象曰：翩翩不富，皆失實也；不戒以孚，中心願也。」的片段引述來看：

> 天下之理，屈之甚者，伸必烈；伏之久者，飛必決。……九三陽盛
> 而衰，六四乘其衰而求復，率其類而下集，群飛而來者，翩翩然矣。
> （〈泰‧六四〉，頁49）

這是將何以小人之徒，會有如此動輒妄作非為的原因分析出來，也就是因為在其屈居人下時，不懂得自處之道，往往揣摩上意，滿腦都是利欲用事，而施用橈曲歪邪的手段，來獲取不正當的利益或是地位。時日既久，不但愈爬愈高，而且黨羽眾多，所以能滿足其權力欲或名利欲，而驕橫跋扈於世。這可以再從誠齋對於周易〈旅‧初六〉「旅瑣瑣，斯其所取災。象曰：旅瑣瑣，志窮災也」引發論述來看。

> 小人無道義以養其志，得志則驕溢，失志則困窮，故瑣瑣以取災也。
> 然在旅而為鄙事，有志窮而為之者，有志大而為之者，……必有辨
> 之者。（〈旅‧初六〉，頁209）

或是對於周易〈既濟‧九三〉「高宗發鬼方，三人克之，小人勿用。」的勿用小人論述，都可以藉以瞭解，其因情之偏邪而易動，而波濤起伏甚大，一有機會，忝居高位，把持權柄之際，往往會隨其私意而為，因而誠齋對此爻陳述為：

> 未濟求濟者寧，既濟求過於濟者傾。九三當既治之後，挾重剛之資，
> 居炎上之極，有求過於濟之心，此小人之好大喜功而不可用者也。
> （〈既濟‧九三〉，頁238）

因此先藉由誠齋對於旅卦初六爻的「志窮」之時的小人則亂，來陳述出小人困窮失志之時會行鄙濫之事，再從既濟卦的九三爻又可知：若當其得志之時，則又驕傲滿溢、胡作非為。所以，誠齋這樣的延伸論述，也就是在於強調小人至此之故乃在於「無道義」，畢竟「君子喻於義，小人喻於利」，小人沒道義故荒樂於利欲追逐中，而不自覺。這是其不「見得思義」，而「見得思利」的私欲心態所致；所以，唯一不變的是其鄙漏之習，不論當其貧賤之時或富貴之時都自私專執，不論其困窮或騰達之時都自恃獨斷，正所謂「愚而好自用，賤而好自專」，所以誠齋藉由這樣的外在行為表現，用以推斷出其本來的

行徑過程，不可不謂其觀察入微。而這樣的行徑，所影響的層面可以從誠齋對於周易〈夬・九五〉「莧陸夬夬，中行無咎。象曰：中行無咎，中未光也」來看：

> 九五爲決小人之主，合眾陽君子之助，以決上六一陰之衰，如拔莧陸之草，不害也。……惟小人易近而難遠，非難遠也，近之則難遠也：近則寵，寵則尊，尊則僭，僭則強，強則難遠。李輔國者，其初一家奴，而其晚號尚父，貫盈最大，而代宗不敢顯戮之，至遣盜以竊其首焉。殺之者，夬夬也；遣盜者，中行也。誅一小人而無變者，無咎也，然陰竊殺之，而不明正邦刑，亦可羞矣，是足爲光大乎？（〈夬・九五〉，頁 160）

從此卦的論述可知小人不但「近之則不遜，遠之則怨」，而且其親暱日久，則會開始不知廉恥地僭冒名義，逾越其分位，讓己身之名位虛榮尊高，而到後來，勢力龐大，便難以消除了。若能像此卦合眾人之力，加以果斷力行，將可以暗中剔除此大患禍害，只是其方式較不光明正大罷了。可見小人之禍並非只有「近不遜而遠怨」可以形容而已。當其囂張狂妄時，是會逾名越號而變成國政窒礙難行之禍患的。這僅就對於君王的層面來講，還可以從誠齋對於〈解・六三〉「負且乘，致寇至，貞吝。象曰：負且乘，亦可醜也，自我致戎，又誰咎也。」中的論述來看：

> 六三以陰柔之資，險詐之極，而位乎大臣之上，是何異於市井負販之小人，一旦乘公卿大夫之路車駕馬，以行於大逵乎，此竊位僭上之甚者也，孰不羞薄而醜之，雖貞猶咎，況不貞乎？其致寇也，必矣。……趙高僭秦，以致勝、廣，勝、廣至而高與秦偕亡，趙忠、張讓擅漢，以致董卓，卓至，而二豎與漢俱滅。（〈解・六三〉，頁 147）

誠齋藉由此卦因而舉了秦時指鹿爲馬、愚君僭上的趙高，與趙忠、張讓「耍權擅勢」之例，趙高之事史上常見，不再贅述，而以宦官張讓來說，張讓在東漢當權時以搜刮暴斂、驕縱貪婪見稱，可是漢靈帝卻對其極爲寵信，常謂「張常侍是我父」。中平六年（西元 189 年），靈帝死，廢帝繼位時，大將軍何進掌握大權，聯絡袁紹殺宦官蹇碩，又密召駐軍河東的軍閥董卓入京，圖謀一舉殲滅宦官勢力。不料宦官反先殺何進，於是袁紹遂入宮盡滅閹黨。不久，董卓帶兵進入洛陽，獨攬東漢朝政。不但罷黜廢帝，另立劉協爲帝即漢獻帝，並逼走袁紹等人。董卓之專權也使漢之京都混亂不堪，而使漢王朝各

地分裂割據狀況更形加劇。所以趙忠以及張讓的玩耍政權、輕擅任意等於是導致東漢加速滅亡的禍端之始。因而誠齋對於這樣陰柔險詐之佞宦的「竊位僭上」有「孰不羞薄而醜之」之看法。而無論是秦時的趙高，抑或是十常侍的趙忠、張讓都是一個引火線，不但讓朝政敗壞，更加速國家命脈的摧斷，也把眾民陷入水深火熱的戰亂痛苦中，可謂禍害匪淺，難辭其咎了。

二、迷逐其樂

對於宦官為禍以招引來邊將攻伐，最終造成地方割據，群雄各擁一方的例子，上面的段落主要即在於呈現這樣的情況。而小人是如何而能有如此本領，可以讓君王信賴至此，這可以從誠齋對於周易〈否・六二爻〉「包承，小人吉，大人否亨。象曰：大人否亨，不亂羣也」的引述來看：

> 如林甫縱明皇逸欲之樂，當是之時，群小相慶，可謂小人吉矣。(〈否・六二〉，頁 53)

誠齋這裡所舉的李林甫一向以口蜜腹劍、收買宦官、妃嬪，探知玄宗好惡，迎合意旨著名，也因此而得寵，掌握大權。而其陰險之處即在於當遇見有才幹而受玄宗留意的官員，必定設法排斥。譬如同時為相的張九齡、裴耀卿、李適之等皆被其排擠而罷相。這是可見其濫用私權，專橫獨斷。這是從開元後期開始的，因歌舞昇平日久，唐玄宗逐漸忘卻往日那種勵精圖治的精神。改元天寶後，玄宗縱情享樂，寵愛楊貴妃，信任宦官高力士，最後幾乎將朝政全託李林甫處理了。因此其黨羽遍佈朝中，互相逢迎拍馬，這正誠齋所謂「群小相慶」。而這對於小人之吉來說，乃在於縱情肆欲，群小阿諛奉承相慶，由此可聯想《論語・季氏》中所謂：

> 益者三樂，損者三樂。樂節禮樂，樂道人之善，樂多賢友，益矣。
>
> 樂驕樂，樂佚遊，樂晏樂，損矣。〔註2〕

像這樣沈浸耽溺於遊宴荒樂，不知如此一來，不但讓自己的形體與精神耗損，將國家政事耽誤掉了，且也不知己身之安危。這可以從誠齋對於周易〈復・上六爻〉「迷復，凶，有災眚，用行師，終有大敗，以其國君，凶，至于十年不克征。象曰：迷復之凶，反君道也。」的闡述來看：

> 上六陰柔小人之極，居亢滿大臣之位，遂其姦而不改，迷於邪而不

〔註2〕 新編諸子集成《論語集釋》，程樹德撰，程俊英、蔣建元點校，中華書局，1997 年 10 月第四次印刷，頁 1152。

復，故凶于而身，則天災人眚之畢集，凶于而國，則師敗君凶而不
振，……盧杞是也，天下皆以爲姦邪，而德宗獨不覺其姦邪。（〈復·
上六爻〉，頁 96）

這裡舉復卦上六爻以論述，就盧杞來說，眞可謂極其多變狡詐且陰險兇狠了。
而誠齋在此卦的上六爻以其爲代表，表現出其所居之位乃群臣之上，而又獨
佔德宗之寵。但盧杞並非善類，然只因與德宗極爲投契，而常遂其私志、諂
上欺下，茲引《舊唐書》以見之：

盧杞爲政，窮極兇惡。三軍將校，願食其肉；百辟卿士，嫉之若
讎。……高又於正殿奏云：「陛下用盧杞獨秉鈞軸，前後三年，棄
斥忠良，附下罔上，使陛下越在草莽，皆杞之過。且漢時三光失序，
雨旱不時，皆宰相請罪，小者免官，大者刑戮。杞罪合至死。陛下
好生惡殺，赦杞萬死，唯貶新州司馬，旋復遷移。今除刺史，是失
天下之望。伏惟聖意裁擇。」上謂曰：「盧杞有不逮，是朕之過。」

〔註3〕

從上引述可知，像盧杞之輩的小人，正是眾怨所集、群所憤恨，憑藉著在上
位者對其一味的偏袒，則可以高枕無憂，繼續肆無忌憚地迫害忠良，順遂其
個人喜好，逞私欲邪辟，其罪過不可謂不深，而誠齋對於此輩濫權妄爲之行，
有其評判，可以從對於周易〈否·六三爻〉「包羞。象曰：包羞，位不當也。」
來看

小人樂禍於已窮之後，包羞忍恥，以苟富貴，而不忍去。不知其位
之不當，而身之將危也，思上蔡之犬，悔華亭之鶴而後已。（〈否·
六三〉，頁 53）

也就是說，此輩之徒汲汲營營於富貴的態度，是含羞忍恥而不會顧及到任何
禮義可言的，是爲了求富貴而不離去的，非到將死之際，不肯悔改，這即像
李斯臨刑之時才欲與其子、黃犬共出遊而不再可得之情。抑或是像擅長詩賦
的陸機之史例，陸機在成都王司馬穎推薦下，任爲平原內史，故世稱陸平原。
後與長沙王乂作戰，然而卻兵敗被讒，爲穎所殺。臨刑之際才悽然感歎「華
亭鶴唳，豈可復聞乎！」。這兩例皆是在敘述所居不當之位，到禍殃及身之時，
才徒增後悔已遲之感了。

〔註3〕新校本《舊唐書》〈卷一百五十三列傳八十五〉楊家駱主編，鼎文書局印行，
　　　　民國 65 年 10 月初版，頁 3717。

三、阿諛狡志極其欲

上段所述在於將非到生死關頭，不幡然醒悟的情狀敘述出來，可見籠罩在表面上之位居顯赫的榮耀，使其迷失並沈溺於其中而茫茫不知悔改，而失去了常理的判斷之力，如此貪求迷戀富貴權勢，卻又往往是以勾心鬥角、爾虞我詐的權力鬥爭下勝出的。這可以想見，其間不知犧牲了多少人，貽誤了多少社稷之事。這在誠齋來看，可以找出來其原因。可以從誠齋對於周易〈巽・上九〉「巽在床下，喪其資斧，貞凶。象曰：巽在床下，上窮也，喪其資斧，正乎，凶也。」的解述來看：

> 上九極乎人臣，身極乎崇高，愛其所有之富貴權勢，而患失心生，故必極其巽順阿諛，以保其所有，不知順愈過而身愈危也，故小則喪其資用，大則喪其權勢，雖正亦凶，況不正乎？李斯憂蒙恬之代其相，則順趙高廢立之邪謀，懼失其爵祿而求容，則順二世之欲而勸之以逸樂。將以順易位，而以位易宗。司馬遷論之曰：持爵祿之重、阿順苟合，可謂洞見其肺肝矣。（〈巽・上九〉，頁 215）

此乃誠齋藉由巽卦上九爻所居的位置，而以「斧，謂權勢；上窮，謂高極」來做原則性的推論，而以李斯欲保己身的權勢祿位，暗順趙高廢立之謀，將改位易宗，李斯如此所行不正的勾當，誠齋直接以司馬遷評「阿順苟合」來表述其對於這樣權利薰心、不顧忠信的行徑之不恥。而實際上，誠齋推究其原因應在於「患失心」，而「患失心」乃因太過眷戀沉迷高位，緊握著權力不肯放手，所以才會不捨其既有之權勢地位、虛榮富貴，而企圖可以繼續保有如此炫赫的地位名望和財富利益。這可說是權力腐化人性之一的史例。但古往今來，卻也層出不窮，而也可看出這樣的乖張邪行，對於其君上而言，實屬為「偽忠」，這可從誠齋對於周易〈益・六三〉「益之用凶事，无咎，有孚中行」中的解述爻辭是否有孚這一段話來看。

> 曰有孚者，惟有愛君益國之誠則可，不然，則行詐以益亂……若王莽之居攝，而假周公之忠是也。（〈益・六三〉，頁 154）

就由於要攀爬到萬人之上的最高權位，所以不惜虛偽忠誠，佯裝檢約，這是藉由誠齋對於王莽「虛詐行亂」的行為下場，來描述出其假為居攝，實欲有所圖的陰詭心態。而若就這心態上的實際狀況，便得回到「誠正」這個核心來看，因就誠齋看來，若心性不具誠實，則發而為言的，也不會時真誠由衷的，這可以從誠齋對於周易〈中孚・上九〉「翰音登天，貞凶。象曰：翰音登

天，何可長也？」

> 上九處中孚之外，非中孚之徒，無中孚之實，爲中孚之聲，此妄而
> 盜眞，詐而盜誠者也，而乃挾其聲之善鳴，下欲以動夫眾，上欲以
> 動夫君，而獵取高顯之位，求之亦不可得，得之亦不可久，雖正亦
> 凶，況不正乎？此如樊籠之雞，乃欲一飛而登天，可乎？夫一舉千
> 里者，鴻鵠也，翔於萬仞者，鳳凰也，怒而九萬者，鵬也，何也？
> 比誠有其才德也，曾爲一雞而能登天乎？（〈中孚・上九〉，頁 232）

這是就誠齋在對於周易中孚卦九五爻「……有孚攣如，位正當也」詮解後而
接著論述的。誠齋對於這裡的論述除了將「才不稱位」，而偏要謀求顯耀地位
的小人之輩批判了一番，也將其並非中孚之徒，非忠信誠實之輩的型態表露
出來，而以「妄而盜眞」來論其慾望無窮，而已經完全移奪了常人該具備的
志向，所以又說「詐而盜誠」來描述出其虛飾其誠眞，以自欺欺人，而再度
顯示出無才又無德是不堪擔當大任的情形。

　　其次，小人果眞沒有任何才藝嗎？既然已經無才能且無品德了，則以何
種方式苟求生存呢？當然也是有，誠齋這裡就認爲，小人最強的才藝，也就
是其「口」之才，若無此「三寸不爛」之舌，恐怕難以鼓發其生命的動力。
這可以從誠齋對於周易〈豫・初六爻〉「鳴豫，凶。象曰：出六鳴豫，志窮凶
也」的多項史實闡述來看。

> 九四，豫之主：初六，四之應，當逸樂說豫之時，以陰柔居下之資，
> 而有上下交應之嬖，挾口才以濟狡志，利其身亦凶其身，凶其身亦
> 凶其國，曰鳴豫，小人有口才者也，曰志窮，狡志而極其欲者也，
> 故暴公以讒鳴，伊戾以諛鳴，儀、秦以說鳴，髡衍以辨鳴，晁錯、
> 主父偃，以謀鳴，江充、息夫躬，以訏鳴，王叔文以治道鳴，李訓
> 以大言鳴。鳴乎下，應乎上，凶在其中矣，而況極其志者乎！（〈豫・
> 初六〉，頁 66）

誠齋這裡的用的「鳴」字，並非《禮記・學記》中「叩之以小者則小鳴，叩
之以大者則大鳴」的「發聲」之意，而是如《周易》謙卦「鳴謙貞吉」的鳴，
卑下低賤的小人之類，挾仗著其巧言令色的姿態，來居心叵測地謀求其利益。
而誠齋在此所舉的諸多史實上的人物，恰可呈現出許多不同的類型出來。首
先，所舉的暴公以「性嗜讒言」著名，這從《毛詩・小雅》巧言六章及何人
斯八章裡可以瞭解，而這是暴公爲卿士而譖蘇公焉，故蘇公作是詩以絕之，

因為暴公這種不但不忠於君且不義於友之徒，所以蘇公甚而以「出此三物，以詛爾斯」〔註4〕來詛盟。這種直斥其名，〔註5〕以表達其情，也相當有「仁者之勇」，〔註6〕而誠齋亦是如此之人，故而由行文可見其品節。

而所舉的伊戾，在春秋戰國時期時。齊國豎刁、以及宋國伊戾這兩個宦官參與政事時，以阿諛結黨、排除異己著稱，其惡名昭彰之行徑，誠齋在其他的爻辭小象傳裡也頗多批評直斥。這兩種嗜喜進讒陷害忠良抑或是阿諛結黨、營私構陷異己的類型，是為陰柔險詐型。

其次，若以「儀、秦以說鳴」來講，蘇秦在會拜燕文侯、趙肅侯前，曾先見秦惠王，而遊說以除六國，而後吞天下之策。但不見用，退而往燕、趙兩國，極力鼓吹其合縱抗秦之謀。可見蘇秦為不貞定、隨風轉舵，而純粹以一己的榮華進退為先考量的游移之輩。而張儀在入秦之前，也曾有意于楚，但因受辱于楚相、受激于蘇秦之後，才入秦獻連橫之策。因而就此來看，張儀也是胸無定見、專思己身祿位之徒。這可以從韓非所著〈說難〉一篇，開宗明義所說的來看：

> 凡說之難，非吾知之有以說之之難也，又非吾辯之能明吾意之難也，又非吾敢橫失而能盡之難也。凡說之難，在知所說之心，可以吾說當之。〔註7〕

〔註4〕 「出此三物」，犬、豕、雞也。民不相信則盟詛之，君以豕，臣以犬，民以雞。瑞陳按：許慎五經異義引韓詩說云：「盟牲所用，天子諸侯以羊、豕，大夫以犬，庶人以雞。」其所云「天子諸侯以羊、豕」者，蓋謂或以羊，或以豕，否則與詩言「三物」不合。《左傳》「鄭伯使卒出豭，行出犬、雞，以詛射潁考叔者」，及此詩出此三物以詛，皆三物竝用，而毛、韓詩皆為辨其等級，則詛之所用惟一牲耳。又按《穀梁》僖九年集解引鄭君曰：「盟牲，諸侯用牛，大夫用豭。」而此詩正義引鄭君駁異義云：「詩說及鄭伯使卒及行所出，皆謂詛耳，小於盟也。」是詩「三物」專言詛。毛詩通言盟詛者，盟與詛亦散言則通，對言則異。十三經清人注疏，《毛詩傳箋通釋》卷二十，清馬瑞辰撰，陳金生點校，2004年2月第三次印刷，頁657。

〔註5〕 《小雅鶴鳴》之詩，全用比體，不道破一句，《三百篇》中創調也。要以俯仰物理而詠嘆之，用見理隨物顯，唯人所感，皆可類通；初非有所指斥，一人一事，不敢明言，而姑為隱語也。若他詩有所指斥，則皇父、尹氏、暴公，不憚直斥其名，歷數其愿：而且自顯其為家父，為寺人孟子，無所規避。詩教雖云溫厚，然光昭之志，無畏于天，無恤于人，揭日月而行，豈女子小人半含不吐之態乎？《薑齋詩話》卷下，《船山全書》，嶽麓書社，1992年6月第二次印刷，頁2285。

〔註6〕 《宋史》：孝宗稱之曰：「仁者之勇」，新校本《宋史》〈卷四百三十三·列傳第一百九十二·儒林三·楊萬里傳〉，楊家駱主編，鼎文書局印行，頁12864。

〔註7〕 新編諸子集成《韓非子集解》〈說難第十二〉，〔清〕王先慎撰，鍾哲點校，

可以瞭解的是游說之難，不是在於所掌握以資游說的知識內容，不會難在能言善道、詞義清晰易解，也不難在有所顧忌而不敢明講。而游說之難處，是在能否解讀順應所游說之君主心態，從而投其所好，再選擇言論來說服。這都是揣摩上意，而違逆己身原有想法的，要不然也是兩面討好，偷拔其欲之流。所以從誠齋所舉的這兩個著名的縱橫家來看，都可以知道其為拋棄理想唯利是圖，不顧道德理想而反覆無常的小人，這從《隋書》中亦可見之：

> 縱橫者，所以明辯說，善辭令，以通上下之志者也。漢書以爲本出行人之官，受命出疆，臨事而制。故曰：「誦詩三百，使于四方，不能專對，雖多，亦奚以爲？」周官，掌交「以節與幣，巡邦國之諸侯及萬姓之聚，導王之德意志慮，使辟行之，而和諸侯之好，達萬民之說：諭以九稅之利，九儀之親，九牧之維，九禁之難，九戎之威」，是也。佞人爲之，則便辭利口，傾危變詐，至於賊害忠信，覆邦亂家。〔註8〕

其三，「江充、息夫躬，以訐鳴」這一類型之小人，喜歡攻訐他人或甚而慫恿離親，所以這裡「訐」的意思相同於《論語‧陽貨》「惡訐以爲直者」的「訐」字之意，這兩人行徑可以從《漢書》得知：

> 充見上年老，恐晏駕後爲太子所誅，因是爲姦，奏言上疾祟在巫蠱。於是上以充爲使者治巫蠱。充將胡巫掘地求偶人，捕蠱及夜祠，視鬼，染汙令有處，輒收捕驗治，燒鐵鉗灼，強服之。民轉相誣以巫蠱，吏輒劾以大逆亡道，坐而死者前後數萬人。是時，上春秋高，疑左右皆爲蠱祝詛，有與亡，⋯⋯。充既知上意，因言宮中有蠱氣，先治後宮希幸夫人，以次及皇后，遂掘蠱於太子宮，得桐木人。太子懼，不能自明，收充，自臨斬之。」〔註9〕

> 嘉固言董賢泰盛，寵、躬皆傾覆有佞邪材，恐必撓亂國家，不可任用。嘉以此得罪矣。躬既親近，數進見言事，論議亡所避。眾畏其口，見之仄目。躬上疏歷詆公卿大臣，曰：「方今丞相王嘉健而蓄縮，不可用。御史大夫賈延愞弱不任職。左將軍公孫祿、司隸鮑宣皆外

中華書局，1998年7月第一版，2003年4月第2次印刷，頁85～86。

〔註8〕　《隋書》卷三十四，楊家駱主編，鼎文書局印行，民國65年10月初版，頁1005。

〔註9〕　《漢書》卷四十五蒯伍江息夫傳第十五〈江充傳〉，百衲本二十四史《漢書》，宋景祐刊本，台灣商務印書館印行，民國65年10月，頁594。

有直項之名，內實駮不曉政事。諸曹以下僕邀不足數。」〔註10〕

此等小人昏窒其性，所以狂為妄作、無所不敢地胡亂攻擊，而以攻訐的氣勢當著眾多之人面前大聲嚷嚷、批判、甚而誣衊毀辱他人。即使實無其事，揭發他人的過失，卻不加正確的判斷，而自認為此可顯本身剛直不曲，殊不知乃昏昧於事理，只隨己之妄意進危言竦論以混淆君王視聽。李瀚所作詩〈蒙求〉中有：「葛豐刺舉，息躬歷詆。」〔註11〕就是在講息夫躬，所以江充和息夫躬的訐鳴可說是為害匪淺，故《漢書》後云：

> 贊曰：江充造蠱，太子殺；息夫作姦，東平誅。〔註12〕

可知如此小人之輩，正莊子所謂「不擇是非而言，謂之諛；好言人之惡，謂之讒；析交離親，謂之賊。」不但是可歸類入「既訐且賊」，也可看出其造成骨肉相殘之悲劇的戕害力了。

而最後一種，則是策劃不周延，而卻固持己見，並不妥善衡量情勢，收適當之時機行事之功效，此雖非奸佞邪辟之類，不明所以地一意孤行，而陷家國社稷於險危之中的。這最主要可從晁錯和李訓來引述。先以司馬遷在《史記》中對晁錯評述來看：

> 太史公曰：漢興，孝文施大德，天下懷安，至孝景，不復憂異姓，而晁錯刻削諸侯，遂使七國俱起，合從而西鄉。以諸侯太盛，而錯為之不以漸也。及主父偃言之，而諸侯以弱，卒以安。安危之機，豈不以謀哉？〔註13〕

吳、楚七國一同起兵反叛，聯合向西進攻朝延。景帝為了安撫反叛諸侯王而殺了晁錯，並派遣袁盎通告七國，然諸侯王仍不肯罷兵，繼續西進，包圍了梁國。景帝於是派了大將軍竇嬰、太尉周亞夫率軍討伐，最終平定了叛亂。這次叛亂的出現主要是由於諸侯勢力太強大，而晁錯又沒有採取逐步削弱的辦法，而景帝與他又審時不明、謀劃不周。也即是誠齋所言「晁錯、主父偃，以謀鳴」的情形，而晁錯料想不到此躁進之策，為己帶來殺身之禍，若早知如此，必當不

〔註10〕《漢書》卷四十五蒯伍江息夫傳第十五〈息夫躬傳〉百衲本二十四史，宋景祐刊本，台灣商務印書館印行，民國65年10月，頁595。

〔註11〕《蒙求集註》，李瀚撰，叢書集成初編，中華書局1985年新一版，頁1。

〔註12〕《漢書》卷四十五蒯伍江息夫傳第十五，百衲本二十四史，宋景祐刊本，台灣商務印書館印行，民國65年10月，頁595。

〔註13〕《史記會注考證》，〔日〕瀧川龜太郎著，民國91年1月初版3刷，萬卷樓圖書有限公司，頁210。

刻意如此唐突猛進。當然這要到武帝時，採主父偃之議，准許諸侯王分封自己的子弟為侯的方式，實行推恩令眾建政策，成為衣租食稅者，才使諸侯王的封地日益縮小，而且再也無復干預政事，或威脅中央之事。而李訓更是除了謀劃不善，思密不週外還喜大言不慚、乃變狡極欲的陰柔險詐之徒，其殃及己身於死難，與陷唐文宗於困窘之禍的史實，都反映出不剛決果斷、思慮周密的小人情狀。這是屬於智才不足以擔當大任，而所行不果、擅作主張型的小人，此輩可因己私意偏執孤行，也反映出其愚好自專、鄙賤自用之弊。

　　然而，這種誠齋所謂困窮則狡詐其志，而欲以變佞口才夤緣蘿附，意欲所圖者皆在祿位，其必有困迷不悟、蒙昧耽溺之處。這可以從誠齋對於周易〈困‧彖傳〉「困，剛揜也；險以說，困而不失其所亨，其唯君子乎。貞，大人吉，以剛中也；有言不信，尚口乃窮也。」來看：

> 聖人恐人不深味困亨之腴，而好徑求困亨之蹊，誇以亨其鬻，佞以亨其競，媚以亨其合，其誰信之？信於人，亦必不免於天。儀、衍、斯、鞅是已。故又戒之曰，有言不信，尚口乃窮，然則困亨之義，於此乎，於彼乎，而王輔嗣曰：窮必通也，處窮而不能自通者，小人也。（〈困‧彖傳〉，頁171）

誠齋此處藉王弼的評論來論述何以小人困窮之時，便會窮斯濫矣之因。最主要的關鍵仍然在於此輩遭遇困阨境況之時，並不能有才能智德以資為因應，而自困所鑽、自難所迷，而不知擺落紛擾之人欲，於是乎隨著邪情私意來冀圖利益，勾攬群黨來謀求權勢，這即誠齋所謂「媚以亨其合，其誰信之，信於人，亦必不免於天」，也就是即使有同類宵小之輩讓其有機可乘，而同合營私，但因天理所不合，必將自致眚災，像誠齋所舉李斯之例。在《漢書》後贊曰：

> 趙高敗斯，二世繼，張晏曰：趙高譖殺李斯而代其位……攻二世於望夷宮，乞為黔首，不聽，乃縊而死。[註14]

李斯之徒就為順遂其私志，不明如此乃大逆不道，不忠於其君而僅為保己權位，最終不但讓其君主蒙害自縊，自己也慘遭刑戮。因此，會有這樣的下場也是可想見的了。

　　像上述所舉的眾多人物，可以從「巧言令色」來推究出此輩「狡詐逐志」的行徑，也因為其「偽行亂德」，而縱使能夠得志一時，但也畢竟終不能久，

〔註14〕《漢書》卷四十五蒯伍江息夫傳第十五，百衲本二十四史，宋景祐刊本，台灣商務印書館印行，民國65年10月，頁598。

用不正當手段所贏得之權利名位，往往都如過眼雲煙般，更如曇花一現，是不能夠長久的。

四、兩 從

前些段落主要在鋪陳誠齋所認為小人從困窮至富貴，所用的方法，主要是以「口才」為其用，在謀求順遂以後，這不當的手段所引發之下場，誠齋在爻辭中、小象傳中，有一清晰的分析，而此處要針對誠齋所認為的另一種類型，也同樣是為己之私利而有偏邪的行徑，直接對於國之忠良有所污衊或造成迫害性的。這可以從誠齋對於周易〈夬‧九三〉「壯於頄，有凶，君子夬夬，獨行遇雨，若濡有慍，無咎。象曰：君子夬夬，終無咎也。」

> 壯於頄，王輔嗣謂上六是也。……舍君子從小人，凶之道也；舍小人從君子，無咎之道也。壯於頄，是從小人也；獨行遇雨，是從小人也；君子夬夬，是從君子也。若濡有慍，是從君子也。……夬夬，決而又決也，若濡者，若上六之濡己而污己也，有慍者以上六為羞惡而慍見也，去污以自潔，舍故以自新，天下孰不與之？此其所以無咎也。段紀明助閹尹而害忠烈，壯於頄，而獨行遇雨者也。……九三者，其亦謹所擇以從聖人之曉己哉，九三與九四皆有君子小人兩從之嫌，而九三獨無咎者，九四聞言不信，而九三君子夬夬也，何也？九三以陽居陽，九四以陽居陰也。（〈夬‧九三〉，頁159）

誠齋此爻的重點先提出在常理與人欲作抉擇之時，及結果是凶或是無咎，取決於所選之處，像這裡所舉的東漢段紀明其初平定西羌後，返回到京師之時，之所以能在朝廷的勢力漸長，從侍中、執金吾一路坐到太尉，其因素乃竭力地巴結並拉攏宦官，而此時便是其利欲薰心，在政治鬥爭下與佞宦們謀害忠良了。當然段穎好景不長，在段穎第二次被罷免太尉職務後幾年，其內部勢力就瓦解了，段穎也被牽連下獄，妻子徙邊，家產抄沒，下場淒慘，其左右搖擺之性昭然以著。而這裡也可以發現所誠齋所著力之處放在「謹」其所擇上，而「謹」是誠齋「敬」中的原則存守之一，另外，誠齋「敬」工夫裡還包括當然是合著「戒懼謹慎」來講的，所以這工夫是日積月累，並不能一蹴可及，而是平常早已存養的了，當面臨該下何方向判斷時，已經累積了先前眾多經驗的素養了。而從誠齋對於周易〈頤‧六二爻〉「顛頤，拂經于丘頤，征凶。象曰：六二征凶，行失類也。」的見解來看。

> 吳起始師曾子，卒棄其母以求仕；李斯始師荀卿，卒棄其學以滅宗，
> 皆失其守而不能自養，兩從而妄行之禍也。（〈頤・六二〉，頁106）

這是誠齋藉由頤卦的小象傳「行失類也」的引述，然這裡誠齋從另一角度來抒發，亦即從「背師滅宗」出發，來陳述此兩人之劣行。像吳起曾學於曾子，事魯君，齊人攻魯。魯人惡吳起，讒於魯君。言其「少時家累千金而散破家財，遭鄉人笑，殺其謗己者三十餘人，走鄉而嚙臂與其母盟「不爲卿相，不復入衛」，乃事曾子，起母死而不歸，曾子黜之，此乃眞爲不孝之輩，而李斯本就志在權位，是爲「利欲薰心」而無法自拔之徒了，所以其「棄學滅宗」也是可推想而知的。誠齋此兩例都在說明「擅失所守」而「見利忘義」，的確是沒有「操守存養」所致了。當然若究其實來說，誠齋還認爲這樣「兩從」的不義之徒，其來有自，這可以從誠齋對於周易〈夬・九四〉「臀無膚，其行次且，牽羊悔亡，文言不信。象曰：其行次且，位不當也，聞言不信，聰不明也。」的闡述來看。

> 九四以狠濟剛，則不能忍狠愎之性而必違，是以有不信悔亡之言之
> 象，劉牢之既從朝廷，復背朝廷既從靈寶，復背靈寶。從順，順者
> 不納；從逆，逆者疑之。既不得爲君子，又不得爲小人，哀哉！（〈夬・
> 九四〉，頁159）

誠齋在此卦爻舉劉牢之決而未決、欲止而進，卻又欲進而止，先出賣王恭，歸附晉政府，而後又終於背叛晉朝，既從朱靈寶，復又背叛朱靈寶，因這樣「唯利是圖」，屢屢「兩從」之徒，除了上述的「不愼其之」與「擅失所守」外，誠齋還推究其原因在於「剛愎狠逆」。亦即是說，若是違背其一己利益，其私志，或是其所圖的，都可以讓其倒戈背叛，此誠屬不忠信的薄義之徒。

五、小人之擏君子

而在誠齋的觀念中，小人喜趨炎附勢、貪名好利，將家國社稷的重要政事拋之腦後，而罔顧良臣賢相苦心經營的局面。當然，就誠齋來看，可以從三個角色的關係牽涉連結來看，而誠齋對於周易〈明夷・六四〉「入於左腹，獲明夷之心，於出門庭。象曰：入於左腹，獲心意也」的衍申引述來看。

> 六四以陰柔之奸，居近君之位，是故挾左道，用非僻，以中其君之
> 欲，至於深入其腹心，而壞其中，探得其傷害君子之志意，而肆於
> 外，於是聖賢有不免於傷者矣。（〈明夷・六四〉，頁134）

亦即此近君之小人所用之伎倆，乃在於用旁門左道的手段，先旁敲側擊以知曉其君之本意，再煽動其情，然後加以蠱惑其志，因而得以謀求順遂其私意，這樣深入其腹而壞其中的極深城府，是小人的慣用手段。最後再進而放肆乖張其行徑，而加以迫害對其最大阻礙的絆腳石——賢臣明相。這還可以從誠齋在周易〈豐・上六〉「豐其屋，蔀其家，闚其戶，闃其無人，三歲不覿，凶。象曰：豐其屋，天際翔也，闚其戶，闃其無人，自藏也。」的解析來看：

> 自古小人揜其君之明者，何也？君明，則必憂危亡，憂危亡，則己
> 疏左右矣，故必揜之以娛樂：君明則必勤總攬，勤總攬，則己無權
> 勢矣，故必揜之以逸遊；君明則必親君子，親君子，則已失恩寵矣，
> 故必揜之以姦諛。……汝之揜君之明，不過欲豐乎己之屋而已。
> （〈豐・上六〉，頁 207）

誠齋對於此豐卦上六爻的引述，在於解釋何以小人如此因其人欲私利，而罔顧群體之公益，而操弄其主上。誠齋認爲此輩「玩耍權術」的目的在於使其君耽溺於逸樂，而荒廢政事，最後「不明所以」地將大權交給其所寵信之小人。因此輩意欲永久保持、掌握這樣對其有利之情勢，所以必得竭心耗力地將其君王「揜覆」在鼓掌間，而不讓其君有賢明之時。因若如此，則賢能之君子必無以發揮其作用了。而誠齋還認爲這樣的情形並非只有近君的小人可以如此傾軋君子，這可以從誠齋對於周易〈困・初六〉「臀困於株木，入於幽谷，三歲不覿，象曰：入於幽谷，幽不明也。」以明之：

> 小人之揜君子，聖世所不能无也，況困之世乎？當困之世，不必得
> 位之小人而後能揜君子也，雖在下无位之小人，亦嚚然有揜君子之
> 志矣。初六是也。（〈困・初六〉，頁 172）

此藉由此初六爻所欲以之譬的小人來說，即使身不在其位，然由於其心胸偏狹、常懷報復，所以念茲在茲的便是幻想一有機會便使出渾身解數、嚚然以揜其所憎恨之敵。但對於此爻之解釋，誠齋認爲尚可慶幸之處在於：

> 所幸者進而求四之應，則四自厄於困之中，如枯株之不能庇，退而
> 伏於二之下，則已自墮於坎之底。如幽谷之無所覿，此其所以欲困
> 九二君子而不能也。（〈困・初六〉，頁 172）

所以，若就整體情況而言，無異對此輩相當的不利，因此其既已自陷困阨，跌落谷底了，所以便自身難保，雖然仍滿心妄想，以圖反噬，但畢竟此輩欲振乏力，已無爪牙了。當然，這是就疲弱之不肖之輩來說，若是以「居心叵

測」而嗜喜巧設機關的小人來看，可就非同小可了。這可以從誠齋對於周易〈坎・初六爻〉「習坎，入於坎窞，凶。象曰：習坎入坎，失道凶也。」

> 初六陰柔之小人，設險以陷君子，猶以爲未，又設險中之險。坎，
> 險也，窞，虞翻曰：坎中小穴曰窞，以坎而未險，而復穴其中，其
> 陷君子不遺於巧矣，然穽人者必自穽，險人者必自險。……故宦者
> 盛而黨錮興，黨人死而宦者滅。（〈坎・初六〉，頁111）

用「窞」這樣深坑的意象，來比喻小人「險之又險」的機心深險是相當妥切的。藉由故佈疑局中另設陷阱，凸顯出此輩如此不遺餘力地加害於人，只爲了逞快意以足己利。殊不知社稷國家，乃群臣眾民所應當共同努力去維護，群策群力而共進的，並非爲一己暫時之榮利，而荼毒迫害掉異己的國之棟梁，己身便可安然無事。當然「覆巢之下無完卵」，他們遲早都會波及而間接受到滅亡的了。而若能體認到此點，便尚有空間可言，這還可以從誠齋對於周易〈需・上六爻〉「入於穴，有不速之客三人來，敬之，終吉。象曰：不速之客來，敬之終吉，雖不當位，未大失也。」

> 主孤而客眾，主雖有危之勢，敬客以及主，主亦有安之理，入於穴
> 者，主安也。桓溫作難於晉，晚而疾亟，猶幸不殺王謝，晉室安而
> 桓氏亦安，此其效也。不當位，陰居上，則僭也，僭而未大失者，
> 小人敬君子，抑亦僭之救也與。不然壅甚必決，蘊甚必裂。（〈需・
> 上六〉，頁29）

這是誠齋從爻辭的中「入於穴」所聯想出來的看法，這觀點的主要在於提出極端之事不可做盡，而這桓溫雖僭上作亂但幸而有所顧忌，並未將當朝一時之選的良臣賢相戮殺，而由於這樣的棟樑之材並未傾毀，所以保全了晉室的安危，所以這可歸結出「邪畏正儔，其危可救」的結論，而因此從誠齋對於此需卦上六爻的解釋，可令人別有一番新的體認。

第二節　君子風範

一、用行舍藏

所以藉由上面一些段落的論述，可知忠臣良相並非不能匡濟天下之事，而往往是因爲受到小人之輩的阻撓，因而處處受制，誠齋此意當也自有所感

嘆，所以這可以從其對於周易〈同人・初九〉「无交害，匪咎，艱則无咎。象曰：大有初九，无交害也。」以見之：

> 初九秉剛陽之資，不曰无德；逢大有之世，不曰无時，上有六五之主，不曰无無君；下有眾陽之賢，不曰无類。然以无交而害者，孤遠在下故也，賈生明王道，而黜於文帝好賢之代；仲舒首群儒，而廢於武帝用儒之朝。（〈同人・初九〉，頁58）

此卦之爻正好將上面段落中，所提到的清高之士遭人打壓，且不被重用的情況陳述出來。所以誠齋從無論是「德」、「時」、「類」、「主」這些條件雖都具備，但也因無法與世融合，所以誠齋在此爻後又云：「傷大有之世猶有此遺恨也。」、「孤遠皆不遇，則釣築不遇矣」，即在將此乃無可奈何的事情表述出來。這令人聯想到李義山〈賈生〉詩，茲引如下：

> 宣室求賢訪逐臣，賈生才調更無倫。可憐夜半虛前席，不問蒼生問鬼神。

這是先從漢文帝只問鬼神，不問治國安民之道，是置蒼生於不顧，而迷信鬼神之人。其二再講出漢文帝徒有求賢之意，但是卻無用賢之實。於是讓才能卓越的賈誼無從發揮，所以正如誠齋所說的「黜於文帝好賢之代」，即使賈誼明曉王道，滿腹經綸，也只能君子固窮了。而就算如此，誠齋對於這樣孤高清遠之士，仍有所嘉許，這可從對於周易〈剝・上九爻〉「碩果不食，君子得輿，小人剝廬。象曰：君子得輿，民所載也，小人剝廬，終不可用」的陳述來看：

> 當是時，君子至孤矣，而猶曰得輿而民所載；小人極盛矣，而猶曰剝廬，而終不可用，何也？陰極生陽，亂極思治，白公之亂，楚幾亡矣，而國人望子高之來。足安楚者，子高也，此君子得人而民所載之效也。（〈剝・上九〉，頁93）

誠齋所謂的葉公原不姓葉，他姓沈，叫沈諸梁，字子高。葉公受命于楚國最衰弱破敗之際，鎮守楚國方城之外的邊防重地葉邑。葉公上任以後，一方面著力於農業發展，興修水利，另一方面討征攻伐，於是名震諸侯。而使葉邑一帶逐漸成為楚國穩定的疆土。其後葉公更率軍南北戰討，並平定楚國的內亂，也就是誠齋在此卦爻中所說楚白公勝的作亂。他不但殺令尹子西、司馬子期于朝，劫惠王。於是葉公率國人自葉入郢都，平定白公勝之亂，惠王復位，此舉之後讓楚國從衰弱裡而復振，且葉公在同時人的表現中，功績輝煌。在平定叛亂後，葉公位極人臣，深得民望。身兼楚國令尹和司馬，集楚國軍

政大權於一身。隨著楚國逐漸安定、興旺，葉公卻急流勇退，回到葉邑，安享其晚年。這就是誠齋所謂何以葉公能得人民的擁戴。此乃賢能君子之所以德高任重，理當眾望所歸之處。

　　所以這裡還提到了誠齋所要全面發揮的地方，可以從其對於周易〈豐・九三〉「豐其沛，日中見沬，折其右肱，无咎。象曰：豐其沛，不可大事也，折其右肱，終不可用也。」的申述來看：

> 君子之道，不用則已；用矣，而止以小事塞焉，猶不用也，何以達天下之望乎？達天下之望者，其必有濟天下之大事乎！致君澤民，舍此事，無大者三以剛明之德，居下卦之上，君子有德而得位者。……六五柔暗之君，非吾一人所能扶持也，所恃者，同列之相應也，而今也不幸與上六之小人為同列……同列而不應，其有左臂而无右肱也，一手不能舉鴻鼎，一臂不能推大車……九三拱手太息而已。
>
> （〈豐・九三〉，頁 205）

這裡最主要在將君子的志向遠大、才幹不凡，當真有機會用世之時，必能達到天下之所期望與抱負，進而「致君澤民」。然此爻辭中也表述出「不可大事」，誠齋在此是用獨木難支的概念來解釋。另外，何以无咎？因所象徵之君主「豐其沛，日中見沬。」〔註15〕柔懦昏暗不明，再加上同列於朝之臣不與之相應，所以當然一臂無以推動大車，無法完全運轉起整個家國社稷的大事。

二、面對小人之態度

　　而誠齋對在君子如何面對小人，也有其見解，他即認為：

〔註15〕〔清〕李道平疏虞注：孟子曰：「天油然作雲，沛然下雨」。上坎為雲，下坎為雨，故「日在雲下亦稱沛」，謂四也。雨雲蒙翳，故「沛，不明也」。沬，他本多作「昧」，子夏馬融皆云「星之小者」，薛氏云「昧，輔星也」，星經曰「北斗七星，輔一星，在大微北，北斗第六星旁」，陸希聲云「沬者，斗繫，謂斗之輔星，斗以象大臣，繫以象家臣」，故曰「沬，小星也」。噬嗑離日在上為「日中」。艮為星，為小，沬，小星，故為沬。以離互艮，故「日中見沬」。三本離日，故見艮艮為沬，二陰見之則為斗，皆為四也。離上之三入坎，故「日入坎雲下」。內體離為見，故「見沬也」。三利四之陰，故象與二同。九家注：姚信云「沛，滂沛也」，漢書五行志「沛然自大」，故云「大暗謂之沛」。輔星在北斗第六星闇陽旁。五至七為杓，六在杓中，故云「沬，斗杓後小星也」。愚案：二三皆為四所蔽，二遠於四，三近于四，故沛之蔽明甚於斾，見沬之暗甚于見斗也。《周易集解纂疏》，〔清〕李道平撰，潘雨廷點校，2004 年 4 月第三次印刷，頁 485。

> 有實至於四，鼎之盈，實之重也，持盈者，必有高天下之德，然後
> 能无傾；任重者，必有過天下之力，然後能不踣。九四以陽處陰，
> 德已薄矣，以近君之大臣，下應初六陰柔之小人，與小人而同事，
> 必與小人而同禍，此其所以折足覆餗而霑濡其身也，焉得不凶乎？
>
> （〈鼎・九四象傳〉，頁 183）

君子當知明哲保身之道，而應該潔身自愛，若是同流合污，則會與之俱黑，
而因此會遭受魚池之殃。下場往往令人不勝噓唏，因此若早知如此，便當提
防所共事之小人。另外，誠齋在朝多年，以剛直敢言，行止有節著名，也因
此得罪不少權奸，但其能始終安然無恙，對於為官之道也有其「明哲保身」
的地方，這可以從其對於周易〈小過・九三〉「弗過防之，從或戕之。象曰：
從或戕之，凶如何也。」來看：

> 君子之進不可過，惟防小人不可不過；防之不過，有時不幸而從之
> 矣，非必生其堂，嚐其戟，如永從鳳，光從莽，固從憲，邑從卓，
> 然後為從也。不防而信之，斯為從之矣，從之，斯受其戕賊之禍矣。
>
> （〈小過・九三〉，頁 234）

上舉誠齋對於小過卦的九三爻裡可發現：他特別從「弗過防之」來看待，而
所舉的谷永對於外戚王鳳的巴結追從，可真謂使盡其巧言，現盡其所能致，
這可以從下所茲引《漢書》的一段話來看。

> 永既陰為大將軍鳳說矣，能實最高，由是擢為光祿大夫。永奏書謝
> 鳳曰：永斗筲之材，質薄學朽，無一日之雅，左右之介，將軍說其
> 狂言，擢之皁衣之吏，廁之爭臣之末，不聽浸潤之譖，不食膚受之
> 愬，雖齊桓、晉文用士篤密，察父哀兄覆育子弟，誠無以加！昔豫
> 子吞炭壞形以奉見異，齊客隕首公門以報恩施，知氏、孟嘗猶有死
> 士，何況將軍之門！鳳遂厚之。〔註16〕

而此自獻死忠之誠，意在報隨王鳳，可是谷永畢竟所從非賢良中正之輩，所
以之後受殃及身，亦不令人悲憫了。另外，像孔光昧於鑑人、疏於察覺像王
莽如此處心積慮、機深隱匿之輩；而當王莽對於畢恭畢敬，任孔光女婿甄邯
為侍中，兼奉車都尉時，實不知王莽乃因孔光曾任三皇之相，又為當時眾所
皆崇之名儒，連太皇太后王政君都尊敬他，又加上孔光深得眾多民眾信賴，

〔註16〕《漢書》卷八十五，谷永杜鄴傳第五十五，班固撰，百衲本二十四史，宋景
祐刊本，台灣商務印書館印行，民國 65 年 10 月，頁 1031。

所以才如此恭維討好他。而王莽所謀孔光指控紅陽侯王立之罪，是欲以避王
立在王政君中的影響力所以欲以除之，這在在都顯示了王莽精心佈局，意圖
全面掌控情勢的處心積慮，而孔光罔爲三帝佐相，竟也被其利用。於是，當
王莽逐漸不被大家所防備之時，便已是改朝換代了。〔註 17〕這種利用私下拉
攏而順遂其利欲邪情的，就如程明道所云：

　　　人之情各有所蔽，故不能適道，大率患在自私而用智。自私則不能

　　　以有爲爲應迹，用智則不能以明覺爲自然。〔註18〕

也就是從王莽的史例可以看到，孔光因被事物所蒙蔽，而私相授受，而這就
是因出於自身之不明辨，而只用一般智識來判斷。所以也無法想像到這樣的
疏於防範，所帶來社稷的混亂。而除了上所舉的例子還可得知，並非是在權
利名位中，無從選擇，或是無路可退了；而是因爲己身的「防範審辨」不足，
不知事態發展的關連性，所信非人而突遭池魚之殃罷了。關於防範小人的方
式，當然不僅只有上些段所舉要防深謀陰險型的，這可以從誠齋對於周易
〈漸・六四〉小象傳中「或得其桷，順以巽也」的引述來看：

　　　得其桷者，順以巽也，君子之漸進於高位，不幸而在剛暴小人之上，

　　　非順而巽；巽而降，未有能免者。（〈漸・六四〉，頁 197）

誠齋此卦在於表述出當知登高思危，須知其所處之位，這就如《說文》所說
的「危，在高而懼也。」，〔註19〕至於該如何面對高位的方式，可再從誠齋對
於此爻象之解釋來看。

　　　今六四乃超九三而出其上，此危道也。惟降而棲於可椽可桷之卑枝，

　　　則庶幾无咎與。（〈漸・六四〉，頁 197）

由此可知，所謂的剛暴小人之輩，具內狠外柔之性情。若是恰好位居其上，
而不經心觸犯他的話，很容易會置己身於暗箭難防的危難中，誠齋認爲與其

〔註17〕柏楊曰：王莽曾經擔任過最高指揮官（大司馬），爲了避開丁姓跟傅姓皇親國
　　　戚，才辭去職務。朝野官民，都認爲王莽賢明（參考前七年），而他又是王政
　　　君的近親（王政君的親侄），於是，太皇太后王政君下詔：「三公跟部長級高
　　　級官員，推動可以擔任大司馬（三公之二）的人選。」。大司徒（三公之一）
　　　孔光以下，全體官員，一致推薦王莽。《通鑑九・昏君輩出》，遠流出版公司，
　　　1987 年 4 月第八版，頁 1994。

〔註18〕《河南程氏文集・答橫渠張子厚先生書》《二程集》，〔宋〕程顥、程頤著，
　　　王孝魚點校，2004 年 2 月第三次印刷，頁 460。

〔註19〕《說文解字注》，段玉裁，台北，漢京文化事業有限公司，民國 69 年 3 月初
　　　版，頁 453。

如此，寧可不當面與其正對交鋒，雖不能認同其所爲，但也不置可否，不去與之敵對，離而遠之，如此一來，則較能免於不測之難。而若是能避免掉這樣的危難，留有用之身，藏器待時、韜光養晦，方是識時務者爲俊傑之道。要不然，爲此而犧牲，不免太過輕於鴻毛，令人不勝噓唏罷了。

當然，這是上段針對無法即刻改變處理的剛暴兇殘之小人，所應具備的妥切態度。而大凡此兇殘狠狡之輩，能趁時機而起風波，必然也暴起暴落，應非能盤踞山巔，作威作福太久，所以當此之際，是必須有些作爲。這可以從誠齋對於周易〈解・九二〉「田獲三狐，得黃矢，貞吉，象曰：九二貞吉，得中道也」的引述來看：

> 九二以陽剛之才，佐六五陰柔之主，急於有爲之時也，則宜何先？
> 莫急於紀綱……莫先於法度……去小人是也……去小人而不力，雖
> 去必來；去小人而不直，雖行必格；去小人而不中，雖甚必亂。三
> 者盡矣，又能貞固以守之，則吉矣。不然，鄭朋得以入望之，封倫
> 得以入太宗矣。（〈解・九二〉，頁147）

誠齋在此引述認爲：所謂紀綱法度都不及去小人來的重要，因爲就紀綱法度來說，其訂定的先後可以因時制宜。而誠齋所認爲的去小人爲先，最主要是「雖去必來」，因除之不盡，讓其常常興風作浪，便可能先敗壞朝野風氣，若是如此，則讓綱紀不振，因此輩小人廣結黨羽，勢力龐大了，便會官官相護，無法循著常理來振興綱紀，造成歪風四起但、清風不徐。另外，誠齋所謂去小人必先於法度者，因此輩小人懂得利用拉攏關係，建立利益私情，可以在法度邊緣中趁隙而逃，這將會讓法度無法眞確實行。既然要端正政風了，便要主善必堅，去邪必果，而必在恰當時機，加以掃蕩小人，以免反遭其禍害，而誠齋最終歸結到應該要「貞固知守」，以免讓小人之輩，有機可乘，像誠齋所舉的鄭朋之例，可引《漢書・蕭望之傳》來看。

> 會稽鄭朋陰欲附望之，上疏言車騎將軍高遣客爲姦利郡國，及言許、
> 史子弟罪過。章視周堪，看白令朋詔金馬門，朋奏記望之曰：「將軍
> 體周召之德，秉公綽之質，有卞莊之威，至乎耳順之年，履折衝之
> 位，號至將軍，誠士之高致也。」……望之見納朋，接待以意，朋
> 數稱述望之，短車騎將軍，言許、史過失後，朋行傾邪，望之絕不
> 與通。〔註20〕

〔註20〕《漢書》卷七十八〈蕭望之傳第四十八〉班固撰，百衲本二十四史，宋景祐

這誠齋所舉的史例主要從蕭望之先前接見鄭朋，雖以誠相待。然不久即看出鄭朋乃是一投機取巧的邪佞之徒，因而後來才不再與之往來。而誠齋所舉封倫一例，更是狡詐詭怪，難以防範，可舉《新唐書》以證：

> 倫資險佞內狹，數刺人主意，陰導而陽合之。外謹順，居處衣服陋素，而交宮府，賄贈狼藉。然善矯飾，居之自如，人莫能探其腑肺。
>
> 隱、剌之亂，數進忠策，太宗以為誠，橫賜累萬。〔註21〕

所以，又可知此輩「以虛覆真」、「以僞亂誠」，若非邪辟至骨內，恐非能如此矯飾自然，而連唐太宗一代英明之君竟然也無法及時察覺，還賞賜甚富，可真是證明其僞詐以混淆視聽的手段高明。而誠齋這裡正說明如此虛忠僞誠以撼搖、蠱惑其上者，目的也在於貪婪，冀欲有利可圖，而若不能「貞固秉守」，而與之相隨，恐怕久而久之，將讓己身漸趨下流，深受其牽累而無法逃離。這是不提前明辨慎思所帶來的禍端。所以在此可知：何以君子必須先重視禍亂的根源？此即所謂君子務本，本立而道生。要是能貞定不移，觀其所以，察其所為於相處之間，而不輕易改變應守的名節持操，則將能清者自清，不被其所誘惑而誤導，以致身敗名裂。

而這裡也必得再提一點，雖說此輩逆豎，實令人厭惡，然誠齋這裡所提應對的方式，除了不與之為伍外，須要有一適應的態度，這樣才可以防範其隨意任為所危及的事端。這可以從誠齋對於周易〈遯·象傳〉「天下有山，遯，君子以遠小人，不惡而嚴。」的解析來看：

> 君子避小人，故曰遯，遯者，退而避也。退而避者，豈必江海山林然後為遯哉？大遯遯於朝，小遯遯於野。舜遯共驩於歷山，旦遯管蔡，不於曲阜，孔子與陽貨同國，孟子與王驩同事，故曰君子以遠小人不惡而嚴。孔子答貨曰：諾，吾將仕矣，孟子與驩朝暮見，何疾惡之有？見貨亦矙亡，見驩未嘗與言行事，何不嚴之有？惟不惡，故不害；惟嚴，故不污。（〈遯·象傳〉，頁 123）

藉由誠齋對於此遯卦之象傳的論述，可歸納出其兩項對治小人的態度，即是「以退為避」和「不惡而嚴」，這即是呼應到前面的防範概念。雖不苟同其所作為，但靜待其變，以觀其成敗。因此輩自取滅亡乃遲早之事，所以不應雖

　　　刊本，台灣商務印書館印行，民國 65 年 10 月，頁 970。

〔註21〕《新唐書》列傳第二十五，楊家駱主編，鼎文書局印行，民國 65 年 10 月初版，頁 3930。

著情緒起伏，與之正面交鋒，因其陰狠乖逆之手段，常是非常人所能想像得到的，所以應退避而保身，此乃為明哲保身的上策。而誠齋所舉孔孟二例，實為佳舉，茲引原文來佐證：

> 陽貨欲見孔子，孔子不見，歸孔子豚。孔子時其亡也，而往拜之。遇諸塗。謂孔子曰：「來！予與爾言。」曰：「懷其寶而迷其邦，可謂仁乎？」曰：「不可。」「好從事而亟失時，可謂智乎？」曰「不可。」「日月逝矣，歲不我與。」孔子曰：「諾，吾將仕矣」〔註22〕

可知誠齋舉孔子之例，乃在於說明，對於此輩小人，要巽順以對，不必當面與其針鋒相對。因孔子是不悅其專濫，而不與他相見。然彼者既來，則安然處之，另外像陽貨對孔子說：「來，予與爾言話。」從這個「來」字，可以看出陽貨的傲慢態度。且稱呼「予、爾」，也可以見其無禮。而孔子並不因此而被其激怒，這實可見其宅心仁厚之聖者風範。而且這裡有個關鍵點便是，孔子答以「諾，吾將仕矣」，此誠乃「順辭避害」的應對。因孔子並非無賢能才德之士，只不過，不欲與其同事，為虎作倀罷了。〔註23〕而這樣接對態度，即誠齋的「以退而避」，所以不但可以免遭小人之害，更可保持己身安康。從這樣的結果看來，不但是真正的智者，也是不輕其身的仁者。所以雖然孔子謙而不敢當，不但不居仁，而且不居智，實則兩著皆具備於其中。〔註24〕

而誠齋所舉孟子之例，而孟子的對應方法則是「不惡而嚴」，這是從孟子在齊國時，滕文公去世，而孟子與滕文公曾有交情，並幫助其推行仁政，所

〔註22〕 新編諸子集成《論語集釋》，程樹德撰，程俊英、蔣建元點校，中華書局，1997年10月第四次印刷，頁1174～1176。

〔註23〕 四書章句集注：貨語皆譏孔子而諷使速仕，孔子固未嘗如此，而亦非不欲仕也，但不仕於貨耳，故直據理答之，不復與辯，若不諭其意者。陽貨之欲見孔子，雖其善意，然不過欲使助己為亂耳，故孔子不見者，義也。其往拜者，禮也。必時其亡而往者，欲其稱也。遇諸塗而不避者，不終絕也。隨問而對者，理之直也。對而不辯者，言之孫兒亦無所紲也。楊氏曰：「揚雄謂孔子於陽貨也，敬所不敬，為紲身以信道，非知孔子者。蓋道外無身，身外無道，身紲矣而可以信道，吾未之信也」朱熹，《四書集註》仿古字版，大孚書局有限公司，民國89年2月初版再刷頁119。

〔註24〕 《論語集解》引《犖經室集》：「元謂魯國時人之論，以皆以聖仁尊孔子，故孔子曰「則吾豈敢」。陽貨之言亦因時論而難之也。又智者仁之次，漢書古今人表敘論九等，列智人於仁人下。子張以人推令尹子文及陳文子，孔子皆答以「未智，焉得仁」，明乎必先智而後能仁也。故陽貨諷孔子仁智並稱，孔子謙而不敢當。非特不居仁，且不居智矣。新編諸子集成《論語集釋》，程樹德撰，程俊英、蔣建元點校，中華書局，1997年10月第四次印刷，頁1177。

以齊國派他作爲使者前往弔唁。而由於同行的副使大夫王驩獨斷專行，在來回的路上，孟子並無與其商討任何公事。可知對於同樣專擅攬權之輩，孟子雖深知其不是，然亦不言，而這可見孟子並非意氣用事、易於嗔惡的不肖之輩，而是相當具有含容之德的，這樣不疾惡的胸懷，實亦非常人可及。而且也如誠齋所云「惟不惡，故不害；惟嚴，故不污」，既不與其所同流合污，也不會因其暗害而招致禍端，這與孔子同爲既明且智之舉。

第三節　辨正邪

一、邪茹正吐

　　前面的幾段將誠齋對於如何妥善面臨小人之禍，以及與其相處的情形，作了推論分析，而在誠齋的防範小人觀念中，還有一項很重要的工作，也就是「辨別奸邪」，唯有如此，方能夠眞正不被其所蒙蔽而有明智之行，而這可以從誠齋對於周易〈益・上九〉「莫益之，或擊之，立心勿恆，凶。象曰：莫益之，偏辭也，或擊之，自外來也」的引述來看：

> 以善益己，己益而人不損；以利益己，人損而己不益。上九居益之極，位益之元，而剛以上人，此非以善益己也，利而已。利之所在，可均而不可偏，上九不均之以益人，而偏之以益己：偏之以益己，而爭之者至矣，故人皆莫肯益之。豈惟莫肯益之，有擊而奪之者矣。惟其利心之偏利，而不知均利之常理，此其所以凶自外來也。（〈益・上九〉，頁156）

誠齋這裡所解述的主要以「善益」和「利益」這兩點來解釋分析，而從此益卦上九爻的最後這句「惟其利心之偏利，而不知均利之常理」的論述看來，誠齋是用「心」和「常理」來反襯並解釋這個「反身而誠」與「成己成物」的層面。所以這觀念的解析，是用心善來成己，用心善所發來成物，所以並不會有所虧損，也對自己的涵養擴充甚有功，所以誠齋此處的「以善益己」，是就良心之善來論述。這點可從程明道的語述來看：

> 良能良知，皆無所由，乃出於天，不繫於人……且省外事，但明乎善，惟進誠心，其文章雖不中不遠矣。所守不約，氾濫無功。〔註25〕

〔註25〕《河南程氏遺書卷第二上》《二程集》，〔宋〕程顥、程頤著，王孝魚點校，

因所爲均利之事，雖屬於外事，但實際上包括的是良善之心所發的常理之事，因良善即合常理，所以若是明乎善以益己，必將有益於人。而對於此益卦的上九爻，當然誠齋還是要回歸到對於何以小人「凶自外來」的原因作論述，這主要是因爲此輩不肖之徒以利出發，不但不思己過，還偏之以益己，而若這樣「既偏且頗」而納私以利己，當然就會己富人貧，而引發爭奪之禍端。所以若就「利益」的立場來看待，要能均平而不偏向於一端，則非易事，而若回歸到常理來論，知善益的公平之理，則不會導致因「利己損人」而搶奪鬥爭，這是就誠齋對於益卦的上九爻所論述的「善利之益」。也可見這爭利的情態，在此輩小人中是其著迷失正，而專利爲己所致的，而這樣的截然不同，可以從誠齋對於周易〈困‧九二〉「困于酒食，朱紱方來，利用享祀，征凶，無。象曰：困于酒食，中有慶也。」的引述來看

> 小人之困君子，何仇於君子哉？不過如雞鶩之爭食，鷗鳶之嚇鼠爾，
> 小人所茹，君子所吐。九二陽剛之君子，爲初六、六三二小人所搶，
> 九二吐而去之。（〈困‧九二〉，頁 173）

誠齋此爻的引述重點在於提出「邪茹正吐」這樣的見解。「鷗鳶嚇鼠」的比喻相當的生動有趣，更將誠齋心目中君子不爲名利所誘的形象刻畫出來。而這裡所提到「九二陽剛之君子，爲初六、六三，二小人所搶」的「搶」字，其意義並非同於《荀子‧儒效》裡的「教誨開導成王，使諭於道，而能搶迹於文武」的「搶」。因此，「搶」表示襲受之意；而是《孟子‧萬章》裡所說的「從而搶之」〔註26〕的「搶」或《淮南子‧泛論》「而民得以搶形禦寒」〔註27〕的「搶」，乃覆蔽之意。然而，君子正氣磅礴，不會輕易爲其所影響，因此是不顧小人而繼續行其常道的。誠齋這觀點有尚可以從其對於周易〈同人‧卦辭〉「同人於野，亨，利涉大川，利君子貞」的延伸引述來看。

> 然則當无所不同乎？曰不然，利在君子以正道相同而已，君子與小
> 人爲同，則君子爲小人，小人與小人爲同，則小人害君子，豈正也
> 哉？（〈同人‧卦辭〉，頁 54）

所以，藉由這「君子以正道相同」可知上段君子所以對虛榮浮華不屑一顧，

2004 年 2 月第三次印刷，明道先生語，頁 20。

〔註26〕原文爲：父母使舜完廩，捐階，瞽瞍焚廩，使浚井，出，從而搶之。《四書集註》仿古字版，朱熹撰，大孚書局有限公司，民國，89 年 2 月初版再刷，頁 128。

〔註27〕新編諸子集成《淮南子集釋》，何寧撰，1998 年 10 月第一次印刷，頁 914。

在於是以「通遂達致正道」為其所踐行之所。而這裡也提出小人與小人之集結成一團的危害，正所謂《詩經・邶風・柏舟》所講「憂心悄悄，慍於群小」，〔註28〕而小人陷害、排擠君子，雖然君子並不會因此而憂，但所憂為何？除了因小人結群成黨，憑藉著私欲、利益所形成的惡勢力仗勢欺人、誣陷忠良以外，君子所憂心的是，如此敗壞朝政以逞其奸、盡快其意而不已，將讓政風為之頹靡，也憂心小人尸居高位卻荒廢政事，專為己之利而置天下家邦眾民之事於不顧，對於整個國家社稷的危害甚大。另外一點對於「君子與小人為同」的看法，誠齋也在此警惕、勉勵成德之君子，應該注意，切不能為小人之行徑，或與之有深厚之往來，否則久而久之，身濡其言行也將與之同化而不自覺，這就如《左傳》裡所說「無與同好，誰與同惡」，〔註29〕不與之黨私而親暱狹近，以免漸趨下流而同流合污。

若是與此輩小人有往來，其危害之處從哪些地方可以看得出來呢？這可以從誠齋對於周易〈解・九四〉「解而拇，朋至斯孚。象曰：解而拇，未當位也。」的論述來看：

> 四以陽剛之資，居近君之位，當大臣之任，而下比六三微賤在下之小人，則君子之友，望望然去之。唯解散其小人，則君子信其中正，而朋至矣，故蒍子馮比八人者，而申叔時遠之，郭子儀任吳曜，而僚左去之。（〈解・九四〉，頁 147）

這即是在於說明：若與小人私黨，就會引發賢良才智之士盡去的弊病。像誠齋所舉的蒍子馮之例，即在於子庚死後，康王使蒍子馮為令尹。蒍子馮徵詢申叔豫之意，然屢次所遇申叔豫，他皆避而不答，所以蒍子馮後才明瞭。此時觀起已被車裂，但朝廷裡依舊有寵臣八人，待蒍子馮把他們一一辭退後，朝廷漸漸就安平穩定下來了，這是一例。另外像誠齋所舉的郭子儀任吳曜之例，即在於郭子儀誤殺張曇之事。此事起端於因張曇性情剛強直率，因而郭誤以張曇鄙賤己，而耿耿於懷。而吳曜卻挑起郭子儀胸中之怨怒，於是郭子儀上疏誣告張曇，遂斬張曇。不久之後，其許多幕僚便紛紛求去，而郭子儀

〔註28〕《詩經詮釋》，屈萬里著，聯經出版事業公司，2000 年 10 月初版第十三刷，頁 43。

〔註29〕昭公十三年「同惡相求，如市賈焉，何難？無與同好，誰與同惡」杜注：言棄疾本不與子甘同好，則亦不得同惡」共同為惡，服虔曰：「言無黨於內，當與誰共好惡？」《春秋左傳注》，昭公十三年，紅葉文化事業有限公司，楊伯峻編著，頁 1351。

因此才悔悟誤信吳曜之讒言，然這已鑄成大錯，枉殺無辜了。所以藉由此兩事例可知不擇人以交往，所致之危，相當難以挽救。這也即如誠齋對於周易中〈夬‧九三〉衍生闡述出「舍君子從小人，凶之道也，舍小人從君子，無咎之道也。」的觀點一致。

在共同相處裡，對於小人之輩的確不得不防。否則其凶難免，而誠齋這裡的觀念在其對於周易〈比‧六三〉「比之匪人。象曰：比之匪人，不亦傷乎」的闡釋裡可以互相貫通佐證：

> 物以相親而益，亦以相親而賊……仲尼蘭鮑，荀卿蓬麻，皆戒於親非其人也。（〈比‧六三〉，頁 37）

雖說眾臣相集可以群策群力，而有集思廣益之功效，但也往往於領導者沒有「親賢遠佞」的防範之下，而導致誤陷賢良而後悔莫及，這觀念還可參照《論語‧顏淵》所云：

> 子夏曰：「富哉言乎！舜有天下，選於眾，舉皋陶，不仁者遠矣。湯有天下，選於眾，舉伊尹，不仁者遠矣。〔註30〕

所以像吳曜這種「頑嚚」〔註31〕之輩，喜好言人之惡，且火上添油者，若與之熟絡，並不是與之俱黑而已，在上位者不但會因小失大，若不即時悔改，恐怕就會眾叛親離了。

所以就誠齋對於在上位者的領導觀念中，可以推論出其「君子周而不比，小人比而不周」〔註32〕的思考脈絡。因若以忠信相待，則偏私比附之邪情何以存在？所以應盡「周」而不比之功，切不可因「比」而失周。因這「周」的思想內容中，已經涵藏君子應行之義。所以雖說都有親厚之意，但也要明

〔註30〕 新編諸子集成《論語集釋》，程樹德撰，程俊英、蔣建元點校，中華書局，1997年 10 月第四次印刷，頁 874。

〔註31〕 左傳文公十八年：「頑嚚不友，是與比周」、「心不則德義之經爲頑，口不道忠信之言曰嚚。」《春秋左傳注》，楊伯峻編著，洪葉文化事業有限公司，1993年 5 月初版一刷，頁 638。

〔註32〕 《論語集釋》卷三，爲政上引《國語‧晉語》「吾聞事君者比而不黨。夫周以舉義，比也。舉以其私，黨也。籍偃曰：『君子有比乎』叔向曰：『君子比而不別。比德以贊事，比也。引黨以封己，利己而忘君，別也。』」彼之所謂彼，即此之所謂周，周以舉義者也，比德以贊事者也。彼之所謂黨，即此之所謂比，舉以其私者也，引黨以封己者也。比爲兩相依附，如鄰之親密。黨則有黨首，有黨羽，援引固結，蔓延遠而氣勢盛。此比字對周說，正於其狹小處見不能普遍，猶未至於黨之盛也。新編諸子集成《論語集釋》，程樹德撰，程俊英、蔣建元點校，中華書局，1997 年 10 月第四次印刷，頁 100～101。

辨其中仁義與利欲的分判，這就是誠齋認爲不可與小人爲同的地方，〔註33〕
而這裡面就已經包含著義利之辨了。

　　若就所受的危害來看，則又可再引述誠齋對於周易〈剝・初六爻〉「剝床
以足，蔑貞凶。象曰：剝床以足，以滅下也。」的詮釋來看：

　　　　害人者，先壞其床之足；害國者，先壞其國之足。君子者，人主之
　　　　股肱也，非國之足乎？小人之滅正道，消君子，剝床之足者也。正
　　　　道滅，而後凶於國者隨之。王章不誅，漢不亡；任愷不去，晉不亂。

　　　　（〈剝・初六〉，頁92）

從誠齋對於剝卦初六之爻的解述來看，可以瞭解，小人所危害的地方正是君
子所支撐之處，也呼應到前面所說君子所行乃是以正道，而小人所爲卻漸漸
破壞正道。這可以從誠齋所舉之例來了解。先就任愷之例來看，《世說新語・
任誕第二十三》：

　　　　任愷既失權勢，不復自檢括。或謂和嶠曰：「卿何以坐視元裒敗而
　　　　不救？」和曰：「元裒如北夏門，拉羅自欲壞，非一木所能支。」

　　　　〔註34〕

侍中任愷本諫賈充去抵抗西北外族，配此等不肖之輩到邊疆，但事後無成。
賈充因而懷恨在心，便與荀勖、馮紞暗謀陷害任愷，最後使任愷被定罪。而
後晉之朝政就漸趨混亂，此乃不除小人所致之災亂。但這僅僅是就「紛擾混
亂」來說，若就誠齋看來，毀壞國家社稷的根本，其嚴重性不只於此，這可
以從《漢書》來看誠齋所舉王章不誅這一例。

　　　　時成帝委任大將軍王鳳，鳳專勢擅朝，而京兆尹王章素忠直，譏刺
　　　　鳳，爲鳳所誅。王氏浸盛，災異數見，群下莫敢正言。〔註35〕

當蕭望之和王章等忠賢良相被石顯、王鳳所害、誣死，不久朝野譁然，臣民
之心漸離，而漢朝漸亡，這的確是將國之棟梁腐朽破壞後，所帶來的後果。

〔註33〕《論語正義》曰：經傳言「小人」有二義：一謂微賤之人，一謂無德之人。
　　　　此文「小人」，則無德者也。夫子惡似是而非，故於比周、和同、泰驕，及巧
　　　　言、令色、足恭、鄉原，皆必辨之，所以正人心。而凡知人之術，官人之方，
　　　　皆必辨乎此矣。頁13 經清人注疏《論語正義》，劉寶楠撰，高流水點校，中
　　　　華書局，1998年12月第三次印刷，頁57。
〔註34〕《世說新語彙校集注)》，（繁）朱鑄禹彙校集注，上海古籍出版社，2002年
　　　　12月第一刷，頁617。
〔註35〕《漢書》卷六十七〈楊胡朱梅云傳第三十七〉，楊家駱主編，鼎文書局印行，
　　　　頁2917。

這是誠齋對於如此勢力強大小人，所導致漢朝滅亡後果的看法。若究其實，禍患常起於忽微，而人主卻往往不知在最初之時便發現而加以對治，其後果往往是不堪設想。當然就遵守秉行正道之君子來說，若其可爲君上之股肱，而君上竟聽信讒言而自殘其股肱，則可知必將不良於行而如自毀社稷長城。

前面的段落說明小人從國之根本所摧殘，必引發動亂，甚而造成的賢將良相亡害，而引發棟梁傾毀、社稷倒塌顛覆。茲可再從誠齋對於〈小過·象傳〉和〈觀·上九爻〉來看君子與小人之辨，先從誠齋對於周易〈小過·象傳〉「山上有雷，小過，君子以行過乎恭，喪過乎哀，用過乎儉」的解析來看：

> 過與不及，皆德之累也，亦皆君子進德之地也。小過，過矣，君子用之，則過於善，故爲過恭，爲過哀，爲過儉，是三德者，病不過耳，過何病哉？然是三者，豈君子獨能之乎？小人亦能之，爲過傲，爲過易，爲過奢。（〈小過·象傳〉，頁233）

從誠齋對於小過卦象傳的對比判別，可見到這小處所不同之地方，即在於雖然同樣是些許「超過」，小人在此處所表現出來的是「恃傲凌人」、「逾禮浮蕩」或是「奢侈不節」，但是雖說過猶不及，誠齋的觀點總是有其獨特之處，便在於「變而通之，反而用之」〔註36〕之進德工夫。因此，雖說有越過之處，但如仁者所過即在於寬，而此所「溢善」之地方，呈現在於禮的便是過於恭敬，或是情不自禁地表露出哀傷之感，而在於操持秉守方面，又也多是反求諸己、儉約自身而行，所以，誠齋對於這「恭敬」「悲憫」「儉約」，則認爲雖有小過，但不足以之爲疾，而認爲「是三德者，病不過耳，過何病哉？」可見這是君子展現於禮上的「通權達變」工夫。

而對於這「進德」而「反觀於德」方面，除了展現在於禮之領域，也可放在天下國家來展現，這要從誠齋對於周易〈觀·上九爻〉「觀其生，君子無咎。象曰：觀其生，志未平也」的論述來看：

> 君子身有用舍，志无用舍，上九以剛陽之德，而居一卦之極，當无位之地，而負達尊之望，故其志未嘗一日不反觀其德之出於己者。吾之德，其皆君子耶？乃過无咎，何也？吾之身不爲天下之所用，而吾之德爲天下之所仰，豈以身之約而志之安乎？故曰志未平也。

〔註36〕參見《誠齋易事》：「若進德之君子，變而通之，反而用之，移小人貪得不息之邪心，爲吾求道之正心，何不利之有？大哉易之道乎，豈一端而已乎。」叢書集成初編《誠齋易傳〈升·上六〉》，中華書局，1985年新一版，頁170。

> 子思之在魯，子方之在魏，裴晉公之在綠野，其身彌退，其憂彌重，
>
> 故君子无位而有憂，小人有位而無憂。(〈觀・上九〉，頁 83)

從這觀卦的上九爻之論述可見第一關鍵放在「德行」與「名望」的權衡，而認爲雖可見其人之名聲人氣，已達天下之眾望所歸，但仍舊不以己身之德行爲所尊貴，而自謙不足、自慊不已，因這來源自於「反觀其德」以及誠齋的核心思想「反身誠正」，接著誠齋再從「志之未平」與「身之用舍」的兩條主線作爲抉擇思考，而認爲心志之所以不安，乃在於不能用世，這從誠齋所舉田子方遇爲太子之例可茲引《史記・魏世家》以證：

> 子擊逢文候之師田子方于朝歌，引車避下謁，田子方不爲禮，子擊因問曰：富貴者驕人乎？且貧賤者驕人乎？子方曰：亦貧賤者驕人耳，夫諸侯而驕人，則失齊國，大夫而驕人，則失其家，貧賤者行不合，言不用，則去之楚、越，若脫躧然，奈何其同之哉？子擊不懌而去。〔註37〕

田子方之所以行不屑之教，最主要也在於反托出專恃自用之蔽，而君子志在於用世爲民，即所謂「吾豈匏瓜也哉？焉能繫而不食？」〔註38〕所以所思所慮，不在於己之所爲所具，而在於不自驕其功、自伐其善。所以誠齋舉此例在於將君子所憂提挈出來，因所憂的並非是名震天下或位居極上，而是反身觀德，是否有皆爲君子之道，所憂的是身未能盡全己之用，無法博施濟眾。而小人所憂的剛好相反，小人之憂的是能否虛名榮利皆有，所患的是位居人下，冀求攀爬高位以驕傲他人而自足，或所有功勞皆攬爲己以竊喜。像誠齋所舉的另二例裡，子思曾見費惠公和魯穆公，但皆不受重用，而裴度任東都留守，見宦官專權，卻不能有所作爲，於是在洛陽午橋建綠野堂，常與白居易、劉禹錫等作詩飲酒，遣懷以度日。而這即誠齋所要呈現「其身彌退，其憂彌重」的胸懷，當然即是仁者之憂了。

　　所以這裡的論述觀點，在於將誠齋辨明奸邪與正義中的仁善與智義，充分地表示出來，也可知這明己之智可以對治自以爲是的驕恃之邪情，可從內心而成就外行，仁者成己成物，而有聖明君王之治。

〔註37〕《史記會注考證》，〔日〕瀧川龜太郎著，萬卷樓出版，民國 91 年 1 月初版 3 刷，頁 711～712。

〔註38〕新編諸子集成《論語集釋》，程樹德撰，程俊英、蔣建元點校，中華書局，1997 年 10 月第四次印刷，頁 1206。

二、和而不同

　　誠齋對於《周易》之經傳的君子觀中，認爲君子有其必具備的原則，而最主要的在於其能獨行而不改，這可以從誠齋對於周易〈升・上六〉「冥升，利於不息之貞。象曰：冥升在上，消不富也。」的引述來看：

> 易，變也，變則通，上六以陰邪之小人，乘一卦之上，居升進之極，猶冥然冒昧求升而不已，宜其消亡而不富也。若進德之君子，變而通之，反而用之，移小人貪得不息之邪心，爲吾求道之正心，何不利之有？（〈升・上六〉，頁 170）

這是誠齋藉由升卦的上六之爻中「升進之極」與「升而不已」而得出，同樣是「不息」，若小人用之，則爲「貪利欲益」的邪情渴求，而若以君子的「不息」來看，則是如「剛健不已」「進德不息」的觀念來，這也是君子小人的分判，因這是從小人冥暗昏昧而蠅營狗苟於欲望私利，來對比出君子的德行觀的。而這裡也提到「變而通之，反而用之」的省思態度，誠齋認爲可以藉由小人對於利欲無止盡的追求，因見不賢而省思。在辨別思考後，立刻可以「變通反用」，這樣的「回思轉化」可以促進君子的內源引發，意即君子藉此可以進求於德而不已，不斷健動上升爲修己之動力的，這是誠齋的工夫特色之一。而對於君子之所以可不流於俗的地方，可先從誠齋對於周易〈同人・象傳〉「天與火，同人，君子以類族辨物。」的論述來看：

> 既曰同人，又曰類辨，无乃爲異乎？同其不得不同，異其不得不異，所以爲同之大，所以爲利君子。（〈同人・象傳〉，頁 55）

這是先就「所同所異」來的釐清，這主要是從「不得」同流合污，「不得」流於俗的立場來看的，關鍵在於像《孟子・盡心下》不「同乎流俗，合乎污世。」[註39] 而且必得瞭解到一個地方，即是所同乃在於同乎聖賢仁義禮智，所同乃在同於天之剛健不息的進德不息之理。且這裡還有一個觀念是需要再釐清。也就是對於之所以可「同而大」關係到誠齋對於一個體和整個群體的連結互動，或在「不得不異」中，毅然而然作出的抉擇。這可以從誠齋對於周易〈同人・卦辭〉「同人於野，亨，利涉大川，利君子貞。」引述來看：

> 人與人群居天地中，能高飛遠走，不在人間乎？而獨與人爲異，何也？人異乎人者，物之棄；人同乎人者，物之歸。然同而隘，則其

[註39] 新編諸子集成《孟子正義》，〔清〕焦循撰，沈文倬點校，中華書局，1998年 12 月第四次印刷。

同不大，同而暗，則其同不公，同人于野，公而大也。（〈同人·卦
辭〉，頁 54）

誠齋爲此易傳疏解之時，已退居鄉野，與許多民眾接觸的機會較多，因此認
爲既非鳥禽能高飛遠走，或是馳其形性，潛之萬物卻終身不反，所以當群居
在一起時，己身若無所涵藏，有所進境，豈不是天之棄材。所以既然回歸到
眾之所處，並非群居終日、無所事事即可，要有積極的向善發展，才是常理。
當然，誠齋在此處也呼應到前段要解析的細微處，即所謂「同而隘，則其同
不大」與「同而暗，則其同不公」，而誠齋在此同人卦辭所引發論述「同而隘」
的「隘」，並非如《荀子·王霸》裡「生民則致貧隘」的「急窮」之意，應可
爲《左傳·昭三年》中所說的「湫隘囂塵」裡「小」的意義，或是如《詩·
大雅》裡「誕置之隘巷，牛羊腓字之。」〔註 40〕的「狹」之意思。

　　所以，就誠齋的觀點來看，必得要同人同物，所歸在於「和」，能夠聚集
卻不厭惡排斥，是因爲能夠和睦相處，但也不是靠者互相行小惠、言不及義
或互相阿諛諂媚，利益往來。這就如《論語·衛靈公下》中「子曰：君子矜
而不爭，群而不黨。」〔註 41〕相聚一起是要用來彼此問學益思，和諧涵養，
進而可以彼此砥礪，循理用功、日漸進德的。而《論語》中也提到持守己身
的「矜」，能夠有所節制，便不會與人有所嫌隙衝突，所以可與眾融合，與人
同樂。〔註 42〕而誠齋這裡的「同而不暗」就是「群而不黨」之意，也就是說，
藉由彼此集居的和樂融融，相聚成群，但不會因此生出私意，分出派別，而
可以相互問學研習，以修正己身之品德，進而合乎常理常道，關於這沒有偏
私意志的王道，其實就如《尚書·鴻範》所云：「無偏無黨，王道蕩蕩；無黨
無偏，王道平平；無反無側，王道正直。」〔註 43〕所以這裡「所同」的基本

〔註 40〕《詩·大雅·生民》：「誕置之隘巷」疏：「置之於狹隘巷中」狹也。《詩經詮
釋》，屈萬里著，2000 年 10 月初版第十三刷，聯經出版事業公司，頁 483。
〔註 41〕《論語集釋》引江西云：「君子以道相聚，聚則爲群，群則似黨，群居終日所
以切磋成德，非於私也。」新編諸子集成《論語集釋》，程樹德撰，程俊英、
蔣建元點校，中華書局，1997 年 10 月第四次印刷，頁 1104。
〔註 42〕朱熹，《四書集註》卷八：莊以持己曰矜，然無乖戾之心，故不爭；和以處眾
曰羣，然無阿比之意，故不黨。《四書集註》仿古字版，大孚書局，民國有限
公司，民國 89 年 2 月初版再刷，頁 109。
〔註 43〕這「和」與「同」的觀念可從三處來分析。如《尚書·鴻範》：「無偏無黨，
王道蕩蕩；無黨無偏，王道平平；無反無側，王道正直。」故洪範曰：「無
偏無黨」今文「無」一作「毋」。史記曰：「毋偏毋黨，王道蕩蕩；毋黨毋偏，
王道平平；毋反毋側，王道正直。」十三經清人注疏《今文尚書考證》卷十

原則在於不「狹隘親暱」，而關於「同人於野」的廣遠之野。還有個前提，即如《論語》中「子曰：君子和而不同，小人同而不和。」〔註44〕因若是能互相認可，感通彼此之意，而不像小人因為共同利益而匯集在一塊，生活在吵嚷爭奪或暗潮洶湧的得失消長中，一旦失去平衡之時，輕的便是互相傾軋攻訐，嚴重之時，便是巧作險計以害異己。所以君子由義之理所通同之和，就像誠齋對於「同人於野」所推致的浩瀚無礙之境，不會有所牽連繫累，因彼此源出於義，而志同道合。所以誠齋這裡對於「同人於野」的見解，即在於君子要有通同天下之志的廣大博遠，並不能只侷限於一個小團體所為，而是同乎天下之常理，通達乎天下之道的。

一鴻範第十一周書二〔清〕皮錫瑞撰，盛冬鈴、陳抗點校，中華書局出版發行，2004 年 2 月第三次印刷，頁 259，其次，從《國語·鄭語第十六》（史伯）對曰：「今王棄高明昭顯，而好纔匿暗昧……去和而取同。夫和實生物，同則不繼。以他平他謂之和，故能豐長而物生之：若以同稗同，盡乃棄矣。故先王以土與金、木、水、火雜，以成百物。是以和五味以調口，剛四支以衛體，和六律以聰耳，正七體以役心，平八索以成人，建九紀以立純德，合十數以訓百體。出千品，具萬方，計億事，材兆物，收經入，行姟極。故王者居九畡之田，收經入以食兆民。周訓而能用之，和樂如一。夫如是，和之至也。於是乎先王聘后於異性，求財於有方，擇臣取諫工而講以多物，務和同也。聲一無聽，物一無文，味一無果，物一不講。王將棄是類也，而與剸同。天奪之明，欲無弊，得乎？」《國語集解》，徐元誥撰，王樹民，沈長雲點校，頁 279，中華書局，2002 年 6 月第一版，頁 470～473。其三，這在《左傳·昭公二十年》也有提到「齊侯至自田，晏子侍于遄臺，子猶馳而造焉。公曰：「惟據與我和夫？」晏子對曰：「據亦同也，焉得為和？」公曰：「和與同異乎？」對曰：「易。和如羹焉，水、火、醯、鹽、梅，以亨魚肉，燀之以薪，宰夫和之，齊之以味，濟其不及，以洩其過。君子食之，以平其心。君臣亦然。君所謂可而有否焉，臣獻其否以成其可：君所謂否而有可焉，臣獻其可以去其否。是以政平而不干，民無爭心。先王之濟五味、和五聲也，以平其心，成其政也。聲亦如味，一氣、二體、三類、四物、五聲、六律七音、八風、九歌，以相成也。清濁、小大、短長、疾徐、哀樂、剛柔、遲速、高下、出入、周疎，以相濟也。君子聽之，以平其心，心平，德和。故詩曰：『德音不瑕』今據不然，君所謂可，據亦曰可：君所謂否，據亦曰否。若以水濟水，誰能食之？若琴瑟之專壹，誰能聽之？同之不可也如是。」《春秋左傳注》，楊伯峻著，洪葉文化事業有限公司，1993 年 5 月初版一刷，頁 1419～1420。

〔註44〕劉寶楠，《論語正義》曰：「和因義起，同由利生。義者宜也，各適其宜，未有方體，故不同。然不同因乎義，而非執己之見，無傷於和。利者，人之所同欲也。民務於是，則有爭心，故同而不和。此君子、小人之異也。」十三經清人注疏，《論語正義》，劉寶楠撰，高流水點校，中華書局，1998 年 12 月第三次印刷，頁 545。

　　然除了「志同道合」以外，尚有「志不同而道合」情形的，這可以從誠齋對於周易〈睽・象傳〉「上火下澤，睽，君子以同而異」的引述來看：

　　　　禹顏同道而異趣，夷惠同聖而異行，未足爲同而異也。孔子一孔子，而齊魯之去異遲速，孟子一孟子，而今昔之饋異辭受，此同而異之也。乃一人自爲水火矣，君子亦何必好同而惡異乎！（〈睽・象傳〉，頁139）

誠齋這裡提出了其獨特的觀點，舉了禹和顏回與伯夷和柳下惠之例，不足以算是「同而異」，而是要歸於「同道異趣」及「同聖異行」，而誠齋認爲這種外在形式上的去留遲速，抑或接受與否，都不是關鍵處，而是以殊途同歸的大道，爲其所共、所同、所通，因眾賢聖哲所表現的或各自相異，但這是和而「不同」，〔註45〕但若像小人之輩嗜欲之深，利益所趨，擺不平時會彼此不滿，進而分裂，終至相互搶奪。他們先因利益而同，後因人欲而「不和」，可見這樣的分判易別。誠齋也有感受到，若是只一味認同歸引山林方是正道，而以出仕朝野爲異行歧途，都將是不解人情，流於武斷，這「通權達變」工夫的顯現，也可見其心量之廣。此外，還可以從其他卦中的引述來論述其「通同」之觀，從其對於周易〈同人・象傳〉「文明以健，中正而應，君子正也，唯君子爲能通天下之志。」來看：

　　　　君子以正相同，則天下之志，正者感而通，不正者化而通，焉往而不大同哉？（〈同人・象傳〉，頁55）

從誠齋對此卦象傳的結論來看，除了儒者匡扶社稷之意溢於言表外，還有相當濃厚的容受涵養與濟世之積極動力，先就「正者化而通」來看，即可瞭解前些段落中，誠齋在「通同和容」的工夫裡所要達致的共同目標。因若可群策群力、同舟共濟，就是有志一同，再藉此集思廣益、相偕邁進，則可收成效於一時。另外，就誠齋對於「不正者化而通」來說，顯示出了其兼容化育之功，《荀子・非相》云：「故君子賢而能容罷，知而能容於愚，博而能容淺，

〔註45〕《論語集釋》引吳嘉賓《論語說》：孟子曰：「伯夷、伊尹、柳下惠三子者不同道。」道者，志之所趨舍，如出處語默之類。雖同於爲善，而有不同。其是非得失皆自知之，不能相爲謀也。新編諸子集成《論語集釋》，程樹德撰，程俊英、蔣建元點校，中華書局，1997年10月第四次印刷，頁935。另外，《史記・伯夷列傳》引此文云：「子曰：道不同不相爲謀，亦各從其志也。」即孟子不同道之說。孟子言禹稷顏回同道，曾子子思同道，故君子與君子有時意見不同，行跡不同，而卒能相謀者，其道同也。《史記會注考證》，〔日〕瀧川龜太郎著，萬卷樓圖書有限公司，民國91年1月初版3刷，頁848。

粹而能容雜」，〔註 46〕這樣的「包兼教化」，不但可使己身的心性豁達擴充，更可以進一步地推進理想世界的促成。所以，誠齋在這裡所提「君子以正相同」，就是其「誠正」之學的外聖功效。

〔註46〕《荀子集釋》，李滌生著，台灣學生書局，2000 年 3 月初版八刷，頁 86。

第九章　宇宙與人生

　　本章將宇宙本體論與天人關係作，作一分析解述，第一節重點並不放在天理與人事的天與心性理之關係，而以道之本體來講，先以誠齋對於循環不已之自然的論述開始，引發出誠齋本體論的特色「太極元氣論」，而「太極元氣論」是誠齋根據《中庸》之誠體來講的，以避免於流於虛空之說，也將誠齋對於周敦頤與張載的吸收，與創造出自己理論的部分作解述。後以誠齋「道器皆體」且「即體即用」的論述來看誠齋體用一如的工夫。而第二節將就誠齋所說天與人的直接關係作前提，而以先秦之道德天的天人觀來作為引發，將提到常人何以不能與天合流，歸咎其因乃因人欲邪情，而先以承順天理而行來做為論述。接著從聖人何以能先天弗違，實踐己德以配天來講。其次將說明雖然天道禍淫而福善，或卜筮再三卻不告，乃因天之所愛乃在人，不告之告乃為人之正向動力而發，最後說明此心向上通達於天的並非只有大德之聖人，不肖之輩其性同樣也來自於天，因其心性同樣秉受於天理，因此可知天人是沒有隔閡的。所以，此章是以天理之直接通同人之心、性、理為出發來論述。

第一節　宇宙觀點

一、陰陽循環

　　就天與人關係來說，誠齋將天道作為與人事相貫通之所在、所由、所行的整體實現義表示出來，而這是就其偏重於本體論的方面，若僅如此，實不

足以將誠齋對於其易道的宇宙觀表現出來，綜觀誠齋易學思想中，對於宇宙論的主題內容，雖所言不多，甚少大幅論述，然有其鮮明獨特的色彩，可以分析出其中的與眾不同的特質，這可以先從其陰陽觀點來看。

　　陰陽二氣，誠齋認為可以構成萬物，這和其對於五行的觀點一致。誠齋認為木、火、土、金、水為天下之物構成的要素，然而陰陽二氣又為聚五行，所以這是其本，而陰陽五行的變化、轉換可以從誠齋對於《周易‧乾象傳》中「雲行雨施，品物流行，大明終始」的申述來說：

> 始而終，終而始，始而復始，終而復終，始終變化而未已，此陰陽
> 不測之妙也，曷為變？曷為化？是不可勝窮也，嘗試觀之雲行乎！
> （〈乾‧象傳〉，頁5）

而關於陰陽二氣發展的道理和法則，誠齋是認為「陰動之謂陽，陽靜之謂陰，動靜不息之謂道。」這可說是相當明晰地將陰陽二氣的交流變化，和發展規律呈現出來。而將其統之以一的便是下段將提的重點「元氣」，這即是其所欲凸顯之天底下事物發生的理則，所以也相當程度地將自然、宇宙觀結合了，只不過並沒有相當浩大的工程來建構其對於自然物的連結關係。〔註1〕另外，誠齋也將陰陽的剛柔、動靜連著講，這是其解釋陰陽二氣質性的方式，可以從其對於《周易‧繫辭》「動靜有常，剛柔斷矣」的解述來看：

> 曰動靜有常，剛柔斷矣，何謂也？曰：天地之道，陽動而剛，陰靜
> 而柔，九，陽也，動也，故斷然知其得天地之剛，六，陰也，靜也，
> 故斷然知其得天地之柔，天地本靜也，靜極生動，動極生靜，一動

〔註1〕劉仲宇，〈《周易》和宋理學〉認為：這裡值得提一下楊萬里。全祖望將楊萬里的《誠齋易傳》稱為王弼、程頤的"小宗"（《鮚琦亭集外編》卷二十七），是著眼於他的以史證易，專主義理。實際在涉及自然觀時楊萬里與張載相似的，只是不像張載那麼有系統。他解釋"易有太極，是生兩儀"等數句說："元氣渾淪，陰陽未分，是謂太極。" "蓋太極者，一氣之太初也，兩儀者，二氣之有儀也，四象者，重兩儀而有象也。"故"一氣者，二氣之祖也，二氣者，五行之母也。二氣分而純者，為乾為坤。二氣散而雜者，為震、為巽、為坎、為離、為艮、為兌。"《誠齋易傳》卷十七明王廷相為反對周敦頤、朱熹的客觀唯心主義，寫了《太極辨》。他對太極的解釋，正與楊萬里相同："求其實，即天地未判之前，太始渾淪清虛之氣是也。"不管楊萬里本人事否自覺到，實際上他在《誠齋易傳》中所表述的自然觀是含有若干唯物主義觀點的，是與周敦頤、程頤等的客觀唯心主義相反的。劉仲宇〈《周易》和宋理學〉收錄於《周易研究論文集》第三輯，黃壽祺、張善文編，北京師範大學出版社，1990年5月第1次印刷，頁256。

一靜，至誠無息，茲謂有常。(《誠齋易傳·繫辭》卷十七，頁246)

陽之所以動而剛，乃得自於天，而陰之靜亦然，天地之所以循環不息、生生不以，從誠齋在此繫辭傳的觀點看來，便是因為陰陽之氣的一動一靜，而這樣循環的規律；又以「常理」來運動進行。所以這樣的觀點，是解釋其自然循環及天下之物變化的思路。當然，在誠齋的陰陽二氣循環觀中並非只有單獨存在而可以孤立而行的。這可以從誠齋對於《周易·說卦》「觀變於陰陽而立卦，發揮於剛柔而生爻」的申述來看：

> 陰陽立而天之道不孤，剛柔立而地之道不孤，仁義立而人之道不孤，天下之理未有孤而能立者。有日必有月，有山必有澤，有父必有母。……何為性命之理？陰陽也，柔剛也，仁義也，是性命之理也。順之則聖，則賢，則君子，則無咎，則吉；逆之則愚，則鄙，則小人，則悔，則凶。(《誠齋易傳·說卦》，頁301)

由此可見這陰陽循環的觀念中，陰陽二氣的存在方式，並非孤立的，[註2]並且可知這樣的陰陽觀念並非「對立」，而是「相因相成」的，所以可知其「雙存並配」之理。另外，誠齋藉由此說卦傳，引述出陰陽以及仁義必屬性命之理的關係連結，若是逆行性命之理，可說是愚昧鄙陋而將會自遭其咎了。

當然，關於陰陽是否為道？誠齋則認為「所以陰陽者道也。」[註3]所以並不是以陰陽為道，而是以陰陽之所以然為道，而這點雖看似伊川的見解，實則不然，因其根本的體用論迥異，這將在第三段落中作解析。誠齋之所以講陰陽，其目的是將其往上推，而回歸到本源生化作用的流程，因此其核心是宇宙觀中的理氣論與體用論。這可以先從其對於陰陽二氣分自太極的原點來看。

二、太極元氣論

對於一陰一陽所引發的向上推溯，是誠齋的必然論述，因此必得對整個易卦所顯現的系統作本源詮釋，先從誠齋對於《周易·繫辭》：「一陰一陽之謂道，繼之者善也，成之者性也，仁者見之謂之仁，知者見之謂之知，百姓

〔註2〕朱伯崑對於誠齋此爻之解述即認為：此又是一陰一陽為性命之理，即所謂「天下之理未有孤而能立者」。此種觀點，即程顥所說：「天地萬物之理，無獨必有對。」，楊萬里認為此即「一陰一陽之謂道」，即易之道，或天之理。《易學哲學史》藍燈文化出版社，1988年1月第一次印刷，頁387。

〔註3〕叢書集成初編《誠齋易傳·繫辭》卷十七，中華書局，1985年新一版，頁275。

日用而不知，故君子之道顯矣。」的申述來看：

> 故曰：聖人用易之道，顯乎天地人物之間，然易之道何道也？天地
> 而已矣，天地之道何道也，一陰一陽而已矣。陰陽未分謂之太極，
> 太極既分，謂之陰陽，其為天地之道一也。舍陰陽以求太極者，無
> 太極；舍太極以求天地者，無天地。天地可一息而無陰陽乎？陰陽
> 可一息而不動靜乎？故曰天地之道本乎陰陽，夫陰陽之為道安在
> 哉？在乎生物而已，生物者，善也，所以生物者，道也。……然有
> 之而能成之者，聖人也，自非聖人，有有之而得其一二者，仁者見
> 之謂之仁，知者見之謂之知，是也。有有之而不自覺者，百姓日用
> 而不知，是也，此君子之道所以知之者鮮也。故曰用易之道，藏乎
> 一性之內，然則孟子言性善，有自來矣，荀之惡、揚之混，奚白哉？
> 《誠齋易傳・繫辭》卷十七（頁 255）

從誠齋對於繫辭所作的闡述來看，正好呼應了前段「一陰一陽」之所以一動一靜的原因，和循環不已的理則，而這裡又提到「陰陽生物」的問題，天地因為由陰陽二氣互相配合，才可以長育萬物，而太極所分之陰陽，其間相互動靜生長，推移循環顯現出來便是道。另外按照誠齋的陰陽五行觀來看，此點應是繼承自張載《正蒙・乾稱篇》「二端，故有感；本一，故能合」，因誠齋在其文集中也曾說「謂天之物皆五行也，五行陰陽也。陰陽散於五行，五行散於萬物，其本一也。其本既一，其物豈有不合哉？」，也可以相通於周濂溪《太極圖說》之文「陽變陰合，而生水火木金土。五氣順布，四時行焉，五行一陰陽也，陰陽一太極也」，周濂溪此文緊接著云：「太極本無極」，誠齋對此事有其看法的，其在《誠齋易傳・繫辭》的引述中便提到「周子所謂无極者，非无極也，无聲无臭之至也。」另外，在誠齋的宇宙本體論中，不像周濂溪於太極之上而有無極，或像張橫渠說太和所謂道、或「太虛即氣」之說，誠齋直接判別出只有太極，而以元氣渾淪未分之時即是太極，這可以從誠齋對於《周易・繫辭》「是故易有太極」的解述來看：

> 天地出於易，而易非出於天地，聖人作夫易，而易不作於聖人也。
> 易有太極，何謂也？曰：○，元氣渾淪，陰陽未分，是謂太極。當
> 是之時，易之道已具矣，故曰易有太極。然則非太極之能有夫易，
> 而易能有夫太極也……。《誠齋易傳・繫辭》卷十七（頁 271）

何以誠齋在這段的論述中認為易不作於聖人，其意欲表達的是，易之理即使

不顯其妙運，其實已具備之，所以當用渾淪未分為陰陽二氣之時的元氣來顯示出太極之體。而若在其瞬間決定的當下，即顯現出其生化創造之功了。太極的實體，誠齋喜用「誠體」來說。這可以從其對於《周易·繫辭》「動靜有常」的解述來看，便可解讀其所本。

> 天地本靜也，靜極生動，動極生靜，一動一靜，至誠無息，茲謂有常。（《誠齋易傳·繫辭》卷十七，頁246）

誠齋認為天地之所以「不息不已」，其乃因實體之道有常，可見這是誠齋用誠體來證明道體，以及天之本體的詮解。而這其中有其所可以分判之處，前面也提到周敦頤無論在《通書》中或者是〈太極圖說〉中，認為太極之上有一無極，而誠齋卻不以為然，並且加以提出自己獨特的見解。這從其對於《周易·繫辭》「是故易有太極」這條思路衍生的論述中，附帶地有對周敦頤「無極」觀念的批判：

> 故周子曰：五行一陰陽也，陰陽一太極也，太極本无極也，周子所謂无極者，非无極也，无聲无臭之至也。然則易出於天地乎？天地出於易乎？雖然，易之未作，易在太極之先﹒，易之既作，易在八卦之內，八卦畫而吉凶定，吉凶定而大業生。（《誠齋易傳·繫辭》卷十七，頁272）

這「非无極」的「无聲无臭之至」，是誠齋做為其以誠體為道之本體、實體的最佳證明，這是從《中庸》「上天之載，無聲無臭，至矣。」〔註4〕而來，而這裡的觀點跟程顥也不謀而合，因程顥也曾用《中庸》此句來釋其本體論。〔註5〕從另外一點來看，這裡等於是將太極的「無限無涯」來表述出來，而有關於誠齋對此誠體的觀點提挈，以上的引述尚不夠明確，可以再從其對於周易〈乾·卦辭〉「元亨利貞」的解析來看較清楚：

> 德之名四，其實一，一者何？元而已，元出而亨，物始而通也。時春而夏，日旦而晝，人幼而壯，物萌而榮，皆元亨之迹。利入而貞，物成而復也，時秋而冬，日昳而夕，人強而耄，物實而損，皆利貞之迹。故周子曰：「元亨，誠之通；利貞，誠之復。復者何？復於元

〔註4〕 朱熹，《四書集註》仿古字版，大孚書局，民國89年2月初版再刷，頁30。

〔註5〕 陳來在其《宋明理學》性與心之篇章中所言：程顥曾說「上天之載，無聲無臭。其體謂之易，其理則謂之道，其用則謂之神，其命於人則謂之性」所謂"其體謂之易"，這裡的體不是體用對待的體，而是指變化流行的總體，這裡的"神"是指各種具體的運動變化，遼寧教育出版社，1997年4月第四次印刷，頁88。

而已。元者，貞之初；貞者，元之終。元貞異名而同體。亨者，物之生；利者，物之成，亨利異功而同用。渾然而一之謂元，熙然而散之謂亨，充然而成之謂利，肅然而收之謂貞。肅然而收，則渾然而一矣。一斯散，散斯成，成斯復，復斯入，入斯出，未有已也。天地具此爲天地，聖人具此爲聖人，四德之名立，而天地聖人之蘊著矣。彼異端者，以空言性命爲元，其究窒於亨之用；以詭遇事功爲利，其究賊於貞之體。是豈所謂元而利者哉；儒者之求道，求諸乾之四德。（《誠齋易傳〈乾·卦辭〉》，頁1）

也就是說，「德」之所對應的天之「道」，其實之本體爲元，所以誠齋藉由周敦頤所說的「元亨，誠之通；利貞，誠之復」來表述出天道所以運行流動、妙運乃在於誠之實體，也批評釋教之空言性命，認爲其只有片面認知，而實爲一種割裂不完全的體用之學。另外，誠齋對於張載的「太虛即氣」雖不完全認同，但也可以從誠齋此太極元氣論來看其對於「太虛即氣」內容的吸收與改造，就猶如這「太虛無形，氣之本體」與〈乾稱篇〉「氣之性本虛而神」同義。而誠齋不用「虛」與「空」，主要也是避免與佛老二氏牽扯上關連，所以其以「元」之實，來代替太虛即氣之「虛」，於「寂感眞幾」處，誠齋也提到「何爲其然也？心之神也，聖人聚天地之神於一心，推一心之神於大易，此易道之所以神，而君子之用易所以神也。故曰：夫易，聖人所以極深而研幾也，惟深也，故能通天下之志；惟幾也，故能成天下之務，惟神也，故不疾而速，不行而至。」〔註6〕這也是以「寂然不動，感而遂通」來表述出其一心之本體自身的神用。而這點也跟周濂溪用「寂感眞幾」或「天道誠體亦是心、亦是理」思絡相同。〔註7〕另外一點，也還可見其對於張載「太虛即氣」改造爲「太極元氣」的工夫歷程，內容有些許相通之處。因而可知，從誠齋對於濂溪「誠之通，誠之復」以誠之源而復，以及從這「一斯散，散斯成」來看，誠齋認爲成物乃太極元氣之所致，這種用聚散成物的觀念，乃受到張

〔註6〕叢書集成初編《誠齋易傳·繫辭》卷十七，中華書局，1985年新一版，頁267。
〔註7〕牟宗三：在濂溪的體悟中，天道誠體亦是心、亦是理，不是如後來朱子所分解，天道成爲「只是理」，而心神屬於氣。朱子於通書之理性命章及太極圖說極有興趣，然卻不以誠體、寂感眞幾解太極，此爲可謂善紹。此見朱子之心態並不眞能自誠體、寂感眞幾理解眞道，亦不眞能契悟「維天之命於穆不已」也。然而寂感眞幾、誠體之神卻是濂溪眞有得處。牟宗三先生全集《心體與性體》第一冊，聯經，頁374。

橫渠的影響。但誠齋不言「聚亦吾體，散亦吾體」，可知就誠齋對於這乾元所推溯出來的本體論來看，受濂溪及橫渠的影響不少。

　　而太極元氣可以將性命之理連結起來的，還可以從其對於周易〈乾・象傳〉「大哉乾元，萬物資始，乃統天，雲行與施，品物流行，大明終始，六位時成，時乘六龍以御天，乾道變化，各正性命，保和太和，乃利貞，首出庶物，萬國咸寧。」的引述來看。

> 孔子之辭：「大哉乾元」，何大乎乾元也？乾之大者，以元而大也，
> 何謂元？曰：是不可言也，其陰陽未形之初乎，肇而一，謂之元，
> 一而二，謂之氣，運而无息，謂之道，融而无偏，謂之和，天非和
> 不立，物非和不生，莫之令而令其和者曰命，莫之稟而稟其和者曰
> 性，孰爲此者？乾之元而已。故萬物眾矣，資取於此而後始；天大
> 矣，總攝於此而後立，性命妙矣，保合於此而後利正。其變也，新
> 故爲无常，其化也，消息爲无迹。(〈乾・象傳〉，頁 5)

誠齋對於乾卦象傳這裡的「是不可言」，正好呼應了前段「无聲无臭之至」的太極觀，所以誠齋才說此爲陰陽未形之初。而若就前面的論述看來，所稟之性命乃天，而後面的段落也會提到誠齋所說心通同於天之理，所以就這將誠齋對「心」、「性」、「理」、「命」、「天」的澈上澈下、一致貫通的特質顯現出來了，而這樣的生化便是即存有即活動的了。

三、「道器皆體」且「即體即用」的體用論

　　上段將誠齋以《中庸》裡誠體爲道本體的觀點析述出來，亦即是將周子「元亨，誠之通；利貞，誠之復」的觀點吸收爲其作爲太極之元的內容，而前面也提到對於誠齋誠正之學主題爲「自誠誠人」的工夫，可知其整體是涵蓋誠齋的全體工夫論而闡述的，但須先有個前提，來對於這樣主點的論述出發，先從誠齋對於《周易・繫辭》「易有四象，所以示也，繫辭焉，所以告也」的引述來看：

> 易之道……何以先太極而有初，後天地而无終乎？謂易不作於聖
> 人，亦可也，然則聖人可无乎？曰：聖人何可无也。(《誠齋易傳・
> 繫辭》卷十七，頁 273)

這是從道體即使不顯乎於人，不顯乎於所創生之物，亦有其實存而言的立場來說，只不過誠齋還是相當尊崇聖賢，故其基於此因，所以說聖人不可無，

以此來表達出其尊敬之意，而這「先太極而有初，後天地而无終」，也將道之所以能即其本體同時能運行天地的「一致性」和「不已性」陳述出來了。當然，此句只能概括整個架構，誠齋的體用架構其實相當明確，並且體用一如的，這可以從誠齋對於《周易·繫辭》「乾坤其易之縕耶？乾坤成列，而易立乎其中矣。是故形而上者謂之道，形而下者謂之器」的闡述來看：

> 故形而上者謂之道，形而下者謂之器，化而裁之謂之變，推而形之謂之通，舉而措之天下之民，謂之事業，何謂也？曰：此仲尼所以別言易道之體，極言易道之用也。何謂體？曰道，曰器，是也。何謂用？曰變，曰通，曰事業是也。（《誠齋易傳·繫辭》卷十七，頁 273）

這裡所謂仲尼別言，即是說夫子罕言性與天道，而極言其顯現在普天之下的人民的作用層，而誠齋體用論的清晰處，即在於以道器為一體，而變通為其用。前面也提及誠齋極言體用一如，天道性命相貫通之處，誠齋既言心性即天理，這樣生聚育化變通，又作用時即復回本體，也可謂即活動即存有了。而誠齋所謂的易道即其天理，所以這本體即工夫之處便是體用一如。易道之作為天理而下貫到人及事物上的地方，還可以從誠齋對於《周易·繫辭》「夫易何為者也？夫易開物成務，冒天下之道，如斯而已者也。」來看：

> 開達物理，成就事物，以覆冒天下，此其道之用也，如斯而已，言不外乎此也，然易道之用有四，尚其辭，尚其變，尚其象，尚其占，是也。（《誠齋易傳·繫辭》卷十七，頁 268）

這就是以天為道之作用於人事、天下的地方。所謂的「開達物理」，便是展開朗現而即刻通達於事物中，而當下成就事物，所以可以普天下之民，而顯其用。但這是先就其作用於天下事物方面來看，還需從其本體來論，也是誠齋所言較多之處。可從其對於《周易·繫辭》「是故闔戶謂之坤，闢戶謂之乾，一闔一闢謂之變，往來不窮謂之通，見乃謂之象，形乃謂之器」的解述來分析：

> 何謂尚其變？乾坤闔闢，易之變也。乾，陽也，陽主乎開；坤，陰也，陰主乎闔。先言坤，後言乾，靜而後動也。坤，闔也，闔極必開；乾，開也，開極必闔。闔者開，開者闔，變而未已也。惟其靜而復動，動而復靜，變而未已，是故以往者故，方來者新，此易道所以通而不窮也。於是物生而有象，物成而有器。（《誠齋易傳·繫辭》卷十七，頁 269）

這等於是呼應前面「變通之用」的承接，化而裁是其變，推而形是其通，而

這都在道器不分之中一併解決，而這裡所說的變通，便是以陰陽二氣作用生化的變化不已、通達不窮來解釋的。這也可見誠齋並不是以氣來言寂感誠體；而這裡所謂的「惟其靜而復動，動而復靜」之所以循環不已、生生不息的看法，這種觀念乃受周敦頤影響所致。因這一動一靜互為其本，互為其根，實為周濂溪在〈太極圖說〉中的「一動一靜，互為其根，分陰分陽，兩儀立焉。」之承繼。而化生萬物的生生不已和變化無窮也同其所說。而對於本體論中的道器不離觀念，還可以從誠齋對於《周易‧繫辭》「是故形而上者謂之道，形而下者謂之器，化而裁之謂之變，推而行之謂之通，舉而措之天下之民，謂之事業。」的析論來看：

> 一陰一陽之謂道，陰陽亦未離於器者也。所以陰陽者，道也。道不自立，以器而立；器不自行，以道而行……形而上云者，以無形而使之有形也；形而下云者，以有形而使於無形也。所謂變通，所謂事業，皆自此道化而裁之，推而行之，舉而措之。(《誠齋易傳‧繫辭》卷十七，頁 275～276)

前面在誠齋對於易道體用的引述中，已可知因誠齋的本體即含道與器，且「道在器中」所以道器是不分的。而這裡所述的關鍵在於將無形與有形的道器事物同時完成。這可見誠齋體用一如的工夫特色。所以可知誠齋所用誠體妙用之理，並非僅存有而不活動的。另外，「所以陰陽者，道也」此句濂溪也講，而伊川也說，但若就篇章所引內容來看，誠齋應是承濂溪之意，因誠齋在宇宙本體論的兩卷中，提及伊川所言之處只有兩句，即「數始於一，備於五，小衍之，為十；大衍之，為五十。」，〔註 8〕與「自天一至地十，當在天數五地數五之上，簡編失其次也。天一生數，地六成數。」〔註 9〕這不到 50 字的引述只有在對於大衍之數中所出現，之後關於宇宙本體論的通篇再也不見伊川所云之蹤影，而誠齋因不專務於象數，所以對此所言甚少。由此可知，這「所以陰陽道也」，受濂溪影響的部分可能性較多。而此處最主要言「道器不離」與「道在器中」的觀點，因從其「道不自立，以器而立；器不自行，以道而行」來看其本體，正為「既立且行」的，所以不論形上形下都可以當下即是。這最主要就是在講：以誠之實體來妙運的歷程，而誠齋對於本體作用之一如，則可看出道不離物，物不離道的地方，這觀點同於張載「道在器中」

〔註 8〕叢書集成初編《誠齋易傳‧繫辭》卷十七，頁 264，中華書局，1985 年新一版。
〔註 9〕叢書集成初編《誠齋易傳‧繫辭》卷十七，頁 268，中華書局，1985 年新一版。

的觀念，這都是相通而以不同論述方式來表達罷了。

　　所以，從上舉的卦爻之例可知誠齋在易傳中的宇宙觀，主要是在乾卦和繫辭傳中，有較多的陳述；而誠齋對於易學思想內容中的宇宙論核心問題，在其文論像《庸言》裡也可見些許，而從這個《易傳》《中庸》的內容繼承下來理解，誠齋的系統架構相當的清楚。且其實在《誠齋易傳》中之宇宙本體論，以對繫辭闡述的卷十七、卷十八兩卷所言最多，然從此兩卷來看，提及程子所言地方，只有兩次，而這兩次只在對於「大衍之數」陳說部分出現過，且此部分內容甚少，不足成論，而在這兩大卷關於繫辭所引發出的本體論分析中，誠齋最常引的便是仲尼之言，其次是周子之言，而張子橫渠、韓愈、董仲舒也有之，而於此宇宙本體論中並不提及程伊川所云，可能一來伊川對於易傳本體論所云不多，頂多讓人聯想之處只有「所以一陰一陽者爲道」，即使有涉及到誠齋陰陽觀念處，也並未引伊川之說來證。可見自宋明之後世以來，認爲誠齋之學本於伊川，並不全然，蓋程楊易傳並刊於世之時，也僅能說是「同時存在」，若就其核心思想，及所學所承，可說並不相同。藉由誠體的核心思想、道器不離、即體即用，以及心即性及理通貫於天的以上種種論述也可顯示出其個人與程朱對於在宇宙本體論上所說的差異了。若以牟宗三先生所分判的路向來說，誠齋應歸屬於濂溪、橫渠、明道此一組，並非伊川朱子之一組了。〔註10〕因而筆者稱之曰「溪渠之道，綿延萬里」。

第二節　天人關係

一、承天順理

　　從先秦時代及其以前以來，人與自然或與道德天便有相當微妙的關係。上古時期的人民對於天的崇敬是很難想像的，除了所遭遇的不可知難題、困境外，人對於是否「朝不保夕」的憂患意識，是相當重視的。對無知且胡爲妄作的常人來說，若是能有一冥冥中的主宰，將會是其所依循，而爲舉措之憑藉，關於這道德天的觀點，誠齋在周易〈無妄・大象〉「天下雷行，物與无妄，先王以茂對時，育萬物」與參照此卦上九爻之後，在上九爻之傳中也有對大象的關連引述：

〔註10〕牟宗三先生全集《心體與性體》第一冊，聯經，頁435。

　　　雷動乎下，而非天宰之於上，則雷不發而震，物必有札傷者矣，天
　　　下雷行，雷制於天也。（〈無妄・上九〉，頁 100）

從此爻可知：何以雷之制於天？就以誠齋的架構來看，因為有這天作為其上
的最高極限。所以將不會紊亂天之自然的健動運行。而這又可從「人」的立
場上來看待。例如常人「怒不可抑」的暴烈情緒，即是「情」的不當之發，
若是發之不當，則會因此而誤傷他人，所以常人需得知己身之情，何以妄之
因，皆可以歸咎到一己未能勤謹修德、隨意肆為，因而衍生心性蒙蔽、渾濁，
而當處事之時，邪情導致禍端，禍端引發弊害，因而惡性循環不已。所以在
此也可見誠齋對於「天」之奉行，是有其絕對性的標準的。而這最高標準的
重要性可以從其對於周易〈豫・象傳〉「雷出地奮，豫，先王以作樂崇德，殷
薦之上帝，以配祖考。」的衍生引述來看：

　　　順以動者天理，出而奮者天聲，師其理以建侯行師，師其聲以作樂
　　　崇德，聖人何為哉？天而已矣。（〈豫・象傳〉，頁 66）

這也提出聖人能「順」，然而光是「順」也不足稱之為聖人，還要有其「動」，
也就是說，聖人之所以可與天地配稱，乃在於能「師天理以崇德」，再經過「順
天而行」的過程，以建立社稷之功業，而博澤於民。這是聖人可以「實踐己
德」以對應「天道」之則，當然也可知誠齋這「人能弘道，非道弘人」的聖
者知行觀。更可以表現出誠齋從天道本體復返後，再從天之實體層面直接落
實並踐行在人道的工夫過程。

　　　在誠齋的易學思想中，相當重視「天」與「人」之交通的地方，而其中
份量較重的便是前段所述的「循理順天」的貴天、法天思想。然而，若僅是
只有聖人德配於天，是不足以將誠齋對於天人中的無間狀態描繪出來的。這
可以從其對於周易〈豫・象傳〉「豫，剛應而志行，順以動，豫，豫順以動，
故天地如之，而況建侯行師乎？天地以順動，故日月不過而四時不忒，聖人
以順動，則刑罰清而民服，豫之時義大矣哉！」的引法論述來看。

　　　順言理，豫言心，何以知理之當然哉？心之同然是也，觀人心則見
　　　天理，蓋人心，天理之集也，循其所當然，斯得天下之大說，故曰
　　　順以動豫。（〈豫・象傳〉，頁 66）

誠齋這觀念等同於程明道所言「心是理，理是心」〔註11〕或「只心便是天，

─────────────────────

〔註11〕《二程集》〈河南程氏遺書卷第十三・明道先生語三〉，〔宋〕程顥、程頤著，
　　　　王孝魚點校，2004 年 2 月第三次印刷，頁 139。

盡之便知性，知性便知天」，〔註12〕因誠齋這心同於理有復返歸循的工夫流程，而以「盡心知性」→「知性則知天」的路向，除了將天理所賦予人的性的先驗層面體現出來，更將「盡其心」可通同於「天理」的工夫清楚的表達出來，且這樣的觀念在誠齋對於《周易‧繫辭》之傳的引述也可看出：

> 易之道，何道也？天理而已，本然之謂理，當然之謂義，因其本然而行其當然，之謂道。天地人物，均具此道，之謂性。(《誠齋易傳‧繫辭》，頁258)

這樣的觀念析論，主要是將誠齋心即性，性即理的心性理之通同合一表述出來，且最主要的是因為能夠循序進行，所以才能「安時處順」、「順天應時」，而不妄動作亂，進退都可以合宜，這皆是能夠「同於大通」、「合天所同」與天不悖不離的天人合一之道，故而也可見出誠齋意欲從易道的天理直接並落實到人事，再從人事復返、通達回天之本體的思考脈絡，並非徒高懸一「理」，只存有而不活動的工夫路向。

二、天人無隔

易之書，本來就是為了解釋天道人事之律則變化而作，而在以往，以卜筮以求解決疑難於天，這是天與人之交流感通的第一步，對於卜筮的象數之學，誠齋甚少提及，然而在對於這建立起「天」與「人」連結的關係，卻可以從對於周易〈蒙‧卦辭〉「初筮告，再三瀆，瀆則不告，利貞」的引述來看誠齋對於此天人的看法：

> 故初筮而告，達其蒙也；再三而不告，亦達其蒙也。一告而答，則悅，再三而不告，則憤，安知憤者之達不深於悅者乎？然則問而答者，愛也；問而不答者，亦愛也，歸於利貞而已。(〈蒙‧卦辭〉，頁23)

從此蒙卦卦辭所引發的觀點乃著重於「天道愛人」的基礎上，且可知無論上天告訴之與否，都是已替所占之人示現其理，而這結果是可以推想出其作用，因若天之所現，即便是鐵錚錚而令人頓時無法接受的，甚而令人轉而消極靡廢的，這樣的影響便是不利於人的；即便是天之所現乃是「事實」，而這事實的本質，人因己身之信任與承受度不足，而欲以己意為之，往往再三猶疑不決，而希冀可獲己之私志所期，而殊不知「不告之告」其引導性往往是更利

〔註12〕《二程集》〈河南程氏遺書卷第二上‧二先生語〉，〔宋〕程顥、程頤著，王孝魚點校，2004年2月第三次印刷，頁15。

於人的，所以若以常人之片面認知，當然不可能全然明瞭天之所運了。此時若人能謹慎修身，深明禍福往往自招，不倒行逆施，甚至是可以不用卜筮的。《古文尚書‧湯誥》裡有「天道福善而禍淫」〔註13〕的觀念，這是表達出了先秦時代有關「天」與「人」的相互連繫，也是將儒家早期的天人關係做出了表述，而誠齋也對於這樣的重要關係，有不少論述，誠齋之學所熟習之處於二程之處可謂甚多，對於這有關天道主宰的關係，也可以從下之所引來看。

> 棣問：「福善禍淫如何？」曰：「此自然之理，善則有福，淫則有禍。」
> 又問：「天道如何？」曰：「只是理，理便是天道也。且如說皇天震怒，終不是有人在上震怒？只是理如此。」〔註14〕

因而誠齋在對於《周易‧繫辭》裡「是故知鬼神之情狀，與天地相似，故不違；知周乎萬物，而道濟天下，故不過；旁行而不流，樂天知命，故不憂。」有這樣的引述：

> 鬼神害盈而福謙，此其情也。故曰：聖人觀天地陰陽聚散之理，而得鬼神造化之用也。（《誠齋易傳‧繫辭》，頁253）

從這樣的引述可知，宋明兩代的理學重鎮裡，對於天道與人事的關係上，有著重落實的地方。也就是說，以天人合一之理，來表述出人與天的不可割裂之連結，而人若能為善，則將有福，若反其道而行，就會有禍，這是以「人事之理」來向上通達於天之道。而人事之理又何可以至此？這可以從誠齋對於周易〈泰‧象傳〉「天地交，泰，后以才成天地之道，輔相天地之宜，以左右民。」的闡述來看：

> 天下之理，大和生於通，大戾生於隔。天本乎上，而其氣下降；地本乎下，而其氣上騰。天地交通，所以為泰也，聖人所以輔天地，助民人，不過才成天地之道，還以補其不及，合其自然而已，豈更駕而外取哉？天地之道，何道也？一言而盡，曰交而已。君民之情交，故鰥寡達乎疏纊；君臣之志交，故幽側發乎夢卜；天人之心交，故言行感乎日星。大哉！交之為道乎。（〈泰‧象傳〉，頁48）

而從誠齋對於周易〈乾‧文言〉「夫大人者，與天地合其德，與日月合其明，

〔註13〕《十三經注疏》《尚書》，清嘉慶二十年重刊宋本，〔清〕阮元用文選樓藏本校勘，新文豐出版公司印行，頁112。

〔註14〕《二程集》〈河南程氏遺書卷第二十二上〉，〔宋〕程顥、程頤著，王孝魚點校，1981年7月第一版，2004年2月第三次印刷，頁290。

與四時合其序，與鬼神合其吉凶；先天而天弗違，後天而奉天時；天且弗違，而況於人乎！況於鬼神乎！」的引述來看：

> 天地，造化之主；日月，造化之精；四時，造化之功；鬼神，造化
> 之靈：其體一，其用三。覆載无私之謂德，照臨无私之爲明，生息
> 无私之謂序，禍福无私之謂吉凶。大德之人，兼天地造化之體用，
> 而皆與之合，則其德與天地合其大矣。（〈乾·文言〉，頁 12）

從此乾卦文言傳的解述來看，可知所謂「大人」，誠齋順理成章的解釋成大德行之人，而這大德之人即是聖人，而聖人之所以與天地合其德之因，最主要就是聖人能感通並相同於天。而誠齋喜言其體用一如的天人觀，在這文言傳的析論中，誠齋從「造化」出發，認爲這可以作爲天和人的相同點，是因聖人有「教育普化」之能，正如同天有「創發育化」之功，而聖人「既兼且融」所以「合通於天」。所以誠齋在這上面的論述，說明了其天人觀中，天與人密不可分的關係，且「融合無瑕」的本質。

三、天人同心

前些段落從大德的聖人立場切入，來論述出聖人能通同天地之因，而誠齋的理學思想中受傳統儒家內聖外王觀念的影響匪淺。因而此大德在位的想法，也有其期許的味道。這可以從誠齋周易〈復·象傳〉「復亨，剛反，動而以順行，是以出入无疾，朋來无咎，反復其道，七日來復，天行也。利有攸往，剛長也。復見其天地之心乎。」的引發分析其本質：

> 聖人極言復之亨矣，无咎矣，利矣，又一言斷之曰：「復其見天地之
> 心乎」，然則孰爲天地之心？動而生物，是天地之心；貴陽賤陰，是
> 天地之心：長君子，消小人，是天地之心。天地之心，不可見也，
> 聖人觀於復而見之，又提之以示人，有天下者，可不求彼之心爲此
> 之心乎？體之聖，失之愚，履之治，舍之亂，聖、愚、治、亂，此
> 心而已。（〈復·象傳〉，頁 94）

這是誠齋從復卦的象傳衡量，以見「天地之心」來大體刻畫出聖、愚、治、亂與君子和小人的判別。而其目的乃在於提醒君主除了要辨奸斥邪外，還得「反求天心」。而這天心之所以如誠齋所說「動而生物，是天地之心」，其歸結處乃在於：天心便是天道之理的展現，而天道所運行乃爲義理，所以若能履踐實行，則可「己治治人」，而這觀念即若程明道所言：

> 義理與客氣常相勝，又看消長分數多少，為君子小人之別。義理所
> 得多，則自然知得，客氣消散得漸少，消盡是大賢。〔註15〕

因而可知誠齋所謂的「消小人」之邪，即是同明道「消盡」之功，因而這是誠齋藉由復卦的象傳裡將聖愚之「所以然」的分判，來提挈出「復心」之必要性，再經由如明道「消盡」之法，來對治人欲以復天心。誠齋之言可說有其所本了。而當然，這還可以從誠齋對於另一卦來全面瞭解，茲從誠齋對於周易〈夬・上六〉「无號，終有凶。象曰：无號之凶，中不可長。」的精闢分析來看：

> 夬之上六，見聖人之人心如天之大也。何也？不惟慶君子，而深所
> 以弔小人也。曷為弔小人也？小人亦受中於天，與我同類者也，特
> 不能克其利心，以復其良心爾。（〈夬・上六〉，頁160）

由此可見，誠齋藉由聖人之心受中於天，來推論出一般人與小人，既然同樣都是秉受於天之中，其心當然也皆有與天相通之所源，只是其所障甚深，不能自「知」，這即如徐復觀先生所云：「不知的知，與覺同義。不知，即是不自覺其與天地同體之性。人一旦對其本性有了自覺，則其本性當下呈露，而自然如顏氏之子『有不善未嘗不知，知之未嘗復行。』」〔註16〕另外，小人之所以不能與天地合其德之因，實乃不能「克利欲心」，這說明了小人之所以不能自覺與天地同性，且日漸被利欲蒙蔽之因。所以誠齋藉由此夬卦的闡述，已將天人合一，是不分聖愚或貧富貴賤的，並將眾人皆可成聖的動力因提挈出來了。

　　而這樣的推源溯本，論述出人之所以來自天之道的原因。還有一點也是誠齋相當重視的，即是「不惟慶君子，而深所以弔小人也。」這句話所表述出來的是「推己及人」的面對態度，這其中的工夫本質，實可再衍論，以明其一脈的流程。這可以從誠齋對於周易〈中孚・象傳〉「中孚，柔在內而剛得中，說而巽，孚乃化邦也；豚魚吉，信及豚魚也；利涉大川，乘木舟虛也；中孚以利貞，乃應乎天也。」的闡述來看。

> 心者神明之舍，舍不虛，神明將何居焉？夫惟此心洞然而虛，則至
> 誠充然而實矣，充然者發於中而孚於外，此所以為中孚也。中有玉

〔註15〕《二程集》〈河南程氏遺書卷第一〉，〔宋〕程顥、程頤著，王孝魚點校，2004
　　　　年2月第三次印刷，頁4～5。
〔註16〕《中國人性論史》（先秦篇）徐復觀著，上海三聯書店，2001年9月第一次印
　　　　刷，頁182。

> 者外必煜，中有誠者外必孚。孚之爲言，此感於彼，彼信此之謂也，
> 是故中孚之所發，上行之則順，下信之則說，故曰中孚。柔在內而
> 剛得中，說而巽，孚乃化邦也，孟子曰：「不誠，未有能動者也」，
> 中孚所動，至微而信豚魚，至危而蹈水火，至顯而化邦，至應乎天，
> 焉往而不動哉？（〈中孚‧彖傳〉，頁 229）

從誠齋對於中孚一卦之彖傳申述所云「夫惟此心洞然而虛，則至誠充然而實矣」，可知這個以誠爲中心所充之「實」，是既誠且明的，而以光明照耀的「煜」，來顯示出由內而外的過程。這樣的天心所賦之於人的，在於「眞實之誠」，而這充然沛裕的實質，爲「體」也爲「用」，所以誠齋用「此感於彼，彼信此之謂也」來表述之。而誠之開展朗現，還可以用來博施濟眾，這可以從誠齋對於周易〈中孚‧象傳〉「澤上有風，中孚，君子以議獄緩死。」的衍申論述來分析。

> 風无形，而能震川澤，鼓幽潛；誠无象，而能動天地，感人物，此
> 澤上有風所以爲中孚。心一誠而誠萬用，用之大者，其惟好生不殺
> 乎？故中孚至誠不殺之心，首用之以議獄緩死，好生洽民，舜之中
> 孚也，不犯有司，天下之中孚也，天下中孚，則萬心一心矣。（〈中
> 孚‧象傳〉，頁 229）

從此中孚的象傳和彖傳加以對照，可知不精不誠，是不能動人的。而且，這個以誠爲開展的工夫，不但是「好生不殺」、「好生洽民」還可以「至微而信豚魚，至危而蹈水火」而且「動天地，感人物」，由此可見其默契天理的至誠生化之功，除了可將其擴大朗現外，也見其「天下中孚，則萬心一心」的收放自如，因此，從此段落，也可知誠齋以誠體配天，以及從天下貫到人事的工夫主軸了。

第十章 結 論

第一節 據事重理的解易

一、特出之處

　　從「引史解易」的立場，綜合評析後可發現：《誠齋易傳》的結構最為完整，論述最為全面。從漢時焦延壽的《焦氏易林》引用史實只專究在戰役或人物，干寶《干常侍易解》缺卦甚多，而論述稀微，到宋代之時，雖然引史解易風氣大盛，但能可發現許多可議之處。張根《吳國周易解》重在以精短概括《周易》之經傳義，其失也短，張浚《紫巖易傳》雖兼象數與義理，但析理不多、援史不多，其失也絀。而獨特如李石《方舟易學》也通篇專藉左傳引述，其失也偏。同樣也是引史解易代表的李子才，雖也喜以歷代史實來佐證，但在義理闡發、心性論、處世哲學論述顯然不如誠齋，其失在於不足。或是像李中正的《泰軒易傳》政治訴求也太濃厚，「內聖」之處著墨甚少，不能體認易之從天到人之道，其失在捨本。而《誠齋易傳》除了史實掌握精準，評判人物公允妥切結合人事外，義理闡述更能直承《中庸》《易傳》的真傳，與《論語》、《孟子》《大學》的要義，可說是較面面俱到之作，所以，這正是其所以為歷來學者所推崇之處。

二、評價與界定

　　其實，從《誠齋易傳》通篇看來，這樣引用大量史實，詳細地注解於行

文之間，可以想見誠齋所學甚精闢廣博，而在其以史解易的過程中，從《史記》、《漢書》、《左傳》、《國語》、《戰國策》等著名史書中所承繼下來的思想痕跡，相當明顯。另外，這樣重視歷史變動的立場，想必跟其所處的整個時代背景有相當大的關連，一方面內部不團結；另一方面，邊患環伺，看似承平無事之時，其實是以和議拖延，苟延殘喘罷了，而當局竟也安逸耽樂，所以誠齋目睹此狀，當然會有亟欲用世，喚起君臣之意，故而這花費其超出十七年心血之作，除了可將其一生的理學思想、政治思想、天人思想、處世思想作整體的闡述外，更可見其在當時名重一時，足以影響並號召群倫共赴同濟之力。這也是因為他「援史證經」的方式裡，用《春秋》中嚴華夏、攘夷敵的觀念來作為動力，所以行文才能浩蕩洶湧、用意懇切，且往往能切中時弊。由此可見，像後來新安陳櫟等人所認為此書只聳動視聽，不足以服經儒之言，實無太多體認國勢時局。

　　另外，從《誠齋易傳》的內容裡，不難發現許多從《周禮》、《禮記》、《四書》、甚至《詩經》（如公孫碩膚）、《尚書》的用語。由此可見，誠齋對於四書五經之學，涉獵甚深，尤其是《周易》、《中庸》、《論語》、《孟子》、《禮記》。因此，若以經儒的立場來看，誠齋之援史證易實無可厚非，這也是《四庫全書提要》、全祖望認為陳、吳等人，所未平心而論之處，而兩者或可能只見誠齋引用史實，而不能明白誠齋以《中庸》誠體貫穿易之經傳全文的苦心。所以，若不是不夠深研此書，即是惑於表象，或如全祖望所言「限於門戶之見」，是不足以見此書之價值，另外，《誠齋易傳》此書何以能歷久不衰，在宋以後與《伊川易傳》並刊行之因，也正是《四庫全書提要》所認為「不可抹滅的價值」〔註17〕之處。

第二節　思想內容總結

一、儒學與義理

　　從《誠齋易傳》可發現，誠齋所受先秦儒家孔、孟、子思、曾子，北宋理學家如周濂溪、張橫渠、二程的影響相當多，而歷來對於誠齋之學，認為

〔註17〕《四庫全書提要・卷三・經部三・易類三》〔清〕紀昀總纂，江西巡撫采進本，河北人民出版社，2000 年 3 月第一次印刷，頁 86。

受伊川影響甚大，其因主要有三，第一、因誠齋相當尊敬張浚，而張浚曾學於伊川之門，因而有此引人聯想之關係，第二、《程楊易傳》並刊行於世，因此，更加深世人之印象，認爲誠齋所學可能完全來自伊川，第三、誠齋在此書中，彝倫觀與政治觀與伊川所見大致相同。然就從誠齋之學看來，無論就其《誠齋易傳》、《庸言》、《孟子論》、《子思論》、《顏子論》來分析，可歸納出其直接承繼於《中庸》「誠體」來講易傳天人之理實爲最多。而考其所往來之師長、友朋也可瞭解誠齋也爲幽默風趣之人，故其文章常有莊周之語抑或東坡之氣，所以若以誠齋之學完全或大部分來自伊川，恐未必然。而且就《誠齋易傳》來看，其涵養觀中對於乾卦文言傳竟引伸出「學以取善」也爲《中庸》中「誠者，非自誠幾而已，所以成物也」的先決要件。所以這「學以取善」、「問以明善」、「行以仁」、「故及物公而普」或對於大畜象傳中「默識心通」、「賢變爲聖」、「聖變至天」的相互貫通，都見出許多承繼甚至相同張載《正蒙》之處，這在前面的篇章多有所論。另外像在第七章君臣觀中「格君於天」源自於《孟子》「惟大人能格君心之非」與第九章對於宇宙觀本體論、天人關係中都有許多從「人之心性」本於「天」的直接路向。且誠齋的「道器皆體，即體即用」也與伊川之本體論迥異，而實際上受濂溪、橫渠影響較大。故而可知，即便是在君臣的政治觀、秉義待時與戒愼進德的處世原則抑或是儒家承繼、工夫論來看，都可以瞭解誠齋自有其從「誠體」以貫通易傳天人關係的系統，這眞可說是與其「誠」齋之名相符了。

二、發展與影響

宋代史事易的興起與旺盛地發展下去，除了時代因素以外，跟當時名士、大儒的標榜提倡有關，而以誠齋當時聞名於世，再加上其用力甚深的《誠齋易傳》影響，就連曾被誠齋提攜的朱熹，其易學思想中也有相當程度以史解易之風格，例如：

> 恆，非一定之謂，故晝則必夜，夜而復晝；寒則必暑，暑而復寒，若一定，則不能常也。其在人，「冬則飲湯，夏則飲水」；「可以仕則仕，可以止則止」；今日道合便從，明日不合則去。又如孟子辭齊王之金而受薛宋之饋，皆隨時變易，故可以爲常也。〔註18〕

〔註18〕《朱子語類》卷第七十二，〔宋〕黎靖德編，王星賢點校，2004年2月第五次印刷，頁1821。

明夷，未是說闇之主，只是說明而被傷者，乃君子也。上六方是說闇。
君子出門庭，言君子去闇尚其遠，可以得其本心而遠去。文王箕子大
概皆是「晦其明」。然文王「外柔順」，是本分自然做底。箕子「晦其
明」，又云「艱」，是他那佯狂意思，便是艱難底氣象。爻說「貞」而
不言「艱」者，蓋言箕子，則艱可見，不必更言之。〔註19〕

「渙其群」，乃取老蘇之說，是散了小小底群隊，並做一箇。東坡所
謂「合小以為大，合大以為一」。又曰：「如太祖之取蜀，取江南，皆
是『渙其群』、『渙有丘』之義。但不知四爻如何當得此義。」〔註20〕

從上所舉之例，可發現朱熹也常以歷史之事的意義，作為討論易傳之方式，
而且也時以《左傳》中之義作為申論的：

如南蒯得『黃裳』之卦，自以為大吉，而不知黃中居下之義，方始
會元吉；反之則凶。〔註21〕

這在其《易本義》或《朱子語類》中都可發先不少蹤跡，而朱熹與誠齋一樣
都是喜以人事來明天理的，而且朱晦庵對於伊川之言的引述更多，幾乎通篇
無一不提到伊川之言的，但這種情況在《誠齋易傳》中並不多見。

而南宋時史事易蔚為風行，雖兼治圖書易、象數易之朱熹也不免受到影
響了，更何況是其他眾多的儒生或文士呢？

而「援史闡易」之風，不僅只有橫掃兩宋時期，甚至到了明代中晚期時，
當時大儒王夫之治易，也有份量相當多的史事易之內容，而王船山關於易學
和史學的內容互相引證，更是其特色的展現，從其《周易內傳》、《周易外傳》
可見引史證易的論述，可舉：

人情雖惡盈而廉，而頑民每乘虛以欺不兢，則欲更與謙退不得，而
侵伐之事起矣。漢文帝賜吳王以幾杖，而吳王卒反，蓋類此。〔註22〕

若其情固違之，身且即之，溫嶠之幸成，撩病虎而到睡驪，蓋亦危

〔註19〕《朱子語類》卷第七十二，〔宋〕黎靖德編，王星賢點校，2004 年 2 月第五
次印刷，頁 1827。

〔註20〕《朱子語類》卷第七十三，〔宋〕黎靖德編，王星賢點校，2004 年 2 月第五
次印刷，頁 1865。

〔註21〕《朱子語類》卷第六十七，〔宋〕黎靖德編，王星賢點校，2004 年 2 月第五
次印刷，頁 1657。

〔註22〕《周易內傳‧謙六五》引自《船山全書》，嶽麓書社，1992 年 6 月第二次印刷，
頁 174。

矣。貫捐之介恭、顯以行其志，身死而名辱，蓋自貽也，將誰咎之
可哉！謝朓扁舟造部，薰以得染，不足道已。孔北海之于曹操，嵇
中散之于司馬，施止于屬目，其尚遜管寧而愧孫登歟！〔註23〕

上述所舉乃船山在其《周易內傳》、《周易外傳》之例，在此兩作中，可發現
其中相當多的「以史釋易」蹤跡；當然，在王船山《周易稗疏》、《周易大象
解》中或許也可發現不少，但篇幅所限，僅舉兩例。

　　而王夫之對於解釋史事，發抒個人見解之時，也喜以易之思想內容來解
析，這從其《讀通鑑論》、《宋論》裡也時而可見，如《讀通鑑論・成帝》：

　　婦人之道，柔道也，反其德而爲剛，雖惡易折。大畜之五曰：「豶豕
　　之牙，吉」牙可豶也，而呂、武以之，周勃、狄仁傑豶之而吉矣。
　　姤之初曰：「羸豕孚蹢躅。」羸云者，不壯而柔者也，以柔而結人心
　　者也，而蹢躅之凶不可禁，元后以之。〔註24〕

又如《宋論・太宗》：

　　使九世可以同居，族以睦而分以明，則先王胡不立此以爲之制。而
　　文昭武穆，必使有國有家，各賜族以使自爲記哉？化不可驟，情不
　　可強，天不可必，人不可不豫爲之防。故僞行僞言不宣，上以誠教，
　　下以誠應。同人之道，類族辨物，而於宗則吝；家人之義，嘻嘻失
　　節，而威如以孚。垂世立教，仁之至、義之盡矣。儌詭之行，矜夸
　　之說，熒惑天下，飾大美以鬻名利，天性受誣而人紀以亡，讀史者
　　又何豔焉？〔註25〕

所以，由王船山治易學與史學之融通可知：援史闡易不但可以增進常人對於
義之經傳的理解，更可以將義理思想與天道、人事密切結合，除了相輔相成
外，甚至有相得益彰的越發璀璨之功。而這易學與史學的結合，到了近代章
學誠作《文史通義》時，在其書開始便是〈易教上〉、〈易教中〉與〈易教下〉，
〈書教〉中也屢有所引述，而他的易學觀點，不但成爲其評論史學的理論基
礎，也爲易學與史學的交相引用，提供了良好的示範。

　　因此，筆者藉由研究《誠齋易傳》，進而發現了許多跨領域的主題連結，

〔註23〕《周易外傳・艮九三》轉引自《周易外傳鏡詮》陳玉森、陳獻猷撰，中華書
　　　　局，2000年5月第一次印刷，頁515。
〔註24〕《讀通鑑論》，王夫之著，中華書局，2002年6月第五次印刷，頁101。
〔註25〕《宋論》，王夫之著，中華書局，2003年11月第四次印刷，頁40。

這都是在當初下手之時始料未及，而終令人莞爾的。另外，本論文的主軸中心以義理思想為最主要闡述之點，再加上先秦諸子思想理解、歷來經典詮釋、史籍原典的對照，最期盼能夠以整體且客觀的觀點，來歸納出誠齋之學的實質，而分析出其中許多思想脈絡的差異，進而能釐清並爬梳出其真義，希冀以還《誠齋易傳》之原來面目。

參考書目及資料

一、誠齋文集類

1. 《誠齋易傳》，楊萬里撰，中華書局，西元 1985 年新一版。

2. 《誠齋四六發遣膏馥》，〔宋〕楊萬里撰，莊嚴文化，初版（影印本），西元 1995 年。

3. 《誠齋尺牘》，〔宋〕楊萬里撰，明虞山毛氏汲古閣影鈔，宋端平元年（1234）刊。

4. 《誠齋先生錦繡策》，〔宋〕楊萬里撰，明刊黑口本。

5. 《誠齋詩選》，〔宋〕楊萬里撰清康熙三十二年（1693）陳氏師簡堂原刊本。

6. 《楊萬里詩評述》，胡明珽撰，學海書局，民國 65 年。

7. 《楊萬里詩選》，劉斯翰選注，遠流出版社臺灣二版，西元 2000 年。

8. 《楊萬里和誠齋體》，周啓成著，萬卷樓圖書公司發行初版，民國 82 年。

9. 《楊萬里詩文選注》，于北山選注，建宏書局印行，初版，1996 年。

10. 《楊萬里選集》，〔宋〕楊萬里撰，河洛出版社，民國 68 年。

11. 《誠齋策問》，〔宋〕楊萬里，魏元曠，胡思敬撰，新文豐出版公司印行，民國 78 年。

12. 《誠齋集》，四部叢刊，〔宋〕楊萬里撰，上海書店，西元 1989 年。

13. 《誠齋樂府》，〔宋〕楊萬里撰，新文豐出版公司印行，臺一版，民國 78 年。

二、周易之經傳類

1. 《周易占卜術》，〔漢〕焦延壽著，正海出版，大山總經銷，西元 2000 年。

2. 《周易王韓注》，〔魏〕王弼，〔晉〕韓康伯著，明文書局印行初版，民國 91 年。

3. 《周易正義》，〔魏〕王弼注，臺灣古籍出版社印行初版，民國 90 年。

4. 《周易本義》，〔宋〕朱熹著，大安書局印行第一版，民國 88 年。

5. 《周易口義》，〔宋〕胡瑗述，世界書局印行，西元 1986 年。

6. 《周易玩辭》，〔宋〕項安世撰，世界書局印行，西元 1986 年。

7. 《周易義海撮要》，〔宋〕李衡刪增，世界書局印行，西元 1986 年。

8. 《周易禪傳》，〔宋〕林至撰，世界書局印行，西元 1986 年。

9. 《周易窺餘》，〔宋〕鄭剛中撰，新文豐出版公司印行臺一版，民國 78 年。

10. 《周易輯聞》，〔宋〕趙汝楳撰，世界書局印行，西元 1986 年。

11. 《周易總義》，〔宋〕易祓撰，新文豐出版公司印行臺一版，民國 78 年。

12. 《周易本義通釋》，〔元〕胡炳文撰，世界書局印行，西元 1986 年。

13. 《周易本義附錄纂註》，〔元〕胡一桂撰，世界書局印行，民國 75 年。

14. 《周易啓蒙翼傳》，〔元〕胡一桂撰，世界書局印行，西元 1986 年。

15. 《周易本義集成》，〔元〕熊良輔撰，世界書局印行，西元 1986 年。

16. 《周易會通》，〔元〕董眞卿撰，世界書局印行，西元 1986 年。

17. 《周易疑經》，〔元〕徐潛生撰，新文豐出版公司印行，民國 85 年。

18. 《周易尚占》，〔明〕李清菴撰，新文豐出版公司印行，初版，民國 74 年。

19. 《周易通略》，〔明〕黃俊撰，新文豐出版公司印行，民國 78 年。

20. 《周易去疑》，〔明〕舒弘諤撰，海南出版社第 1 版（影印本），西元 2000 年。

21. 《周易傳義存疑》，〔明〕應大猷著，新文豐出版公司印行，民國 78 年。

22. 《周易外傳》，〔清〕王夫之撰，武陵初版，西元 1991 年。

23. 《周易稗疏》，〔清〕王夫之著，新文豐出版公司印行，民國 78 年。

24. 《周易標義》，〔清〕李彪撰，新文豐出版公司印行，民國 78 年。

25. 《周易虞氏略例》，〔清〕李銳著，新文豐出版公司印行，民國 78 年。

26. 《周易傳註》，〔清〕李塨撰，新文豐出版公司印行，民國 85 年。

27. 《周易集義》，〔清〕強汝諤纂，新文豐出版公司印行臺一版，民國 78 年。

28. 《周易尋門餘論》，〔清〕黃宗炎撰，新文豐出版公司印行臺一版，民國 78 年。

29. 《周易述翼》，〔清〕黃應麒撰，新文豐出版公司印行，民國 78 年。

30. 《周易消息》，〔清〕紀磊著，新文豐出版公司印行臺一版，民國 78 年。

31. 《周易本義辨證補訂》，〔清〕紀磊輯，新文豐出版公司印行臺一版，民國 78 年。

32. 《周易倚數錄》，〔清〕楊履泰撰，新文豐出版公司印行，民國 78 年。

33. 《周易史證》，〔清〕彭作邦撰，新文豐出版公司印行，民國 78 年。

34. 《周易考占》，〔清〕金榜撰，新文豐出版公司印行臺一版，民國78年。

35. 《周易述傳》，〔清〕丁晏撰，新文豐出版公司印行，民國78年。

36. 《周易解故》，〔清〕丁晏撰，新文豐出版公司印行，民國78年。

37. 《易述翼》，〔清〕黃應麒撰，新文豐出版公司印行臺一版，民國78年。

38. 《周易古義》，〔清〕惠棟著，新文豐出版公司印行臺一版，民國78年。

39. 《周易互體卦變考》，〔清〕任雲倬撰，新文豐出版公司印行臺一版，民國78年。

40. 《周易大義》，〔清〕吳汝綸撰，臺灣中華書局印行臺一版，1970年。

41. 《易折中》，〔清〕李光地撰集，瑞成書局印行一版，民國87年。

42. 《周易通略》，〔明〕黃俊撰，新文豐出版公司印行，民國78年。

43. 《周易通解》，〔清〕卞斌撰，新文豐出版公司印行，民國78年。

44. 《周易集義》，〔清〕強汝諤纂，新文豐出版公司印行臺一版，民國78年。

45. 《周易古義》，楊樹達撰，河洛出版社印行，西元1974年。

46. 《周易古筮考》，尚秉和輯釋，廣文書局印行初版，民國81年。

47. 《周易古史觀》，胡樸安著，明文書局印行初版，民國78年。

48. 《周易費氏學》，馬其昶撰，新文豐出版公司印行臺一版，民國78年。

49. 《周易尚氏學》，尚秉和著，中華書局印行，西元2003年12月第三次印刷。

50. 《中國古代易學叢書》，1992年12月第一次印刷，中國書店出版。。

51. 《易程傳》，程頤撰，民國79年10月二刷，文津出版社。

52. 《周易集解纂疏》，〔清〕李道平撰，潘雨廷點校，中華書局，2004年4月第三次印刷。

三、經典與諸子類

1. 《尚書》，清嘉慶二十年重刊宋本，〔清〕阮元用文選樓藏本校勘，新文豐出版公司。

2. 《禮記譯注》，楊天宇撰，上海古籍出版社，西元1997年4月第一次印刷。

3. 《論語正義》，〔清〕劉寶楠撰、高流水點校，西元1998年12月第三次印刷。

4. 《論語集釋》，程樹德撰，程俊英、蔣建元點校，中華書局，1997年10月第四次印刷。

5. 《禮記集解》，〔清〕孫希旦撰，沈嘯寰、王星賢點校，中華書局出版發行，1998年12月第三次印刷。

6. 《今文尚書考證》，〔清〕皮錫瑞撰，盛冬鈴、陳抗點校，中華書局出版

發行，西元 2004 年 2 月第三次印刷。

7. 《論語正義》，〔清〕劉寶楠撰，高流水點校，中華書局，1998 年 12 月第三次印刷。

8. 《孟子正義》，〔清〕焦循撰，沈文倬點校，中華書局，1998 年 12 月第四次印刷。

9. 《莊子集釋》，郭慶藩撰，王孝魚點校，中華書局出版，1997 年 10 月第八次印刷。

10. 《莊子集解、莊子集解內篇補正》，〔清〕王先謙撰、郭武撰，沈嘯寰點校，中華書局 1987 年 10 月第 1 版，2004 年 2 月第三次印刷。

11. 《淮南子集釋》，何寧撰，中華書局，1998 年 10 月第一次印刷。

12. 《劉子挍釋》，傅亞庶撰，中華書局，1998 年 9 月第一次印刷。

13. 《四書章句集注》，朱熹撰，中華書局，2003 年 6 月第七次印刷。

14. 《四書集註》，仿古字版，朱熹撰，大孚書局民國有限公司，89 年 2 月初版再刷。

15. 《詩經詮釋》，屈萬里著，聯經出版事業公司，2000 年 10 月初版第十三刷。

四、史學及史論

1. 《二十四史箚記》，〔清〕趙翼撰，廣益書局印行，光緒 31 年。

2. 《二十四史人名索引》，中華書局，第 1 版，西元 1998 年。

3. 《二十四史紀傳人名索引》，宏業書局編輯部編著，西元 1981 年。

4. 《二十四史掌故辭典》，才曉予主編，中國發展出版社出版第一版，西元 1990 年。

5. 《二十四史九通政典類要合編》，黃書霖編，虹橋出版社，西元 1971 年。

6. 《二十四史大事縮編》，洪任吾編著，五南圖書出版社初版，西元 1990 年。

7. 《二十四史全譯》，許嘉璐主編，漢語大詞典出版社，西元 2004 年第 1 版。

8. 《二十四史訂補》，徐蜀選編，書目文獻出版社，西元 1996 年第 1 版。

9. 《二十四史俠客資料匯編》，龔鵬程、林保淳編，臺灣學生書局初版，民國 84 年。

10. 《春秋左傳注》，楊伯峻著，洪葉文化事業有限公司，1993 年 5 月初版一刷。

11. 《春秋左傳詁》，〔清〕洪亮吉撰，中華書局，2004 年 2 月第三次印刷。

12. 《史記會注考證》，〔日〕瀧川龜太郎著，民國 91 年 1 月初版 3 刷，萬卷樓出版。

13. 《漢書》，百衲本二十四史，宋景祐刊本，台灣商務印書館，民國 65 年

10 月。

14. 《後漢書》，新校本，楊家駱主編，鼎文書局印行，民國 65 年 10 月初版。

15. 《魏書》，新校本，楊家駱主編，鼎文書局印行，民國 65 年 10 月初版。

16. 《晉書》，新校本，楊家駱主編，鼎文書局印行，民國 65 年 10 月初版。

17. 《隋書》，新校本，楊家駱主編，鼎文書局印行，民國 65 年 10 月初版。

18. 《新唐書》，新校本，楊家駱主編，鼎文書局印行，民國 65 年 10 月初版。

19. 《舊唐書》，新校本，楊家駱主編，鼎文書局印行，民國 65 年 10 月初版。

20. 《宋史》，新校本，楊家駱主編，鼎文書局印行，民國 65 年 10 月初版。

21. 《三國志集解》，盧弼著，中華書局出版，1982 年 12 月第一次印刷。

22. 《宋元學案》，黃宗羲著、全祖望補修，陳金生、梁運華點校，中華書局，1989 年。

23. 《讀通鑑論》，王夫之著，中華書局，2002 年 6 月第五次印刷。

24. 《宋論》，王夫之著，中華書局，2003 年 11 月第四次印刷。

五、近代專書部分

1. 《周易古經今注》，高亨撰，開明書局印行，西元 1947 年。

2. 《周易古經通說》，高亨撰，華正書局印行，民國 66 年。

3. 《周易大傳今注》，高亨撰，齊魯書社，西元 2003 年 10 月第三次印刷。

4. 《周易哲學演講錄》，牟宗三主講，聯經出版社印行，西元 2003 初版。

5. 《易傳之形成及其思想》，戴璉璋著，文津出版社，民國 78 年 6 月。

6. 《周易今註今譯》，南懷瑾、徐芹庭註譯，臺灣商務書局印行五版，1980 年。

7. 《周易經傳象易闡釋》，朱維煥著，台灣學生書局印行，2000 年 9 月增定版。

8. 《讀易提要》，潘雨廷著，上海古籍出版社印行，2003 年 3 月第一次印刷。

9. 《易傳與道家思想》，陳鼓應著，臺灣商務書局印行初版，西元 1994 年。

10. 《易學哲學史》，朱伯崑著，北京大學出版社，1988 年 1 月第一次印刷。

11. 《周易研究論文集》第 3 輯，黃壽祺、張善文著，北京師範大學出版社，1988 年。

12. 《周易譯註》，黃壽祺、張善文撰，頂淵書局初版，民國 89 年。

13. 《易傳道德的形上學》，范良光著，臺灣商務印行二版，民國 79 年。

14. 《周易外傳鏡詮》，陳玉森、陳憲猷撰，中華書局，西元 2000 年 5 月第一次印刷。

15. 《周易占斷》，江弘毅編著，文笙書局印行初版，民國 91 年。

16. 《周易指正》，齊仁端著，大屯書局印行初版，民國90年。

17. 《周易思辨哲學》，王章陵著，頂淵書局印行初版，民國93，年。

18. 《周易象象傳義理探微》，黃沛榮著，萬卷樓圖書有限公司，2001年增訂一版。

19. 《周易神話與哲學》，李霖生著，臺灣學生書局印行初版，民國91年。

20. 《周易時義研究》，林文欽著，國立編譯館出版，鼎文總經銷初版，民國91年。

21. 《周易探原》，鄭衍通著，文史哲修正增訂一版，民國91年。

22. 《周易經傳梳理與郭店楚簡思想新釋》，金春峰著，臺灣古籍出版社，民國92年。

23. 《周易精解》，楊維傑編著，志遠書局初版，民國91年。

24. 《周易與易圖》，李申著，大展書局初版，民國91年。

25. 《周易全解》，金景芳、呂紹綱著，吉林大學出版社出版第一版，1989年。

26. 《周易全譯》，陳襄民編譯，青海人民出版社第一版，1995年。

27. 《周易全譯》，徐子宏譯注，貴州人民出版社第一版，1991年。

28. 《周易大傳新注》，徐志銳著，齊魯書社出版社第一版，1986年。

29. 《周易口訣義疏證》，徐芹庭撰，成文書局，民國66年。

30. 《周易文化論》，周山著，上海社會科學院出版社第一版，1994年。

31. 《周易辭典》，呂紹綱主編，漢藝色研出版，威穎國際公司總經銷初版，民國90年。

32. 《周易著述考》，黃尚信編著，國立編譯館出版（鼎文總經銷）初版，民國91年。

33. 《周易六十四卦釋義》，劉錦昌編著，正海出版民國92年。

34. 《易傳綜理》，林漢仕著，文史哲出版社初版，民國81年。

35. 《易傳廣玩》，林漢仕著，文史哲出版社初版，民國88年。

36. 《易傳評估》，林漢仕著，文史哲出版社初版，民國72年。

37. 《周易新解》，曹昇撰，中華文化出版社，1956年。

38. 《易傳新探論集》，徐文珊著，中央書局經售初版，民國82年。

39. 《易學與史學》，吳懷祺著，中國書店，2004年3月第一次印刷。

40. 《象數易學發展史》，林忠軍著，齊魯書社，1998年7月第1版。

41. 《焦循雕菰樓易學研究》，賴貴三著，里仁書局，1994年初版。

42. 《周易本義釋論》，曾如南著，立志青年雜誌初版，1990年。

43. 《周易外傳鏡詮》，陳玉森、陳獻猷撰，中華書局，2000年5月第一次印

刷。

六、哲學思想類思想部分

1. 《二程集》，宋程顥、程頤著，王孝魚點校，2004 年 2 月第三次印刷。

2. 《朱子語類》，宋黎靖德編，王星賢點校，中華書局，2004 年 2 月第五次印刷。

3. 《張載集》，宋張載著，里仁書局，西元 1981 年 12 月。

4. 《心體與性體》（第一到四冊），牟宗三著，聯經出版事業公司，西元 2003 年。

5. 《哲學概論》，唐君毅著，台灣學生書局，西元 1980 年。

6. 《中國哲學概論·導論篇》，唐君毅著，台灣學生書局，西元 1982 年。

7. 《中國人性論史》（先秦篇），徐復觀著，上海三聯書店，2001 年 9 月第一次印刷。

8. 《宋明理學與政治文化》，余英時，允晨文化出版社，西元 2004 年。

9. 《先秦倫理學概論》，朱伯崑著，北京大學出版社，1984 年。

10. 《荀子集釋》，李滌生著，台灣學生書局，2000 年 3 月初版八刷。

11. 《王陽明傳習錄詳注集評》，陳榮捷撰，台灣學生書局，1998 年 2 月修訂版三刷。

12. 《宋明理學南宋篇》，蔡仁厚撰述，臺灣學生書局，西元 1983 年增訂版。

13. 《宋明理學》，陳來著，洪葉文化初版，西元 1994 年。

14. 《宋明理學北宋篇心體與性體義旨述引》，蔡仁厚撰述，臺灣學生初版，民國 84 七刷。

15. 《宋明理學之概念與歷史》，陳榮捷著，中央研究院中國文哲研究所，1996 年初版。

16. 《宋明理學中氣觀念之反省與釐清：一項以張載、朱熹與王守仁為典型的分析》，陳一峰撰，1998 年。

17. 《宋明理學研究》，李日章撰，三信出版，西元 1979 年。

18. 《宋明理學研究》，張立文著，中國人民大學出版社，1985 年第 1 版。

19. 《宋明理學研究論集》，馮炳奎等著，黎明文化，1983 年初版。

20. 《宋明理學概述》，錢穆撰，臺灣學生書局，1977 年修訂重版。

21. 《宋明理學概述》，古清美著，臺灣書店初版，1996 年。

22. 《宋明理學與文學》，馬積高著，湖南師範大學出版社，1989 年第 1 版。

23. 《宋明理學邏輯結構的演化》，張立文著，萬卷樓發行，三民總經銷，1993 年初版。

24. 《內聖外王的貫通：北宋易學的現代闡釋》，余敦康，學林出版社，1997年。

25. 《北宋中期以後之官制改革》，張復華，文史哲出版社，西元 1991 年。

26. 《北宋中期儒學復興運動》，劉復生，文津出版社，西元 1991 年。

27. 《北宋哲學史》，石訓，人民出版社，西元 1987 年。

28. 《北宋黨爭研究》，羅家祥，文津出版社，西元 1993 年。

29. 《論中國哲學史：宋明理學討論會論文集》，中國哲學史學會／浙江省社會科學研究所，人民出版社，西元 1983 年。

七、其 它

1. 《世說新語彙校集注》（繁），朱鑄禹彙校集注，上海古籍出版社，2002年 12 月。

2. 《唐詩選注》，歐麗娟選注，里仁書局，民國 87 年 10 月 10 日第二次增訂。

3. 《古典文學研究資料彙編》，楊萬里、范成大卷，湛之編，中華書局，2004年 1 月。

八、博碩士論文集

1. 黃慶萱，國立臺灣師範大學／歷史研究所／61／博士／魏晉南北朝易學考佚。

2. 曾春海，輔仁大學／哲學研究所／65／博士／王船山周易闡微。

3. 陳正榮，國立臺灣師範大學／中國文學研究所／68／碩士／張載易學之研究。

4. 徐正桂，國立高雄師範大學／中國文學研究所／69／碩士／王韓易注及朱子本義之比較研究。

5. 江弘毅，國立臺灣師範大學／中國文學研究所／73／碩士／朱子易學研究。

6. 江超平，國立臺灣師範大學／中國文學研究所／74／碩士／伊川易學研究。

7. 耿志宏，國立政治大學／中國文學研究所／74／碩士／惠棟之經學研究。

8. 方中士，國立高雄師範大學／國文研究所／75／碩士／周易元亨利貞四德說研究。

9. 張貞海，中國文化大學／中國文學研究所／76／碩士／周易文學性質之探索。

10. 劉瀚平，國立政治大學／中國文學研究所／76／博士／宋象數易學研究。

11. 黃忠天，國立高雄師範大學／中國文學研究所／76／碩士／楊萬里易學之研究。

12. 林文鎮，國立臺灣師範大學／中國文學研究所／79／碩士／俞琰生平與易學。

13. 林文鎮，國立臺灣師範大學／中國文學研究所／79／碩士／俞琰生平與易學。

14. 金尚燮，國立台灣大學／哲學研究所／80／博士／朱熹以理學詮釋易學之研究。

15. 千炳敦，東海大學／哲學研究所／81／博士／易傳道德形上學研究。

16. 林文彬，國立臺灣師範大學／中國文學研究所／83／博士／船山易學研究。

17. 涂雲清，國立臺灣大學／中國文學研究所／86／碩士／吳澄易學研究。

18. 蔡月禎，國立中央大學／中國文學研究所／87／碩士／王弼易學研究。

19. 楊雅妃，國立高雄師範大學／國文學系／88／碩士／周濂溪太極圖說研究。

20. 許維萍，東吳大學／中國文學系／89／博士／宋元易學的復古運動。

21. 金納德，國立臺灣大學／哲學研究所／90／碩士／論船山易學之乾坤並建說。

22. 楊雅妃，國立高雄師範大學／國文學系／91／博士／朱熹醫、易會通研究。

23. 李梅鳳，彰化師範大學／國文學系／91／碩士／李光地《周易折中》案語研究。

24. 涂世元，國立政治大學／中國文學研究所／91／碩士／元代易學的時位觀。

25. 李雅清，國立政治大學／中國文學研究所／91／碩士／焦循《易》學之數理思維。

26. 蔡龍九，國立政治大學／哲學研究所／92／碩士／高攀龍易學思想研究。

27. 張耀龍，國立政治大學／中國文學研究所／92／碩士／杭辛齋易學研究。

九、期刊論文

1. 胡楚生，《興大人文學報》第三十二期／引史證經、義取鑑戒——楊萬里《誠齋易傳》試探。

2. 梅珍生、陳金清，論楊萬里的類辨思想／《武漢大學學報》，2002 年 2 期。

3. 張瑞君，論楊萬里的易學思想／《太原師範學院學報》，2002 年 3 期。

4. 劉仁衍，略論誠齋易傳的政治思想／《井岡山師範學院學報》，2004 年第 1 期。

5. 傅榮賢，略論「參證史事」的楊萬里易學／《周易研究》，1997 年第 3 期。

6. 袁爾鉅，論楊萬里的唯物論／《南昌大學學報》／2001 年第 1 期。

7. 唐明邦，楊萬里《誠齋易傳》中的革新思想和憂患意識／《孔子研究》／
   2005 年第 5 期。